创业企业融资管理研究

岳双喜◎著

中国纺织出版社

图书在版编目(CIP)数据

创业企业融资管理研究/岳双喜著.--北京:中国纺织出版社,2018.3

ISBN 978-7-5180-4084-1

Ⅰ.①创… Ⅱ.①岳… Ⅲ.①企业融资—研究 Ⅳ.①F275.1

中国版本图书馆CIP数据核字(2017)第231761号

责任编辑:姚　君　　　　责任印制:储志伟

中国纺织出版社出版发行

地址:北京市朝阳区百子湾东里A407号楼　邮政编码:100124

销售电话:010—67004422　传真:010—87155801

http://www.c-textilep.com

E-mail:faxing@c-textilep.com

中国纺织出版社天猫旗舰店

官方微博 http://www.weibo.com/2119887771

北京虎彩文化传播有限公司　　各地新华书店经销

2018年3月第1版第1次印刷

开本:710×1000　1/16　印张:16.25

字数:209千字　定价:69.00元

前　言

当前的社会环境下，创业企业很难从规模上进行定义。大企业在创业，小企业也在创业。从融资的角度来看，大企业创业融资相对容易，可以大规模进行内源性融资，促进企业快速发展，也可以凭借企业规模从银行、风投等获得大量的外部融资。而对于那些创业的小企业来说则不一样，他们的融资渠道比较单一，主要是内部性融资和银行贷款，而且越是小企业越是倾向于内源性融资。据权威资料显示，我国创业企业内部融资的比例高达65.3%。而在国外，政府积极发挥金融体系的支撑作用，把小企业作为金融机构扶持的重点。例如，日本政府把发挥民间金融机构的作用作为支持小企业融资的重点，以政策性金融机构向小企业的融资带动商业银行贷款。韩国小企业以间接融资为主、直接融资为辅模式的形成，体现了韩国政府对小企业发展的重视。

为了使本书的研究更加具有典型性和针对性，本书站在中小微企业创业融资的角度上进行研究。融资难的问题是制约我国中小企业发展的一大障碍。他们的问题主要表现在融资成本高、融资渠道狭窄和信贷支持不足。作为整个社会来讲，中小微企业的融资模式亟待创新。但是，作为企业来说，不能等待，因为机会就在那里，等待只会贻误时机，错过最佳发展时期。中小微企业要利用好现在一切可以利用的融资模式发展自己。本书结合企业的实际情况以及现有的融资模式，探索中小微企业可以使用的融资方式。

本书在撰写过程中力求呈现以下特点：

第一，视角新颖、独特。本书将研究重点放在中小微企业如何有效利用现有融资模式上，提出了小微企业可以利用的多种融资模式。

第二,资料翔实、体系完整。本书对中小微企业融资机制进行了详细而又全面的分析。第一章对创业企业融资进行了概述性分析;第二章对创业企业融资的环境与难点进行了研究;第三章对国外主要是美国、德国和日本创业企业融资模式进行了研究;第四、五、六章对创业企业的几个主要融资渠道进行了研究;第七章则探讨了创业企业融资的风险。

第三,思路清晰、条理清楚。本书内容可以划分为三个部分,每个部分有不同的作用,以有助于中小微企业理清融资思路。

本书撰写借鉴了大量同行的著作,在这里一并表示感谢。另外,作者受水平及所掌握的资料所限,书中难免存在一些不足和疏漏,敬请各位读者和专家批评指正。

编　者

2016 年 10 月

目　录

第一章　创业企业融资概述

融资，顾名思义就是资本的融通，其定义也有广义和狭义之分。广义的融资是指资本在持有者之间流动、以余补缺的一种经济行为，因此，广义的融资是一个资金双向互动过程，它包括资金融入和融出两个方面。狭义的融资主要是指资本的融入，也就是我们通常所说的资本来源。这里所讨论的融资是狭义的融资。创业企业融资是以创业企业为资金融入者的融资活动。它是指创业企业从自身生产经营现状及资金运用情况出发，根据企业未来经营与发展策略的要求，通过一定的渠道和方式，筹集生产经营所需资金的一种经济活动。

任何一家企业的创立、生存、发展、成熟，都要以投入、保持和再投入、再保持一定数量的资金为前提，融资过程贯穿于整个企业的运行和发展中。有关资料统计显示，中国的创业企业平均寿命相比其他企业要短很多年，平均每年都有30%左右的创业企业关门倒闭，在企业倒闭的原因中，62%是由于融资问题得不到解决而引起的。若想使企业健康成长，拓宽融资渠道、解决融资难是企业必须面对的问题。

第一节　创业企业融资渠道分析

一、企业创业融资类型

（一）债务融资与权益融资

根据资金供应方是否拥有企业所有权，创业融资可以分为债务融资(debt financing)与权益融资(equity financing)。

1.债务融资

债务融资是指利用涉及利息偿付的金融工具来筹措资金的融资方式,主要包括银行贷款、民间借贷等方式,其偿付依赖于企业未来的销售收入与利润。由于债权人并不直接参与企业的经营运作,出于保障资金安全的需要,往往要求有诸如厂房、设备、地产、汽车等资产作为抵押品。采用债务融资方式,创业者可以在所得税前支付债务利息,从而享受避税利益;由于面临定期支付利息、到期偿还本金的压力,在资金使用上可能受到债务契约限制。一般而言,短期债务(期限少于一年)筹措的资金主要充当流动资本,用于购置货物、垫付应收账款、融通经营资金,资金的偿还主要利用当年的销售收入和利润;长期债务(期限长于一年)筹集的资金则用于置办固定资产,如设备、建筑物、房产等,并且需要以资产的部分价值(通常占总价值的50%~80%)作为贷款抵押。不过,债务融资使得创业者能够保有企业较多的股份,从而在权益上获得更大的回报,特别是利率低迷时更是如此。

一般来说,银行贷出的款项需还本付息。银行不是投资者,其对风险最小、适当的抵押贷款以及相对于投资回报和资本利得的报酬感兴趣。银行贷款的理想候选企业,是具有强大现金流、低负债率、审计财务报表、优秀管理层与健康的资产负债表的企业。对这些标准的仔细评估,说明了初创企业为何获取银行贷款很困难。多数初创企业处于它们生命周期的早期阶段,还不具备银行想要的一系列特征。

2.权益融资

权益融资是指为了筹集资金,向其他投资者出售企业所有权的融资方式,即用所有者权益来交换资金。采用这种方式融通资金,可以避免债务融资中还本付息的硬性约束,有利于为创业项目筹措长期的固定资金。作为回报,出资者以股东身份分享企业利润，并按照预先约定的方式获得资产的分配权利。但是，追加权益融资会使创业者所占的企业股份比例下降，造成控制权的稀释。权益资本的筹集主要有自有资本、亲朋好友、风险投资公司等渠道来源。

（1）投资者视角下的权益资本

从投资者视角考虑权益资本。投资者拥有用于投资的货币，他们可能借出货币也可能通过购买企业股份进行资本运作，这样做都是为了赚钱。因此，他们想投资企业，从而为其提供回报。当然，并不是所有企业的情况都相同。每年有成千上万的人开餐馆，也有成千上万的餐馆停业倒闭。在投资者可能投资的所有企业中，如何挑选合适的那家呢？

一种挑选方法是分析企业的发展前景。投资者只想知道企业获得成功及产生收益的可能性，换言之，他们想知道企业的风险(risk)。遗憾的是，他们不可能直接知道风险水平，所以必须考虑和风险相关联的其他变量。投资者知道有些投资可能会失败，但不能确切知道到底哪些投资会失败。为使自己避免损失所有的投资，他们分散化(diversify)投资——投资数家企业，使得成功企业提供的收益超过那些不成功企业的损失。

为了从他人手中获得货币，必须向他们表明，企业很可能为其赚取收益。当然，你并不是唯一一个寻求投资的人。必须让投资者相信，你的企业是比其他企业更好的投资场所。通过承诺足够高的收益，可以做到这一点。使得某些人投资你的企业的潜在必要收益，主要依赖于投资部分所承担的风险大小。投资者可能将货币存入收益率为 2%的银行储蓄账户、收益率为 5%的大额可转让定期存单，或收益率为 3.5%的政府债券，因为这些都没有任何风险。公司债券可能提供更高的回报率，但也存在更高的违约风险——回忆一下安然、世界通讯公司或其他公司的失败案例。投资企业的风险越高，投资者期望的回报就越高。当然，除了父母外的大多数投资者不会承担超出他们投资潜在损失以外的任何风险。为确保不承担除投资额度外的任何风险，仅当企业是外部所有者承担有限责任的组织时,他们才会投资。

为了估计可从投资企业中获得多少收益,投资者考虑企业发展潜力、获得投资回报所需时间长短,以及强制收回投资及收益的选择权。

权益投资者主要关心发展潜力。权益投资者购买已知大小"馅饼"的一部分,馅饼切得越多,每片就会越小,除非以某种方法让馅饼变大。因此,为新建一家制造液晶显示器或生产减肥药的工厂获取权益融资,比让人投资 50 000 人口城市的一家草坪护理企业要容易很多。草坪护理在小城市的发展空间有限,但有无数的计算机供用者和想减肥的肥胖者。

对潜在投资者而言,收到收益所需的时间极其重要。投资者需要等待的时间越长,他们承担企业失败的风险就越高。同样,若其他条件相同,回报快的投资比回报慢的投资更盈利。考虑两种简单情形:你将以 100 000 元的价格出售企业的 25%并向投资者承诺于一年末以 150 000 元的价格买回他的股份;在第二种情形中,你同意于两年末以 150 000 元的价格买回投资者的股份。在第一种情况,投资者实现 50%的投资收益,但在第二种情况,投资者仅实现 22%的投资收益,多等一年收益率减少一半以上。

对所有者的收益支付安排必不可少,而它通常是中小企业融资中被忽略的地方。一旦中小企业的权益拥有者超过一人,它就不可能是独资企业。依据法律,由于没有任何具体的法定商业文件,该企业随即成为普通合伙。通过制定一份法定文件,企业可能成为有限合伙、公司或有限责任公司。无论选择哪种企业形式,如何支付所有者的问题突然复杂得多,原因是要考虑税收、投资者公平及对参与管理的投资者的补偿。当然,没有一个向所有者返回收益的直接方法。企业可能采取薪金、董事会服务津贴、红利或股票回购等形式。在中小企业成为大企业等少数情况下,权益投资者通常通过卖出股票实现收益。一个合适的计划对企业获得外部股权投资有很大帮助。

(2)所有者视角下的权益资本

在现有所有者眼中，权益融资代价昂贵，容易产生控制和决策问题。

正如很多企业家所想的，权益融资并不免费。假设为筹集资本出售一半企业，那么，你恰好卖出企业未来利润、未来增长及未来财富的一半。另外，如果借入货币，则你的代价只是借款成本和利息。此外，企业所有者(即使是仅有小部分份额的所有者)有权了解你如何管理他们的企业。事实上，大多数中小企业所有者强调拥有的权利，即他们有权选择任何时间检查企业的会计记录。一旦接受权益投资者，你将发现，企业必须做细致的交易记录，并定期向投资者报告。如果投资者不认可你经营企业的能力，则他们可能挑战你的决策权，甚至会因未定损害而指控你，或更换管理者。许多企业家发现，他们被迫因少数权益投资者而离开所创办的企业。

(3)使用权益资本的原因

企业使用外部股权，有三个主要原因：①可以减少财务损失的暴露；② 不会增加利息形式的成本；③ 引入外部投资者带来的新想法、程序和方法，通常可重新激励企业发展。

因为包含着风险，权益投资者要求非常苛刻，他们考虑的商业计划中只有很小的比例能获得资金。权益投资者认为，具有独特商业机会、高成长潜力、明确界定的利基市场以及得到证明的管理层的企业才是理想候选者。未能适合这些标准的企业，获得权益融资就会很艰难。许多创业者不熟悉权益投资者使用的标准，当他们被风险投资家和天使投资者不断拒绝时就会变得很沮丧。他们没有资格得到风险资本或天使投资的原因，经常不是因为他们的商业建议不好，而是因为他们未能满足权益投资者通常使用的严格标准。

(二)内部融资与外部融资

新创企业获取资金的渠道多种多样，其资金来源既可以从内部筹集，也可以从外部筹措。

1.内部融资

内部融资是将企业自身的资金转化为投资的过程，主要包括留存的未分配利润、固定资产折旧和出售资产的收入；营运资本减少、应收账款回收、应付账款增加等也可以视为内部融资的手段。企业内部融资的方法很多。通常企业在发展初期会将利润全部投入经营中去，而不分配给股东，即内部积累；有时候，企业还会出售使用率不高的资产来获得必要的资金；采用租赁而不是购买的形式获得资产使用权，也能够有效地节约资金，降低追加融资的频率。短期内部融资则主要依赖营运资本的有效管理：一是尽量减少不必要的存货和现金，二是加强应收票据或应收账款的回收，三是尽量争取供货商的延期付款条件。

2.外部融资

外部融资是指企业从外部筹集资金。这时企业需要发行债务或权益凭证，吸引外部投资者提供资金。外部融资可以采用债务融资方式，也可以采用权益融资方式。

相对而言，内部融资不需要企业实际对外支付利息或股息，不减少企业现金流量，也不伴随融资费用发生，因而成本远低于外部融资，成为企业首选的融资类型。然而内部融资能力大小还取决于企业利润水平、净资产规模和投资者预期等因素。当生产和经营规模扩大到一定程度，内部融资不能满足资金需求时，企业必然会转向外部融资。

内部融资和外部融资各有其特点，作为资金需求者的个人或公司应该根据自身条件和特点，选择既能满足资金需求又能有效控制风险的适当的融资方式和组合。金融是随着外部融资的产生而得到实质性发展的，金融体系的有效安排（金融中介机构、风险管理等）可以在一定程度上解决外部融资中遇到的问题。

（三）直接融资与间接融资

1.直接融资

直接融资是直接从社会上（如企事业单位、居民等资金剩余者）筹集资金，一般来说，是通过发行债券、股票以及商业信用等形式融通所需资金。

（1）直接融资的特点

直接融资的最基本特点是，拥有暂时闲置资金的单位和需要资金的单位直接进行资金融通，不经过任何中介环节。

①直接性。直接融资因为没有中间环节，因此企业可以直接从投资者的手中获得融资。这种融资的方式使企业和投资者建立起了直接的债权债务关系，所以中间几乎没有资金的损耗，最大限度地降低了企业的成本。这种直接融资的方式，使得企业和投资者双方都可以获得最大的利益。

②分散性。这种分散的特性使直接融资可以在企业与个人之间、企业与企业之间、政府与企业和个人之间、个人与个人之间同时进行。

这种直接融资的方式，使企业的融资活动分散到各种场合，这对于需要多次融资才可能拿到足够资金的企业来说，是非常实用的方式。

③自主性。在法律允许的范围内，直接融资的企业可以自由决定融资的对象和数量。企业主可以根据自己的需要调整股权结构，或者以单纯的借贷方式来维护自己在企业中的话语权。

（2）直接融资的方法

①银行承兑。银行承兑的汇票是由银行签发，主要适用于具有真实贸易背景和延期付款需求的企业，是企业最常用的方式之一。

银行承兑的融资方式，是由在承兑银行开立存款账户的存款人出票，向开户银行申请并经银行审查同意承兑的，保证在指定日期无条件支付确定的金额给收款人或持票人的票据。因此，银行在承兑汇票上的签字确认，实际上是经过银行担保了的商业承兑。

因为银行替出票方做了担保，所以银行承兑的方式是银行建立在对出票人资信的认可基础上而给予的信用支持。

许多小微企业根本不可能从银行得到贷款，但通过银行承兑的方式，会方便快捷地达到相同的效果。

另外，同一家企业还可以同时向多家银行申请签发银行承兑汇票。

要注意的是，承兑最大的一个缺点就是根据国家的规定，银行承兑最多只能开 12 个月的。大部分地方都只能开 6 个月的，也就是每 6 个月或 1 年就必须续签一次。如果用款时间长的话很麻烦。但是小微企业的特点就是经营灵活，资金周转快，资金需求额度小，总的来说，银行承兑非常适合小微企业。

②银行信用证。银行信用证也可以说是大额质押存款。原本是在国际贸易中，为了减少风险而用的一种方式。

我国的政策是对于全球性的商业银行(如花旗银行等)，开出的同意给企业融资的银行信用证，视同企业的账户上已经有了同等金额的存款。这种方式实际是一种银行担保，保证信用证持有人对第三方依据合同所做承诺。

随着经济的发展，我国进行对外贸易的小微企业如雨后春笋般的越来越多，对于这部分小微企业，银行信用证在融资中具有非常实用的价值。

③贷款担保。贷款担保是指银行在发放贷款时，要求借款人提供担保，以保障贷款债权实现的法律行为。

由于银行小额贷款的营销成本、管理成本都很高，而且收益并不明显且风险相对较大，所以创业企业如果需要资金额度不大，直接向银行申请贷款，就算使用资产作为抵押，一般来说受理起来也比较难。

由于创业企业的这种贷款需要，众多投资担保公司应运而生。这些担保机构可以优化贷款过程中的管理流程，同时还可以针对小额贷款之后的各类情况，提供个性化的管理服务。这一系列的措施，可以分担银行的管理成本。

担保机构融资，对于事后风险的释放具有无可替代的优势。甚至一些银行，从双方利益的角度出发，会把贷款后的账款催收、贷款资产的处置等，直接外包给担保公司。

④委托贷款。委托贷款是指由委托人向委托业务银行提供来源合法的资金，由委托业务银行根据委托人确定的贷款对象、用途、金额、期限、利率等代为发放、监督使用，并协助收回的一种贷款业务。

委托贷款的期限，可以由委托人根据借款人的贷款用途、偿还能力或者根据委托贷款的具体情况来确定。

2.间接融资

间接融资是指企业向金融中介机构（如商业银行、信用中介、储蓄机构等）申请贷款，从而取得资金的方式。间接融资的优点在于：灵活方便、安全性高、融资规模大。其缺点在于：资金供求双方的直接联系被割断了，在一定程度上会降低投资者对企业生产的关注与筹资者对使用资金的压力和约束力，且筹资的成本增加了。

直接融资和间接融资既有区别又有联系。在现代市场经济条件下，直接融资一般是企业以发行证券的形式在资本市场上公开进行融资活动，其发行的证券代表着一定的财产权（如股票）或债权（如国债、企业债券），这些有价凭证一般可以在市场上公开交易。筹资者发行证券往往是以自身的财产、信誉、盈利前景等为保证进行的。在发行证券之前，必须进行资产评估、会计审计、律师公证等工作；证券发行之后，筹资者必须定期进行充分的信息披露，政府对证券市场进行严格的管理，贯彻公开、公正、公平、诚实守信的原则，保护广大投资者的利益。这样的直接融资具有筹资范围广、规模大、可以继续筹资、具有社会宣传效应等特点。

但是,初创期的企业知名度不高、盈利前景不明朗,很难具备面向社会发行证券的资格和条件;其直接融资主要表现为绕开金融中介,直接寻求民间资本的支持。新创企业的间接融资主要是向银行申请贷款,这种融资方式虽然成本相对较低,但可能遇到抵押担保品不足的困扰,这时寻求第三方担保就变得十分重要。如前所述,向中小企业互助基金申请贷款,也不失为一种有效的手段。

总体而言,在融资渠道和方式的选择上,创业者需要根据自身情况慎重选择,在考虑资金获得途径的可能性基础上,尤其要考虑融资的财务成本和融资对企业控制权的影响。

二、融资方式

(一)人际融资

创业企业的起步阶段,贷款能力有限,相当一部分资金需要依赖自有资本。而且创业者,尤其是对创办有限责任公司形式的创业者,为了掌握控制权,必须有相当一部分自有资本。在企业的创业初期,除了创业者本人,亲戚或朋友就是最主要的资金来源。

美国自有企业经营协会主席乔治-道森说过:你的亲戚和朋友应该是创业者寻求资金来源的首要人选,不仅仅是因为他们最有可能相信你以及你的经营想法,而是因为他们最不可能像银行那样需要个人担保来拖累你。

需要注意的是,如果自己赤手空拳,全部依赖他人的资金投入来经营企业,一般来说并不是好事。

在企业的初创期,对创立的企业拥有主导权,这是企业良性发展的基础。如果可能,应该自己占有最大的股份,否则,创业者的理念在很多时候无法得到贯彻,创业企业的失败率也会增高。因此,要想初创企业顺利经营,拥有必要的创业资金,是创业者必须具备的经济观念。

创业要想成功,往往在有创业想法的阶段就必须开始为创业进行必要的“储蓄”。如果每个月能够持续积蓄一部分资金，两三年间就可以积累到一笔不少的资金，如此就算向银行借钱，也会因此而拥有一定的信用基础。信用是通过时间慢慢建立起来，而非一蹴而就的。

（二）借助金融机构

间接融资是以中介或金融机构为中间方，由中介或金融机构以吸收存款、发放债券等形式汇集社会闲散资金。需要融资的企业与中介或金融机构联系，得到其认可，通过其将资金投向需要融资的企业。

这里的金融部门在现阶段主要是指商业银行。

银行贷款是目前企业使用最多的间接融资方式。

（三）天使投资

天使投资最早是指在19世纪纽约百老汇戏剧的投资人。当时投资戏剧有很大的风险，出资者大多不是为了获得盈利，而是出于对艺术的支持。因此人们尊称这些人为“天使”。今天我们所说的天使投资，一般是指手上有着大量闲钱的富有投资者。这批投资者会直接对他们认为有发展前途的、刚开始创业的企业进行早期直接权益性资本的投资。他们是企业遇到的第一批投资人，这种投资的方式属于一种民间投资方式。

在天使投资中，有以个人身份进行投资的投资者，也有由几个投资人共同组成天使投资机构，自行或者委托专门机构对刚开始创业的企业进行考察、投资。这种投资方式仍然属于民间投资方式。

如果创业者无法直接获得天使投资人信息，那么在互联网上搜索就是最便捷的方式了。缺点是互联网上的信息量非常大，筛选合适的天使投资费时费精力。另外，在一些投融资的网站人脉和资金类目下也有较多的客户资料信息。

如果没有足够的时间精力投入，建议最好通过专业的投融资信息服务机构和专业人士的引导来获取相关资料。

天使投资的申请流程比较简单，只要项目得到天使们的认可，马上就可以启动，入资也很快。

（四）国家专项基金

为了促进国家经济的良性发展，我国在国内的各级政府都专门划拨了资金，采用专项资金的运作模式，由政府的专门部门或者授权成立的一个独立的资金管理机构来运作。作为政府的专项基金，每年都有相应的名额和指标。

国家的专项资金，主要是计划项目基金和政策扶持基金。如发改委技改资金、中小企业资金；科技厅有科技三项资金；农委有农业产业化资金。还有一些地方政府的补贴和奖励，如近年来比较流行的各地政府财政支持的会展业专项扶持资金等。

各地政府的扶持政策不尽相同，创业者们千万不要忘记去相关部门了解一下当地政府的扶植政策。尤其是科技、创新之类的企业，这类企业是政府大力扶植的目标。如果能够顺利申请到政府基金的支持，不但无风险投入，而且相对可持续时间较长，某些基金甚至可以几乎贯穿企业发展的始终。

（五）引入合作伙伴

引入拥有对企业成功起关键作用的技术合伙人，对企业的帮助非常大。引入一位或多位合作伙伴还可以弥补创业企业的资金缺口。志同道合的合伙人还可以知识互补，同时帮助其尽心尽力地管理企业。在合作伙伴引入的时候，一定要签订明确双方责任义务的合作协议。明确权责，以便双方严格执行。

（六）红利或股票兑换薪水

新创企业经常依赖职工的优先认股权，或者以分红的方式来吸引并奖励经营团队中的成员。股权或期权代替薪水的方式，一方面可以节约资金，企业以股权或期权来换取较低的薪酬，而分红也是代表一种企业赢利以后才对关键成员支付资金的办法；另一方面，这也是一种有效的激励方式，员工往往更加专注地投入工作。

（七）供应商融资

创业者在和供应商接洽的时候，应该考虑供应商能否提供商业信用，包括延期付款、分期付款等。如果供应商愿意为货物提供这一类信用，愿意提供灵活的付款期限，那么这些举措对于一个陷入支付危机的企业来说会比供货价格更为重要。如果能够在支付供应商货款之前出售并且能够收回资金，那该企业就只需要很少的资金来维持其经营。

（八）客户事先预订

如果企业产品的市场需求量非常大，而企业的生产能力有限，客户往往愿意提前付款，以确保能够得到货物，这对于一个初创企业来说，无异于雪中送炭，极大缓解了企业的资金压力。

（九）商业汇票

商业汇票是出票人签发的，委托付款人在未来指定日期无条件支付确定金额给收款人或持票人的票据。企业从供应商那里购买货物，开出商业汇票并承兑，允诺在汇票到期时支付所购货物的货款。

（十）转让债权

转让债权是一种银行保理业务，主要是指企业把应收账款等债权出售给银行等相关金融机构，该机构在扣除利息后，把等同于贷款的金额交付给企业。

（十一）融资租赁

对于刚刚创办的企业来说，进行生产需要投入固定资产，尤其是高科技企业，固定资产设备往往高昂，创业者往往没有足够的资金购买固定资产，租赁几乎是唯一的选择。即使在资本充裕的条件下，出于优化财务结构方面的考虑，也可能采用租赁式。

三、融资的原则

对于创业企业来说，如何融到资金，怎样才能更好更快地融得企业所需资金是最重要的。以下四大原则，需要特别注意。

（一）慎重选择资金渠道

总的来说，创业企业的平均风险水平较高。有数据表明，哪怕是在创业活动非常频繁、融资渠道活跃畅通的美国，新创的企业失败率也相当高。美国公布的一项长期研究报告显示：创业企业中，24%在两年内失败，52%在四年内失败，63%在六年内失败。因此，以最终结果为导向，慎重选择资金就是非常重要的。

（二）充分挖掘企业竞争力

对于处于初创阶段的企业来说，往往规模较小、实力较弱，因此，相对于融资的渠道和方式来说，能够选择的余地比较小，在很多时候会比较容易接受可能并不适合的资金进入。

但也正因为创业企业的抗风险能力相对较弱，筹措资金更加困难，所以更应当挖掘企业优势、找到核心竞争力。这主要从综合性的经营必需成本和所需资金成本之间进行衡量，以及融资风险和投资收益等各方面因素进行衡量等。

（三）扩大资金总量，加速资金流转

在资金运作方面，为了满足企业运营的需要，要从数量上增加资金的总量。另外，在企业开始运作以后，用各种方式手段调整资金占用结构，加速资金的周转流通，提高资金的使用效率，以满足企业不断扩大生产经营的需求，使企业保持一个良好的发展态势。

(四)与金融机构保持良好关系

金融机构是企业融资的重要渠道,与金融机构保持良好关系,可以为企业带来很多的便利。如果金融机构对企业有较深的了解,也认同企业的发展方向,那么它一定会愿意支持企业的发展。就算是相同的条件下,需要在一个熟悉的企业和一个不熟悉的企业之间做选择,从心理学的角度上来说,一定会选择熟悉的企业。因此与金融机构保持良好的关系,对每一个成功的创业企业者来说都是至关重要的。

四、融资的注意事项

在我国,大部分创业者的融资渠道比较单一,主要依靠向银行等金融机构借贷的方式来实现。这种模式对于风险承受能力本就较弱的创业企业来说,风险较大。

最佳的方案就是不要把鸡蛋放在一个篮子里,多管齐下的融资模式可以增加创业企业对于风险的抵抗能力。

在创业企业融资过程中要注意以下几个方面。

(一)与融资机构融洽合作

除了直接融资以外,其他的所有融资几乎都需要众多机关部门的协同合作。除了银行以外,工商部门、税务部门、公证部门、中介机构等一系列机构必不可少。因此,任何一个环节都不能出问题,应心平气和地对待每一个环节和每一个问题。有些人喜欢以"上帝"的姿态要求相应的服务,但在现实社会中还是要尽量在冗沓烦琐的过程中维持你的修养。否则,在职权范围内的一个可退可不退的打回重审,就可能耽误半个月或一个月的宝贵时间。只要有一个地方卡住,那么基本就没有后来的结果了。所以一定要认真对待每一个步骤,千万不要因小失大。

另外,在投资过程中,审查程序有可能不规范,但不管程序是否规范,创业者在文件的准备上都要尽量做到规范。

（二）对相关民间资本进行必要的调研

对于创业者来说，对有意向投资自己企业的民间资本进行必要的调研，也是融资前的必做工作。如果可以在开始投资接洽的时候提前了解投资者的性格、喜好、背景、经历等，就可以通过更加有效地沟通使投资人对创业者的价值产生更大的认可。

（三）妥善解决控股权问题

控股是很多民间投资者在投资的时候都会提出的要求。这一要求很多时候会与创业者发生一些矛盾。

避免这些矛盾最好的一个办法，就是双方把所有的问题开诚布公地摆在桌面上。同时把双方的要求和想法形成文字，一条一条地罗列出来，然后逐条讨论，协商解决。需要特别注意的是：如果经过谈判，最终投资者获得了控股权，那么创业者一定要坚持股权不要低于33％。这样按照《公司法》的规定，创业者在公司重大问题上仍然拥有否决权。

每个人的创业，都希望自己的想法、创意能够得以实现，为此你要把握住的是：在谈判的时候原则性问题要坚持，要注意保护自己的根本利益，但在细枝末节的问题上不要太过计较。

（四）不过多追求启动资金

在种子期，创业融资的额度一般都不会很大，所以创业资金问题一般要经过几轮融资后才可能得到解决。

在第一次融资的时候，创业者不能要求十全十美，也不要嫌弃资金太少，先要有启动资金让企业运作起来，然后不管是继续融资还是慢慢谋求更大的发展，都会容易许多。

（五）适当运用融资租赁的方式

需要购买大件设备的初创企业，会使用到融资租赁的融资方式。

选择合作伙伴的时候，不要贪图便宜，在预算的范围内，尽量选择信誉度高、实力雄厚的租赁公司。要注意的是，谈合作的时候，把租赁的形式调整得越灵活越好。

（六）关注盈利模式

虽然一些风险投资家也会关心创业者手中的技术，但相对来说，关注度更高的是创业者本人或者创业企业的盈利模式。所以小微企业要注意不要本末倒置，要在盈利模式上多花些精力。

五、创业融资流程

（一）正确决定企业需要多少资金

编制并分析书面现金流量表以及所需资本费用计划，是完成这个步骤所要采取的行动。这类信息应该已经包含在创业计划书中。

确切知道想要多少资金很重要，至少有两个原因。第一，企业不希望陷于资金短缺，然而也不想为不需要的资本付费。第二，创业者若让人感觉到不能确定支持自己的企业所需资金量，在与潜在贷款者或投资者商谈时会给人造成极坏的印象。

（二）进行融资方式的选择

1.进行人际融资

企业开始运营的种子资本主要来自于创业者自己，主要有以下几种来源：个人积蓄、朋友和家人、步步为营。

（1）个人积蓄

几乎所有创业者都向他们的新创企业投入了个人积蓄和血汗股权（sweat equity）。考夫曼基金会针对 5 000 位创业者的调研发现，仅有 10％的创业者在创业期向外部融资。血汗股权代表着创建者投入新企业的时间和努力的价值。当评估一个企业时，投资者通常对创建者的血汗股权连同他投入企业的任何有形资产赋予某些价值。

(2)朋友和家人

朋友和家庭对许多新企业来说，是第二种融资来源。这种赞助经常被称为“爱心资本”，包括纯粹赠送、贷款或投资，但经常以不计报酬、拖延报酬或减免租金等形式出现。

在向朋友和家人融资时，创业者必须遵守三个原则。第一，融资请求必须符合商业规范，要把家人和朋友当成银行家或投资者来对待，必须向他们客观描述创业可能存在的风险。第二，如果是以贷款形式融资，那么就必须签署一个备忘录，包括借贷金额与还款计划，同时双方必须签字。第三，要找那些经济实力相对宽裕的朋友或家人融资，如果经济实力不济，无论家人或朋友帮助你的意愿有多强，都不应该找他们借钱。因为与接受来自朋友或家庭帮助相关联的一个潜在危险是：如果新创企业没有成功，会造成关系紧张。

(3)步步为营

新创企业种子资本的另一个来源被称为步步为营。步步为营(boot strapping)利用创造性、智巧或其他可能方法获取资源，而不是从传统来源借款或筹集资本(这个词来自于谚语“凭自己的力量重新振作起来”)。因为新创企业早期获取融资或资助很艰难，许多创业者迫不得已只能步步为营。现实中，有许多创业者利用步步为营开始创业的著名事例。例如，斯蒂夫·乔布斯(Steve Jobs)和史蒂夫·沃兹尼亚克(Steve Wozniak)卖掉大众箱型汽车和惠普公司的可编程计算机，筹集到 1 350 美元，这就是苹果电脑公司最初的种子资本。

创业者有许多通过步步为营来筹集资金或削减成本的办法。主要包括以下几个方面。

①使用旧设备而不是新设备。

②采取团购。

③租赁设备而非购置。

④收取预付款。

⑤最小化个人开销。

⑥避免不必要费用，诸如宽敞的办公空间或奢华家具。

⑦通过折扣店或网络拍卖（如易趣网）而非全价商店，谨慎购买廉价物品。

⑧与其他企业共享办公空间或雇员。

⑨雇用实习生。

2.决定最适当的融资或资助类型

一旦初创企业的融资需要超过了个人资金、朋友和家庭以及自力更生能提供的数量，创业者必须做的最重要事情就是，选择其他融资来源。详细计划的筹资方案可增加企业成功的可能性，并能为创业者节省相当多的时间。

表 1-1 是对新创企业三个一般特征以及适合于每个特征的融资类型的概述。这张表说明了多数初创企业在开始时为什么必须依赖个人资金、朋友与家庭和自力更生，以及为什么必须等到后来才能获得其他权益或债务融资。大部分新创企业不具备银行或投资者要求的那些特征，直到它们能证明自己的产品或服务创意，并获得在市场中成功的确定性评估为止。

表 1-1　特征与适当融资类型的匹配

新创企业类型	特征	适当的融资类型
具有高风险、不确定回报的企业	弱小的现金流；高负债率；低、中等成长；未经证明的管理层	个人资金、朋友和家庭、自力更生的其他形式
具有低风险、更可预测回报的企业	强大的现金流；低负债率；审计财务报表；优秀管理层；健康的资产负债表	债务融资方式
提供高回报的企业	独特的商业创意；高成长；利基市场；得到证明的管理层	其他权益融资方式

企业发展初期通常是使用内部融资,在内部资金不够且条件允许的情况下才会使用外部融资。即使在初始阶段就有外部融资可供选择,企业往往也会先选用债务融资,再考虑权益融资,而权益融资中又以天使融资或风险投资为先,通过公开市场募集资金通常只有当企业发展到一定规模时才具有可行性。

(三)融资推介及谈判

认真权衡融资渠道的利弊之后,创业者要积极寻找潜在的投资者进行项目信息沟通和引资谈判。创业计划是新创企业进行融资谈判的“敲门砖”,投资者尤其是风险投资者,只有看到创业计划,才会跟创业者谈判。因此,创业者需要针对风险投资者制定专门的创业计划,向风险投资者推销项目,说服风险投资者,让其充分了解企业各个方面的情况和市场前景。创业者应注意把风险投资者最感兴趣的内容醒目明了地写出,清晰地将创业构思以书面形式表现出来,让风险投资者看到一幅美好的创业蓝图,坚定其投资信心。可以说,创业计划的好坏决定着融资的成败。

在提交创业计划并和风险投资者正式讨论计划之前,创业者需做好四个方面的心理准备:一是准备应对一大堆问题以考察投资项目潜在的收益和风险;二是准备应对风险投资者对管理的查验;三是准备放弃部分业务;四是准备做出妥协。

创业者要明白,自己的创业目标与风险投资者的目标不可能完全相同。因此,在正式谈判前,创业者要做的第一个也是最重要的决策就是:为了满足风险投资者的要求,自己能有多大的妥协空间。一般来说,由于风险投资者不愁找不到项目,寄希望于由风险投资者做出妥协是不太现实的。

另外,创业者还应该掌握必要的应对技巧。引资谈判通常需要通过若干次会议才能完成。创业者需要特别注意的是,在谈判中要尽可能让风险投资者认识、了解本企业的产品,并且始终把注意力放在创业计划上。

（四）签署融资合约

融资谈判结束，还有一个重要环节便是签署融资合约。融资合约的种类很多，一般债权融资要签署借款协议，权益融资则需要签订投资合同。

以向商业银行申请贷款为例，经银行审批同意、双方协商达成一致意见，借款人将与作为债权人的商业银行签订贷款合同。创业者在签署该合同时，要特别注意以下条款。

第二节　创业企业融资的生命周期理论

伴随着企业成长，其信用条件、资产规模和资金需求等变化会导致融资结构发生变化，如图 1-1 所示。在企业初创期，由于缺乏充分的业务信息和财务审计信息，企业很难获得银行贷款，会更多地依赖内部融资或天使融资；当企业进入成长阶段，随着资产规模与业务量的增大，可用于抵押的资产增加，信息透明度也有所提高，从而企业能够获得更多的金融机构外源融资支持；在稳定增长的成熟阶段，企业财务管理规范，具备进入公开市场发行有价证券的信息披露要求，从而可以从直接融资渠道获得低成本资金，该阶段的间接融资比重会逐步下降，股权融资的比重逐步上升，部分优秀企业逐渐成长为大中型企业。

一、创立期融资

创业型企业通常和生活方式企业有一样的创业融资来源：个人储蓄及业主信用，朋友、亲戚和管理团队提供的借款或所有权资本，还可能有一小笔银行贷款。如果创立者和管理团队在商界或科学界有很强的声誉，他们有可能吸引天使投资者资本，甚至是一家风险资本公司。如果创立者过去有创业成功的经验，情况更会如此。金融家喜爱展示过点石成金才能的人，而且金融家在积极寻找这类人。在这种情况下,公司早在还没有可销产品或服务前就可能吸引到投资者,并且肯定是在进入成长期之前。

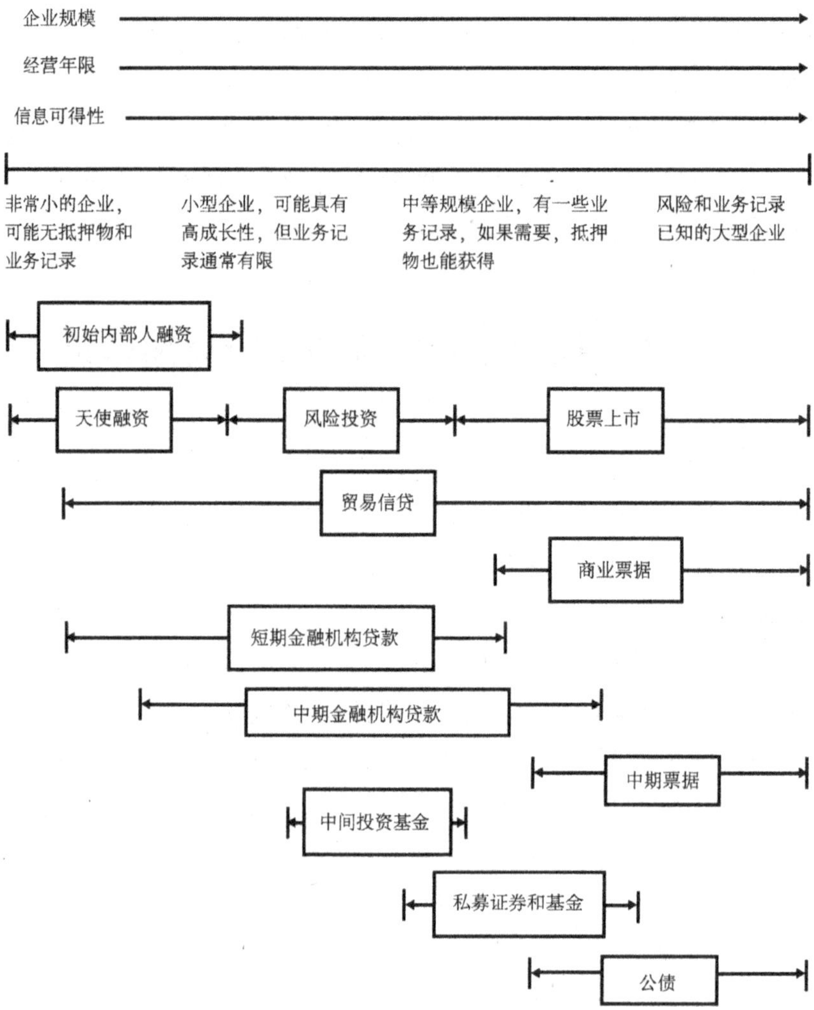

图 1-1 企业成长周期与融资选择

二、成长期融资

在这一阶段,企业的销售增长,而且在发展一个不断壮大的顾客基础群体。因此,一般需要更多资金——用于经营扩张、雇用和培训新员工,甚至是收购。一部分资金可以内部生成,来源于正的现金流。但是，如果增长强劲，或者公司的战略是建立品牌知名度，则需要更多资金。因为已经证实其业务经营可信，一般企业能够比以前更容易地利用外部资本。

相对于所有者资本贡献，公司活动依赖于负债和长期债务的程度被称作融资杠杆作用。如果一家公司的债务相对于所有者投资额占有更大比重，则被称为高杠杆经营。对于所有者来讲，高额债务的好处是，当公司赢利时，他们实际投资额的回报会超过投资比例而更高。另外，当现金流下降时，高杠杆的作用是负的，因为债务利息是合同义务，在经营坏的时候和好的时候一样必须支付。不能支付未清偿债务的利息能迫使公司破产。

债务比例广泛用于评估公司使用杠杆程度及相应的风险。计算方法有多种，这里列出两种。最简单的是：

债务比例＝全部债务/全部资产

另一种选择是，你也可以计算债务权益比，方法是全部负债除以股东权益额：

债务权益比＝全部负债/所有者权益

一般来讲，当这两个比例的一个变大时，所有者回报变高，但风险也更高。贷款人非常理解这一关系，并时常规定具体的债务水平，借款人不能未经同意超过一定的债务水平。

贷款人还用利息倍数比估算借钱给个人企业的安全程度。这个比例的公式为：

利息倍数比＝利税前收益/利息支出

税前收益（或是利税前收益）所能支付利息的次数，表明收入可以下降到何种程度而不至于无力偿还。在很多情况下，这不是偿付能力测试，而是逆境下的耐力测试。例如，如果因为不景气或别的原因，利税前收益减少一半，公司仍然有足够收益支付其利息吗？

沉重债务的平衡物是所有者权益。权益资本通过向包括业主在内的投资者出售股份取得。成长期的典型创业企业不够大也没有足够的业绩证明而成为公众公司，也就是说，可以发行原始股以上市。因此，公司不能利用更广阔的权益市场。如果处于“热门”增长行业，或者如果其就要生产出一种突破性的改变行业规则的产品，公司可能会受到风险资本公司的注意。如果这位私人投资者喜欢公司的业务，则可能会投入一笔很大的资金。

多数公司从来没有超越增长的早期阶段，它们或失败或被收购。但是那些成功的公司可以得到更广泛的融资机会——特别是在公开股票市场。更大的增长前景对股权投资者有强大的诱惑力，他们希望在公司股票仍然便宜而且公司还未被认可时买到股票。

当增长继续时，当地银行也是一个外部融资的重要来源。企业现有的创造收入和支付账单的记录可以起到激发信心的作用。企业的当前和未来利息倍率很有利。而且，企业有可抵押的资产以获得基于资产的贷款或租赁。公司可能发展太快以至于其发展超过了当地银行的贷款能力。

对于那些为数不多的显示出非常好的前景的公司来讲，在成长阶段的重要里程碑就是原始股发行，或简称 IPO。原始股发行是由发行公司选出的一家或数家投资银行公司来进行管理的。投资银行帮助发行公司达到那些规定向公众发行股票的严格的要求。更重要的是，投资银行及其经纪交易商（股票经纪人）银团直接接触成百上千万的潜在投资者：个人投资者、共同基金、养老基金和私有资金经理。

三、成熟期融资

成长企业不会一直成长下去。最终，增长因一个或多个原因走平：

①成功与赢利吸引竞争者进入市场。

②对产品或服务的需要已较大程度得到满足（市场饱和）。

③技术转移出现。

④当组织变大后，失去了雄心、敏捷或创新。

无论什么原因，很少有公司能保持十年以上的高成长率。这并不意味着成长一定要停止，不需要继续融资了。随着人口的增加以及不发达国家的人们更加富裕并需要这些产品，即使是像汽车这样成熟产品的饱和市场也会稳步继续增长，也需要额外融资。再者，成熟公司也常参与兼并、收购、重组或其他活动，所有这些都暗含重要的融资。

假设一家成熟公司信誉良好，那么该公司有多种获得额外外部资金的选择。在短期需要方面，公司可发行商业票据，挖掘银行信用额度，或者与银行或其他金融机构，如保险公司和养老基金协商定期贷款。成熟公司可以用其现有资产和现金流作为抵押物以降低贷款成本。另外，公司也可以通过销售回租的方式获得大量资金。

健康成熟的公司也可在公共资本市场举债（发行债券）和获得权益资本（股票）。这里时间选择绝对重要。公司自然想在利率低时卖掉债券，股价高时卖掉股票。

四、经典案例——eBay网站的成长融资

（一）eBay网站的成长历程

为了更好地理解增长型创业企业经历的融资过程，看一看eBay，这可能是网络时代最成功的公司。eBay最初是一家一个人在家工作的爱好者型企业，在很短时间内爆炸性发展成为一家可观的大公司。公司的早期历史（1995～2000年）表明了各种融资形式所起的作用。

eBay由皮埃尔·奥米迪亚（Pierre Omidyar）于1995年创立。皮埃尔是一个在软件开发和网上商业方面有经验的年轻人。奥米迪亚在一个他的互联网服务商免费提供的网站开始了他的生意。他当时的业务资产只有一个文件柜、一个老式课桌和一台笔记本电脑。奥米迪亚的兴趣企业发展迅速，这迫使他买了自己的服务器，雇用一个人处理开票和邮寄来的支票等事务，最后将公司从他的单元房搬到了一个小办公室。奥米迪亚和他的商业伙

伴杰夫·斯考尔(Jelf Skoll)很快就可以向自己支付2 500美元的年薪了。

这段增长的早期基本上是自筹资金:通过邮件寄来的交易费现金足够公司的开销和投资了。但一段超高速发展时期马上就要到了。到了2000年12月底,这家小网络公司已经从为一小批拍卖爱好者服务成长为处理2 200万注册用户的大型交易了。那时公司提供8 000多个产品大类;任何一天,公司都列出600万件货品以拍卖形式销售,还有800万件以固定价格形式销售。

为了支持如此大量交易的业务并保持运转,公司需要的基础设备有办公空间、顾客支持、专用软件、信息系统和设备。eBay开发了进行拍卖服务和处理交易的系统,包括开票和收款。随着网站交易速度的提高,这些系统需要不断优化和扩展。

为了使增长之轮继续旋转,公司花巨资用于开发新的网站特色和产品大类。eBay于1998年产品开发开支为460万美元,1999年为2 480万美元,2000年为5 590万美元。更多的资金花在市场营销、品牌开发和收购上,收购的目的是扩大公司的服务,使其把触角延伸到世界其他地区。

没用多久,eBay平衡表上的资产就急剧膨胀。以下是几个重要数据(以亿美元单位约计),来自截止到2000年12月31日财务年度的公司财务年度报告。

现金和现金等值物:2.02亿美元

短期投资:3.54亿美元

长期投资:2.18亿美元

资产总值:11.82亿美元

拥有接近12亿美元的全部资产,eBay与皮埃尔·奥米迪亚的单元房公司相隔数光年之远。资产融资的钱从哪来的呢?eBay的非凡增长主要靠两个融资方式:第一,来自经营现金流(自融资);第二,来自贷款和销售所有权股份(外部融资)。让我们分别看一看这两个来源,因为这对成长型企业很重要。

（二）eBay 来自经营的现金流

在企业早期，来自经营的现金流是成长融资的重要来源。公司的现金流表——这包括全部围绕经营、投资和融资活动进入和离开企业的现金流——记录了内部生成融资的效果。表 1-2 含 eBay1998 年到 2000 年现金流报表的要点。

第一行，经营活动产生的净现金，显示公司的某一部分在经营，并从经营现金流中支付人员工资、税款和其他账单（经营活动）。而且，来自于经营的正现金流水平每年大幅增长，帮助成长融资。因此，eBay 资产增长的一个重要部分是内部融资，来自其成功的有利润的经营。eBay 没有把这部分现金的一分钱以红利形式返还给股东，而是全部投回企业。这是快速成长公司的典型做法。

表 1-2　eBay 1998～2000 年现金流

（单位：千美元）

各项活动现金 \ 年份	2000	1999	1998
经营活动产生的净现金	100 148	62 852	53 024
投资活动中使用的净现金	206 054	603 363	53 024
融资活动提供的净现金	85 978	725 027	72 159
现金和现金等值物净增（净减）	19 928	184 516	25 176
年末现金和现金等值物	201 873	221 801	37 285

（三）eBay 的外部融资

内部生成的现金足够为早期的经营融资，但不够为 eBay 令人眼花缭乱的迅速增长融资。尽管 eBay 的现金流很大，但是和同一时期因投资造成的现金外流相比，显得很少。在那几年中的最后一年（2000 年），来自经营的现金流能够补充差不多一半的投资外流。为了弥补不足，公司采用外部融资。

eBay 的财务报表表明，几乎其全部的外部融资都采用了股东资本的形式；即，公司及其子公司通过向投资者出售股份（几乎全部是普通股）筹集现金。最初的一笔是和基准资本公司（Benchmark Capital）达成的 500 万美元的私募资金，那是一家硅谷风险资本公司。作为现金回报，基准公司得到了 eBay22%的股权利益。

eBay 历史上下一个大的筹资活动是其 1998 年发行的原始股票。发行原始股是一个公司生命周期的重要里程碑，因为这标志着由私人公司向公众公司的转变。这一新的地位为公司筹集股权资本打开了机会之门。潜在资金募集者的范围从一小圈俱乐部式的投资者变为更广阔的群体，有个人投资者、共同基金和养老基金。

第三节　创业企业资金需求评估

创业融资既有成本又有风险，资本并非越多越好。创业者在融资之前必须知道自己需要多少钱，什么时候需要钱。合理地估算资金需求，有利于提高融资的成功率和降低融资风险。

一、启动资金的估算

创业需要多少启动资金？这个问题要视项目的种类、规模、经营地点等情况而定。日常生活中，常可看到诸如“投资千元创业”“万元加盟开店”“投入千元办厂”等宣传广告，这些投资小、门槛低的项目是许多初次创业者的首选。可在这些低投入背后，创业者却容易忽视一个问题：要将一个项目运行起来获得利润，所投入的资金可能远不像广告所说那样“诱人”。许多创业者在学习技术或加盟后，往往因为后续资金不足造成项目夭折或中途搁浅。预算创业需要的启动资金便成为创业融资前必须考虑的问题。

以小额投资项目为例，所需的资金主要由以下几个部分组成。

(1)项目本身的费用

即付给所选定项目的直接费用。比如，学习、购买某项技术的费用，购买机器设备的费用，项目的加盟费用等。如果需要到项目方考察，还需要算上差旅费用。

(2)经营设备、工具等购置费用

主要是指项目在经营过程中所需要的辅助设备和工具。比如，开一个糕点房，除了要有制作糕点的烘焙设备外，还需要添置冰柜等辅助工具；开展泡沫塑料颗粒加工业务，在买回加工设备后，还需要考虑配电机，解决生产动力问题。

(3)房租、房屋装修费用及流动资金

这部分费用要根据当地市场行情计算，房租一般至少要算入3个月的费用，因为现在租房付费方式主要有按季付费、按半年付费、按年付费。房屋装修费用视项目而定。如果是开餐馆，要按照当地卫生防疫部门的规定装修，否则不能达标，领取营业执照就比较困难。像加盟店一类的装修，如果是经销产品，还要加上货柜橱窗的费用。流动资金要视具体情况计算。

(4)营业执照及其他类似费用

个体营业执照对注册资金没有要求，工本费通常在25～50元；如果申办有限责任公司，按《中华人民共和国公司法》的规定：有限责任公司注册资本的最低限额为3万元。如果投资设立一个一人有限责任公司，其注册资本最低限额为10万元。此外，还有税务登记工本费、工商行政管理费以及银行开设账户管理费等。

(5)经营周转所需要的资金

运行一个项目，至少要准备三四个月的经营周转资金，包括人员工资、水电费、电话费、材料费、广告费、维修费等，如果有分期偿还的借款，也要计入。项目在最初运行时，需要经过至少3

个月的市场培育，其间往往盈利很少，甚至亏损，因此事先必须备足资金。如果是办工厂，除了上述一些费用，还需要考虑半成品、产成品、原材料等占用的资金。实践中，创业者应对新创企业初始运行的前3个月所需资金，编制分项目的成本预算。

创业启动资金通常只能大致估算，准确的数字比较难以确定；在经营的过程中，也可能还会有一些不确定性情况出现。然而，事前做好调查，制定相对明晰的资金预算表，将有利于项目的正常开展。

二、未来3年资金需求的估算

创业早期对未来3个月成本的估量，主要是为了筹集启动阶段的资金，解决短暂的资金需求。事实上，从初始净资本投入到实现盈利，往往还要经历12～42个月不等甚至长达5年的时间。其间，创业者会不断面对持续融资问题。

这时宜编制预算财务报表，对企业现有资本结构、偿债能力、盈利能力和现金流状况进行把握，进而确定融资需求。

（一）编制资产负债表

资产负债表是财务计划的重要内容，可以综观某一时点创业企业的财务状况。它的基本结构是“资产＝负债＋所有者权益”，资产反映企业现有资源的分布情况，负债和所有者权益反映企业不同权利人对这些资源的要求权。资产负债表的主要作用是：①评价和预测新创企业短期偿债能力；②评价和预测新创企业长期偿债能力和资本结构；③评价和预测新创企业财务弹性；④评价和预测新创企业绩效，为创业者做出合理的经营决策提供支持。

新创企业通常需要预编未来3年的资产负债表，为便于年度比较，可以采用“报告式”，即将负债和所有者权益放在资产的下方，如表1-3所示。

表 1-3 预编资产负债表 (单位:万元)

项目	初期	第 1 年	第 2 年	第 3 年
一、流动资产	450			
货币资金		26	23	24
应收账款		209	237	273
存货		203	227	255
其他		8	10	11
流动资产合计	450	446	497	563
二、固定资产				
固定资产总值		264	282	302
减:累计折旧		20	43	71
固定资产净值		244	239	231
资产合计	450	690	736	794
三、流动负债				
应付账款		62	90	102
应付税费		36	25	26
其他应付款		10	10	10
流动负债合计		108	125	138
四、长期负债		105	95	85
负债合计		213	220	223
所有者权益	450	477	516	571
负债和所有者权益合计	450	690	736	794

(二)编制利润表

在新创企业融资过程中,外部债权人和权益投资者都十分关心企业的未来盈利能力,因而预编利润表是融资文件中的一个重要内容。

新创企业的利润表是反映企业在某一会计期间的经营成果的财务报表,它把一定期间的营业收入与同期间的相关营业费用进行配比,以计算出新创企业一定期间的净收益或净亏损。根据《企业会计准则》的规定,利润表格式采用多步式,分步计算毛利润、营业利润、利润总额和净利润。新创企业经营之初,很少从事非主营业务,也很少有多余资金用于投资,因此预编利润表主要体现新创企业核心业务的经营成果,编制起来比较简单。

例如,某新创企业对未来 3 年经济情况进行预测,得到以下财务数据:未来 3 年销售收入分别为 1 293 万元、1 491 万元、1 620万元,销售成本分别为 1 046 万元、1 201 万元、1 274 万元,销售与管理费用分别为 129 万元、143 万元、161 万元,固定资产折旧分别为 20 万元、23 万元、28 万元,所得税分别为 51 万元、66 万元、83 万元。根据以上数据,可以预编未来 3 年利润表如表 1-4 所示。

表 1-4　预编利润表　　(单位:万元)

项目	第 1 年	第 2 年	第 3 年
一、销售收入	1 293	1 491	1 620
减:销售成本	1 046	1 201	1 274
二、销售利润	247	290	346
减:销售与管理费用	129	143	161
减:固定资产折旧	20	23	28
三、税前利润	98	124	157
减:所得税	51	66	83
四、净利润	47	58	74

预编利润表除了可以为投资者或贷款机构提供决策依据,还可以帮助创业者明了创业项目的盈利前景,预测企业未来的现金流量;帮助创业者考核企业经营管理业绩,适时调整管理举措。

(三)编制现金流量表

由于赊购、赊销、固定资产折旧等非现金业务的存在,企业预测的利润并不能直接反映现金的余缺。为了尽可能准确地了解现金余缺的时间和规模,合理制定融资计划,新创企业还需要预编现金流量表。

现金流量表是反映企业一定时期现金流入和流出动态状况的报表,其组成内容与资产负债表和利润表应相互一致,主要包括经营活动产生的现金流量、投资活动产生的现金流量、筹资活动产生的现金流量等几个部分。通过现金流量表，创业者可以了解新创企业本期及以前各期现金的流入、流出和结余情况，评价企业当前及未来的偿债能力和支付能力，科学预测企业未来的财务状况，从而为融资等科学决策提供充分有效的依据，帮助创业者搞好融资及资金调度工作，最大限度地提高资金使用效率，避免出现现金短缺。与此同时，现金流量表还可以帮助潜在投资者和贷款人据以评价新创企业未来的现金生成能力、偿还债务能力和支付投资报酬的能力。

表 1-5　某新创企业预编现金流量表　(单位：万元)

项目	第 1 年	第 2 年	第 3 年
一、经营活动产生的现金流量			
销售产品、提供劳务收到的现金	1 293	1 491	1 620
现金流入小计	1 293	1 491	1 620
购买产品、接受劳务支付的现金	510.5	551.6	632
支付给员工以及为员工支付的现金	300	300	350
支付的各项税费	51	66	83
支付的其他与经营活动有关的现金	13	20	34
现金流出小计	874.5	937.6	1 099
经营活动产生的现金流量净额	418.5	553.4	521
二、投资活动产生的现金流量			
构建固定资产支付的现金	264	18	20
投资活动产生的现金流量净额	−264	−18	−20
三、筹资活动产生的现金流量			
吸收权益性投资收到的现金	477	39	55
现金流入小计	477	39	55
分配股利所支付的现金	16.2	18	18
现金流出小计	16.2	18	18
筹资活动产生的现金流量净额	460.8	21	37
四、现金流量净额	615.3	556.4	538

第二章　创业融资环境与难点分析

在我国，实行的是社会主义市场经济。发展中国特色社会主义事业，一个重要的要求就是在发展中国特色社会主义经济的同时还要发展中国特色社会主义政治，要求两者的完美结合，要达到这个要求，就需要各种企业的共同努力。这在客观上要求这些企业能够公开、公平、公正地获取发展所需的各种资源，从而确保国民经济协调、健康、可持续地发展。

我国改革开放30多年来，社会经济发展取得了举世瞩目的成就，创业企业的重要性日益得到政府和社会的高度关注，政府通过一系列的制度改革和重建，将制约企业发展的一些不利因素慢慢革除，为企业的发展创造了良好的环境。但是由于一些历史的原因，加上体制自身的问题，制度不能完全革除，只能慢慢向有利于企业发展的方向不断做出改变，也就是说，制约企业发展的因素中，有很大一部分因素还是客观存在的。创业企业在获取各种发展资源的同时仍然受到许多限制，融资问题就是这些企业面临的其中一个重要的问题。本章主要针对创业企业融资所面临的政策环境、市场环境以及自身环境做出一定的分析。

第一节　创业融资的政策环境

创业融资需要一定的政府支持，需要政府创造优良的政策环境，本节主要针对创业融资的现状以及创业融资在政策方面遇到的难题进行了分析，同时对怎样构建良好的政策环境给出了一定的建议。

一、创业融资的现状

企业的创立和发展离不开资源，因而在其发展过程中也会受到资源的限制，所以需要想方设法对资源进行整合。在企业所需的诸多资源中，资金问题被称为“老大难”问题。创业融资指创业者根据其创业计划和创业活动对资金的需要，通过各种融资渠道和方式，经济有效地筹集资金的过程，是创建新企业的重要步骤之一。

融资的第一作用是按照特定的投资目的集合资源，创造一个有机的生命体。这个作用正如马克思所言，“表现为发动整个过程的第一推动力”，它的来源是投资者事先准备好了的，是真正意义上的投资。融资是启动新企业的第一推动力。创业之初的融资关系到企业的生死存亡，初次融资成败至关重要；一个企业在成长过程中出于各种需要和目的（购置设备、开发新技术和新产品、调整资本结构、扩大经营规模、并购其他企业等），将会产生对资金的不同需求。多数企业的创立和不同发展阶段将会面临融资、再融资等多次融资过程。

创业融资有三个原因，下面进行详细的论述。

(1)现金流问题

销售产品产生现金之前，必须购买原材料；培训员工、付薪；支付通信、广告费。如果企业在有盈利前花掉了所有资本通常会失败。为防止用完资金，创业者必须解决现金流短缺问题。

(2)资本投资不足

购买房地产、构建设施、购置设备的成本，常常超出创业者自己能够提供资金的能力，在企业成长的某个周期、专门化等，购买资产会变得更加重要。

(3)产品开发周期长

在销售产生收益之前，产品需要较长的研制、开发时间，前期投入成本往往超过创业者自己能够提供资金的能力。如开发一个电子游戏需两年时间和400万美元资金，需要相当多的前期投资。

根据北京大学国家发展研究院和阿里巴巴集团联合对珠三

角地区小企业的调查，创业融资难主要表现在以下几个方面。

（一）小企业融资渠道单一

通常创业企业属于小企业，这些企业的年销售额在1 000万以下，对于这样的创业企业来说，向亲戚朋友借款仍是首要融资渠道，其次是银行及信用社贷款，其他融资渠道占比很小。在珠三角地区，有53.03%的小企业从未借过款，无外部融资；有33.78%的小企业的融资主要靠和家人朋友借款，通过其他融资渠道融资成功的只占很小一部分；仅46.97%的小企业有借贷历史。

珠三角地区的银行及信用社主要提供给企业的仍然是抵押类贷款，如下图2-1所示，占到所有通过该渠道借款客户的65.47%；当地的典当行及小额贷款公司主要以担保和信用贷款为主，占到所有通过该渠道借款客户的75.61%，是解决中小企业融资的一种有效方式。

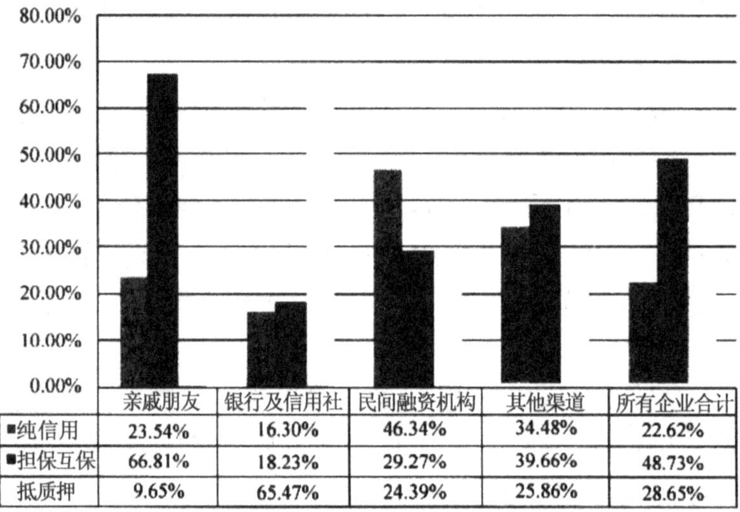

	亲戚朋友	银行及信用社	民间融资机构	其他渠道	所有企业合计
■纯信用	23.54%	16.30%	46.34%	34.48%	22.62%
■担保互保	66.81%	18.23%	29.27%	39.66%	48.73%
抵质押	9.65%	65.47%	24.39%	25.86%	28.65%

图2-1　担保方式—融资渠道对比图

资料来源：北京大学国家发展研究院，阿里巴巴集团.珠三角小企业经营与融资现状调研报告[R].2011(10).

纵观整个外部融资，在所有的融资种类中，直接融资所占比重较小。虽然证券市场也为解决创业企业的融资问题做了一些措施，如设有中小企业板块和创业板，但这些措施主要是针对中小企业而言的，对于一些小微创业企业而言，实际上这些措施并没有起到一定的帮助作用。所以说，这些措施是有门槛限制的，这类企业想要上市获得融资依然不是一件容易的事。就目前的情况来看，这些小型创业企业的融资渠道中，直接融资所占的比例不足1%。

这些创业企业的主要融资渠道就是间接融资，在这种融资渠道中又以银行贷款为主要融资方式，而银行对于这些创业企业又普遍存在惜贷行为，因而这就导致创业企业在获得银行贷款时会受到种种限制，同时在数额上也有一定的限制，在期限上主要以短期贷款为主。如果在一些村镇银行和小额贷款公司等进行贷款，由于这些机构属于非银行类的金融中介机构，它们的规模通常较小，因而它们对于创业企业的贷款帮助作用也是十分有限的。除此之外，创业企业的另一个贷款渠道就是民间借贷，由于这种借款方式在我国目前法律规范上并不完善，因而往往风险较大。

另外，小微企业关于在向银行融资时所遇到的问题，“贷款到位时间较长”反映最为集中，占比达到45.8%(图2-2)。

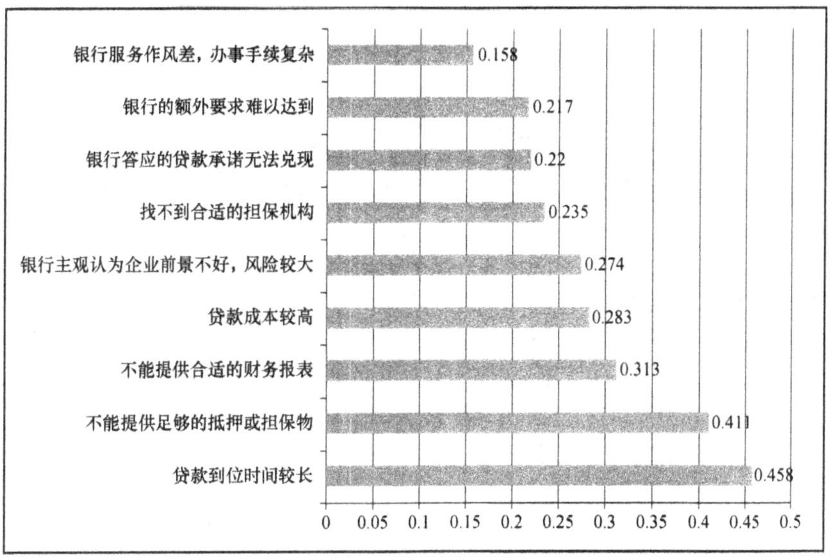

图2-2　小微企业向银行融资时遇到的主要问题

资料来源：《2013小微企业融资发展报告——中国现状及亚洲实践》。

（二）企业规模大小与取得银行贷款难度成反向关系

通常而言，创业企业都是一些小的企业，这些企业贷款额低，财务也不是很规范。出于这个原因，银行更愿意给大企业以及小企业中一些相对大的比较成熟的企业贷款，这样的话，无论是在风险上还是在收益上，都会占优势。随着企业的不断发展，企业的规模会不断扩大，而且企业的年销售额也会不断增加。小的企业在银行及信用社的融资比重逐步升高，从亲戚朋友处融资的比重逐步下降；有一定规模的小企业，积累相对较多，能够提供符合银行及信用社的担保，更容易获得银行贷款；微型企业在银行及信用社的贷款比例最低，如图 2-3 所示。

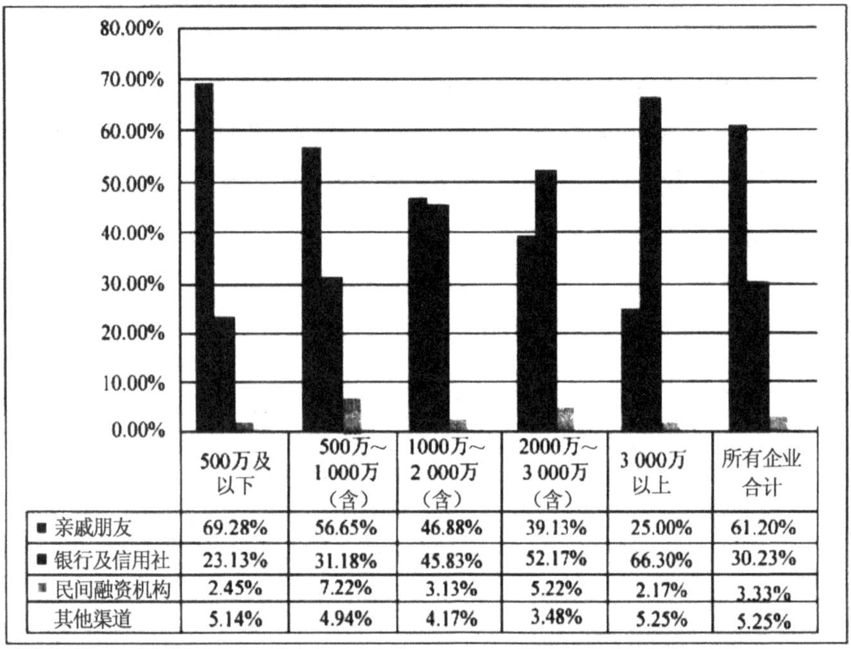

	500万及以下	500万～1 000万（含）	1000万～2 000万（含）	2000万～3 000万（含）	3 000万以上	所有企业合计
■ 亲戚朋友	69.28%	56.65%	46.88%	39.13%	25.00%	61.20%
■ 银行及信用社	23.13%	31.18%	45.83%	52.17%	66.30%	30.23%
■ 民间融资机构	2.45%	7.22%	3.13%	5.22%	2.17%	3.33%
其他渠道	5.14%	4.94%	4.17%	3.48%	5.25%	5.25%

图 2-3　首要融资渠道—企业销售规模对比图

资料来源：北京大学国家发展研究院，阿里巴巴集团.珠三角小企业经营与融资现状调研报告[R].2011(10).

（三）小企业融资成本高，期限短

对比 2011 年及 2008～2010 年的数据来看，多数企业认为当前的融资难度在逐步增加，见图 2-4。2011 年小企业的融资利率有上升趋势，且贷款期限有缩短趋势，客户的最高获贷额度也在下滑，有 28.18％的客户获贷额度出现下滑，仅有 16.05％的客户出现增长。

年利率	2010年至今	2008-2010	对比增长	期限情况	2010年至今	2008-2010	对比增长
6%及以下	18.41%	20.38%	↓ -1.97%	1个月-3个月（含）	12.35%	10.56%	↑ 1.79%
6%-12%（含）	42.47%	45.52%	↓ -3.06%	3个月-6个月（含）	15.77%	15.39%	↑ 0.37%
12%-18%（含）	22.70%	18.86%	↑ 3.84%	6个月-12个月（含）	31.64%	31.39%	↑ 0.25%
18%以上	16.42%	15.24%	↑ 1.18%	1年-2年（含）	27.56%	29.38%	↓ -1.81%
				2年以上	12.68%	13.28%	↓ -0.60%

图 2-4 珠三角小企业融资利率和期限变化情况[①]

（四）创业融资政府扶持方面存在不足

1.法律法规不完善

就目前的现实情况来看，我国关于创业企业的专门法律法规还没有出现，在行政法规中，经常见到的字眼也是“企业”，而非创业企业。由此看来，我国目前对创业企业的关注度还远远不够，更没有将创业企业区别对待，将其作为一个特殊的服务对象看待。

关于创业企业的相关法律不健全，导致的一个客观结果就是，当创业前企业在进行贷款时出现了市场性风险或信用风险时，此时由于外部环境，尤其是法律环境较差，“法律白条”大量存在，对银行债权的保护能力比较低，创业企业逃避银行债务现象难以完全杜绝。在银行内部，一旦出现了问题，那么贷款签批人的责任将十分重大，银行也会严格追究他们的责任。由于这个原因，金融机构就更加不愿意办理这类企业的贷款业务，加剧了这

① 北京大学国家发展研究院，阿里巴巴集团.珠三角小企业经营与融资现状调研报告[R].2011 年秋季 CMRC 中国经济观察，2011—10—11.

类企业的融资困难问题。而民间借贷并没有相关的规定，秩序比较混乱。但从世界范围来看，创业企业融资好多都是借助于民间借贷，因而对民间借贷法律化、“阳光化”是十分重要的。这有利于缓解小微创业企业当前的融资窘境，为其融资提供便利。

2.完整性的政策扶持体系缺乏

在最近几年来，创业企业越来越多，创业企业的发展也为社会创造了很多贡献，因而政府越来越重视创业企业的发展。针对创业企业融资难的问题，政府提供了相关的政策支持，如要求向创业企业倾斜的信贷政策等，虽然这样，但是支持创业企业发展的完整的金融政策体系还没有一个完整的轮廓，尚未形成。由于这个缘故，大多数的信贷资金会选择大众型企业，同时创业企业也不容易获得社会资源。这就给创业企业的融资难雪上加霜，创业企业融资难并未得到良好的改善。

3.资信调查体系发展缓慢

除了上述两个原因之外，影响创业企业融资难的另外一个重要的原因就是我国征信体系建设滞后、征信体系不健全。虽然经过近些年的努力，我国在建设创业企业信用体系方面取得了一定的进步，但资信调查还是一个未得到充分发展的领域，对这个领域还很陌生。除此之外，完善的权威征信系统还没有建立起来。尤其是具有针对性的，针对创业企业的征信服务体系更是少之又少，基本没有。

就目前看来，金融机构主要通过人民银行的征信系统来获取创业企业信用违约信息。但是通过征信系统，获得的信息仅仅只是与创业企业相关的贷款情况，并没有对企业、个人做出全面的资信评估，而且缺乏专业的评估机构。由于没有相关的机构，创业企业没有相关的信用记录，在申请贷款时只能尝试财产抵押担保贷款。由于银行对需要贷款的企业都摸不着底，因而十分谨慎，不会轻易贷款给创业企业。我国目前缺乏权威公正的创业企业信用评级和统一的信用数据库，信用担保体系也不够完善，这些因素加剧了创业企业的融资难问题。

二、构建良好的政策环境

（一）政府提供扶持资金

在各国国民经济发展中，创业企业占有十分重要的地位，但是与那些成熟的企业相比，创业企业存在着很大的弊端，例如，其先天性的资金短缺和竞争力不足，这些因素很容易导致其在竞争中处于不利地位。政府作为公共管理者，基于扩大就业、增加税收的目的，通常采用多种方法支持创业企业发展，如资金扶持和税收优惠。为了支持包括创业企业在内的中小企业进行技术创新、开拓国际市场、新产品开发等业务，我国财政部门设立了多种专项基金，从而丰富了我国创业企业金融产品的供给，对资助创业企业起到了一定的作用。下面介绍几种政府设立的扶持性基金及获取策略。

我国政府设立的创业企业扶持资金主要有科技型中小企业技术创新基金、中小企业发展专项资金和中小企业国际市场开拓资金。近几年，我国部分省市还相继设立了创业扶持资金。

1.科技型中小企业技术创新基金

科技型中小企业技术创新基金（以下简称创新基金）是由国务院批准建立、用于支持科技型中小企业技术创新的政府专项基金。作为政策性专项基金，创新基金与一般的民间基金有很大的不同。创新基金的主要用途不是用来盈利，而是用来鼓励创新企业的发展，为创业企业的发展提供资金便利，鼓励创新企业技术创新，并将这种技术创新转化成实际的生产能力。为使资金支持取得实效，创新基金对所支持的企业及项目设置了一定的条件。

通常而言，创新基金支持的项目应符合以下条件。

第一，符合国家产业、技术政策，技术含量高，创新性较强，知识产权清晰，技术处在国内领先水平。

第二，必须以生产、销售、技术服务和盈利为目的，产品或服务有明确的市场需求和较强的市场竞争力，可以产生较好的经济效益和社会效益，并有望形成新兴产业。

第三，创新基金年度重点支持范围中所列项目。

2.中小企业发展专项资金

中小企业发展专项资金（以下简称专项资金）是根据《中华人民共和国中小企业促进法》，由中央财政预算安排，主要用于支持中小企业专业化发展、与大企业协作配套、技术创新、新产品开发、新技术推广等方面的专项资金（不含科技型中小企业技术创新基金）。

专项资金的宗旨是促进中小企业优化产业结构，加速专业化发展，提升与大企业的协作配套水平，提高企业自主创新能力，鼓励中小企业信用担保机构为中小企业提供借款服务，增强中小企业的市场竞争力。

3.创业扶持资金

2008年，人力资源和社会保障部等部门起草了《关于促进创业带动就业的若干意见》，通过为创业企业提供良好的政策环境来鼓励公民创业，并以此带动社会就业。在此背景下，各地政府积极配合，出台配套创业扶持措施，设立创业扶持资金：江苏省镇江市于2009年设立了1 000万元的创业扶持资金，用于扶持创业孵化基地开办、创建新企业等方面，2010年4月又出台了《镇江市市区创业扶持专项资金使用管理办法》，以规范创业扶持资金的使用；湖北省武汉市从2010年起，每年安排2 000万元创业扶持资金，引导、支持科技创业和高校毕业生创业；湖南省常德市自设立创业扶持资金以来，2010年以贷款贴息和定额补贴两种方式发放了第一批扶持资金，有87个创业项目获得扶持；安徽省合肥市2010年出台了13项创业扶持活动，计划3年内建立1亿元创业扶持专项资金；等等。各地创业扶持资金的设立，为创业企业提供了另一个政府扶持资金来源。

（二）落实相关政策法规

以前国家忽略了对创业企业的重视，随着创业企业越来越多，为社会做出的贡献越来越大，国家对创业企业的关注度也跟着增加了，近些年来，国家出台了一系列扶持创业企业发展的政策措施，涵盖了创业企业划型标准、创业企业融资、政府采购支持、信用担保体系建设以及创业企业发展等方方面面，虽然国家的初衷是为了帮助创业企业良好发展，但在实际操作过程中往往不可避免会出现一些不尽人意的现象。由于在现实中缺乏实际可行的操作办法，国家的相关政策往往难以落实，或者落实不到位，这就使国家这些相关政策形同虚设。政府的一个重要工作是监督检查已出台的各项财税和金融支持政策的落实情况，主要方法包括以下几种。首先，对已出台的政策措施进行梳理整合，通过政策汇编、网上公开、专题培训、媒体宣传等多种手段将已出台的优惠政策送到企业，使政策服务的主要对象——创业企业了解可以享受的优惠政策，然后积极申请。其次，政府要深入基层，不要纸上谈兵，要对已出台优惠政策的具体实施情况进行摸底调查，狠抓落实。最后，要开辟创业企业反映政策落实情况的通道。对这些政策的落实情况及时反馈，了解政策与具体情况之间是否符合，进而对政策进行发扬改进。

（三）加大财税优惠

1.强化税收征管工作

在我国，税收制度是全国统一的，税收征管制度也是全国统一。虽然税收制度摆在那，但许多创业企业对纳税义务的意识比较淡薄，加上这些企业财务管理制度不健全，使得创业企业征管效率低下，因而这加剧了创业企业的税收成本。因而，在税收上面，我国要不断完善征管机制，对各种各样的创业企业要区别对待。对于那些没有建账建制能力的创业企业，要积极推行税务代理制度，采用专人帮扶机制，对创业企业进行定期的稽查，加强对这些企业财务税收方面的监督，鼓励其自行申报或者采取定额征收形式。如果创业企业自己愿意建立账簿，此时要帮助这些企业进行相关的税务、财务培训，帮助其进行税收筹划，并通过一定的税收优惠鼓励创业企业按时纳税。

2.设立创业投资引导基金

国际上，有许多国家的政府直接为创业企业投资，这种投资方式效果往往不尽如人意。因而各国在实践中慢慢总结出采用政府与民营创业投资机构的合作方式，也就是采用引导基金的方式。在这样的背景下，我国科技型创业企业基金资本金投入方式也开始采用间接机制。

我国创业投资引导基金的尝试是从地方政府开始，如上海市政府于1999年设立政策性创投基金——上海创业投资基金，主要通过上海创业投资基金委托管理或参股方式，选择了7家创业投资顾问公司作为投资代理人，并与民间或外资机构合资设立了11家创业投资基金，以6亿政府财政资金带动了18亿元民间资金和5 000万美元外资。深圳市政府以5亿元的财政出资，吸引企业资金参股成立了7亿元规模的深圳创新投资公司，再以其为母体，通过增资扩股，不断吸引民间资金与外资参与，形成30多亿元的可投资能力。

全国性的创业投资引导基金是在地方试验的基础上，并充分考虑了地区差异后才设立的。2005年末，国家发改委、科技部、财政部等十个部委联合发布了《创业投资基金管理暂行办法》(39号令)，提出了若干适合创业投资机制的规定，使得创业投资有了全国性的行业法规依据。文件同时表明政府鼓励创业投资的主导思想即"国家与地方政府可以设立创业投资引导基金，通过参股和提供融资担保等方式扶持创业投资基金的设立与发展"，以及

“国家运用税收优惠政策扶持创业投资基金发展并引导其增加对创业企业特别是创业企业中的中小高新技术企业的投资”。在这一主导思想的指导下，国家级“科技型中小企业创业投资引导基金”（以下简称“引导基金”）于2007年7月正式亮相，有关方面明确当年的预算为1亿元。

引导基金的资金来源有两个：一是中央财政科技型中小企业技术创新基金，二是从所支持的创业投资机构回收的资金和社会捐赠的资金。引导基金的支持对象为：在中华人民共和国境内从事创业投资的创业投资企业、创业投资管理企业、具有投资功能的中小企业服务机构（以下统称创业投资机构），及初创期科技型中小企业。引导基金的引导方式为阶段参股、跟进投资、风险补助和投资保障。

阶段参股是指引导基金向创业投资企业进行股权投资，并在约定的期限内退出。主要支持发起设立新的创业投资企业。符合本办法规定条件的创业投资机构作为发起人发起设立新的创业投资企业时，可以申请阶段参股。

跟进投资是指对创业投资机构选定投资的初创期科技型中小企业，引导基金与创业投资机构共同投资。

风险补助是指引导基金对已投资于初创期科技型中小企业的创业投资机构予以一定的补助。

投资保障是指创业投资机构将正在进行高新技术研发、有投资潜力的初创期科技型中小企业确定为“辅导企业”后，引导基金对“辅导企业”给予资助。投资保障分两个阶段进行。在创业投资机构与“辅导企业”签订《投资意向书》后，引导基金对“辅导企业”给予投资前资助；在创业投资机构完成投资后，引导基金对“辅导企业”给予投资后资助。

从四种引导方式的定义可以看出，阶段参股和风险补助是直接对创业投资机构进行资助，通过对创业投资机构的引导而间接增加对创业企业的投资；而跟进投资和投资保障是直接对创业企业提供资助的。

3.设立中小企业发展基金

由国家出面制定中小企业发展基金的具体实施和操作办法，将分散的中小企业支持基金集中到一起，设立统一的中小企业发展基金，节约资源。同时，这样做还能对集中起来的资金进行统一管理，实现专款专用，这样就可以更加有序健康的促进中小创业企业的发展。同时设立中小企业创业基金、出口导向基金以及风险投资基金等，增加对中小企业的支持力度，同时，对那些环保型的创业企业、高新技术的创业企业要给予重点支持，使基金的价值实现最大化，确保基金的运作效率和运作成效。

（四）建立创业企业管理机构

要先明确在政府采购中，有多少比例是划给创业企业的。就目前来看，《政府采购法》中出于对创业企业利益的保护，有相应的针对性法条，这在客观上对创业企业而言具有十分重要的作用，一定程度上支持了创业企业的发展。但实际上的情况往往令人失望，在具体的运行过程中，由于各种各样的原因，这些支持性的措施可操作性不强，加上缺乏强制性措施、惩罚措施以及相关配套的法律法规，导致在实践中很难贯彻落实。因此，法制的道路上我们还需要不断探索前行，配套建立一系列完善的法律法规，明确政府采购中创业企业所占的比例，并对创业企业产品视不同的行业给予一定的价格优惠，提高创业企业参与政府招投标的积极性，有效保护创业企业的相关权益。

同时建立创业企业政府采购服务中心和服务平台，对政府采购相关知识进行集中宣传和培训，不但使创业企业全面了解政府采购法，更要提高创业企业在政府采购中的投标水平和谈判水平。通过政府采购服务平台及时公布政府采购的相关信息，使创业企业及时了解政府采购的内容，并利用现代化的信息网络技术及时通知相关的创业企业。如果遇到在政府采购中比较大的合同，此时考虑到中小企业承担采购项目的能力有限，可以允许创业企业组成联合体来进行投标，由政府采购服务中心出面给予帮助，鼓励创业企业不断提高技术和产品竞争力，为创业企业寻找有利商机，推动创业企业不断壮大。

（五）健全创业企业的社会化服务体系

建立重点突出、布局合理的创业企业的社会化服务体系，不断为创业企业的发展提供良好的条件。社会化服务体系可以为创业企业提供良好的技术、信息、知识、培训、创业、投融资、质量检验、企业管理咨询等方面的服务，同时可以促进相关的中介机构的发展，使这些机构能够拓宽业务，为创业企业的发展提供更好的服务。这个服务体系可以有针对性地开展员工技能培训，尤其重视员工职业技能的培训。不断提高员工素质，提高创业企业的用工质量，使创业企业用工难的问题得到缓解。同时积极开展企业家培训，为其做好政策解读工作，帮助其更好地利用新政策实现企业的发展；建立创业企业和科研院所、高等院校以及社会资深专家的沟通平台，为创业企业提供更好的技术支持，使这些企业的竞争力不断增强，经营管理能力也得到改善。

当然，各级政府管理部门不仅要响应国家对创业企业的扶持政策，同时要做出一定的实际行动，关注并重视创业企业的发展，为创业企业的发展改革做出一定的贡献。

三、构建良好的制度环境

决定一个地区或一个企业发展状况的主要因素，不是诸如资本以及物质等一些硬实力因素，而在于一些软实力因素。如这个企业的经济组织结构、文化传统等。

（一）社会文化环境

一个地区的社会文化环境往往对这个地区人们的价值观产生深远的影响，影响着人们对失败、冒险、宽容及对知识和技术的看法。“信用文化是在市场经济条件下，用以支配和调节人与人、人与社会、社会各经济单元之间信用关系和信用行为的一种基本理念和规范。”[①]可以说，信用是一种独特的文化现象。它既包含物质层面的内容，也包含制度层面的内容，同时包含着精神层面以及行为层面的内容。这些内容互相作用，共同凝聚成一种共同的信用精神、信用行为和文化氛围。总体来说，信用文化要同时凸显共赢性、广泛性和民主性。创业企业刚刚步入市场，更应该注重自己的信用，因为任何活动的开展都与信用息息相关，如进行融资等。如果一个企业没有良好的信用文化，那么会使原本就不算容易的融资变得更加严重，这对将来企业开展一系列后续活动都是十分不利的。如果一个企业缺失了信用文化，那么资源的配置效率会跟着拉低，此时的道德风险就到了极致，整个信贷市场失效，经济运作也会跟着受损。通常而言，对不讲信用的一些行为，社会往往缺乏一定的惩罚机制。为此，整个社会的信用问题就成为一个非常令人头疼的问题，我国几乎所有企业都会被这样的问题所困扰。对于企业而言，信用问题体现在产品或服务质量的履行上，又体现在付款和偿债的及时性上。实际上，企业的信用是企业的一种无形资产，可惜的是，许多企业并没有将其当作一回事来加以重视。

（二）所有权结构

最近的研究表明，大股东一股独大会产生代理问题，通过扩大投资规模有助于大股东追求私人利益(private benents)，大股东从而得以掠夺小股东的利益。一方面，国内的许多银行在进行发放贷款时往往优先考虑国有企业，因而在同等条件下，那些国有股比例较高的上市公司往往在获得贷款时更占优势；另一方面，国有企业有其固有弊端，国有股比例越高，公司内部治理结构就有可能越不健全，其业绩就越难以达到证监会规定的配股要求。基于以上两点，可以认为上市公司的融资结构与其所有权性质相关。

---

① 孙森.信用管理[M].北京：中国金融出版社，2012，第130页.

第二节　创业融资的市场环境

创业融资不仅受到一定的政策影响，同时还受到一定的市场因素的影响。我们将影响创业融资的因素集合归结为创业融资的市场环境。本节主要针对创业融资的市场环境进行详细的论述。

一、我国资本市场现状

（一）资本市场现状

就目前来看，创业企业寻求外部资金的主要渠道还是银行。

除此之外，还有一部分资金来源就是证券市场。但是由于证券市场不健全，秩序混乱，自身问题较多，机制不健全，监管环境存在问题，因而这种渠道不是创业企业获得外部融资的首选渠道。而且证券所普遍存在的现象是——它们实行的机制主要是针对大中型企业的，这与中小创业企业自身的情况严重不符，因而放在中小创业企业身上并不适合，这也增加了中小企业的交易成本。

资本市场结构失衡，这也是创业企业所面临的市场环境的一大重要问题。截至2012年底，我国主板、中小板、创业板和“新三板”的挂牌企业分别为1 423家、694家、355家和200家。成熟资本市场的金字塔结构在我国呈现的是倒三角形状。因此，处于倒三角底部的专门为处在创业期的中小企业提供融资的板块根本无法满足这类企业的资金需求。

针对市场环境存在的一些问题，场外市场建设正在提速，以满足创业企业发展的需要。

（二）资本市场融资存在一定的障碍

1.创业企业融资支持体系不健全

美国对中小企业也是相当扶持的，尤其关照处在创业期的中小企业。对于这类企业，美国中小企业管理局为其提供充足的资金，其中一个重要的途径就是信用担保。但是，由于国情不同，显然我国的担保和抵押行业发展相对比较滞后，仅仅只是依靠银行等一些金融机构来为创业企业提供金额担保，很显然，这是远远不够的。企业融资如果要通过担保的渠道，就需要政府发起出资，并且需要设立专门的部门进行监督和管理。同时，这需要企业自己的配合，需要企业内部建立健全的公司治理结构以及银行的风险担保机制，这样融资才能更加顺利。

2.资本市场发展不完善

在一个比较发达地资本市场中，针对创业企业的融资板块非常多，而且这些板块划分十分明确，每个板块的层次也十分清晰，我国创业板虽然创业为企业提供了股权融资，但是由于各种各样的原因，创业板自身的发展十分有限，这就需要相应的补充市场——三板和其他场外交易市场，从而来弥补创业板的不足。

3.信息不对称

谈到信息不对称首先有必要了解一下信息经济学。信息经济学就是有关非对称信息下交易关系和契约安排的理论，在这个前提下，我们对信息不对称就有了一个很好的把握，信息不对称就是指交易的一方参与者拥有另一方参与者不拥有的信息。如果信息不对称，那么很有可能会出现逆向选择和道德风险问题，此时，交易变得也就不再顺利。“从不对称信息的角度来研究企业融资结构问题，包括优序融资理论、代理成本理论、控制权理论、信号理论等，这些理论试图通过信息不对称理论中的‘信号’

‘动机’‘激励’等概念，从企业‘内部因素’来展开对企业融资问题的分析，将早期和现代企业融资理论中的权衡问题转化为结构或制度设计问题。”①

概括地说，市场的不完美会导致一些制约融资的因素产生，此时的融资就会受到束缚。而市场上信息不对称这个因素往往会使融资成本变得更高，融资约束变得更明显。具体表现在创业者往往担心自己的商业秘密被泄露，不愿意过多告诉投资者相关信息，投资者在有限的信息情况下难以判断创业者的创意和商业模式到底是什么，难以做出投资选择。“一方面，公司信息不对称水平越高，公司面临的融资成本越高，可供投资的资金越少，从而可能导致投资降低；另一方面，信息不对称程度较高，代表融资约束程度较高，当公司所面临的融资约束程度更高时，公司投资对现金流的依赖性也可能更加严重。”②

大型企业经历了一定的发展，在各个方面都比较成熟，信息透明度也较高，同时信息也有更高的真实度。与这类企业相比，显然，创业企业的缺陷是不言而喻的。创业企业的信息基本上内部化，一般外人是很难准确的了解到这些创业企业的信息。除此之外，金融机构如果要克服信息不对称，需要进行严格的调查、审查和监督，而这些工作的展开都需要一定的信息成本，但是，由于创业企业对资本和债务的需求规模小，使金融机构平均成本和边际成本比较高。因而，面对这些实际情况，金融机构更愿意与成熟的大企业进行合作，提供融资，而不愿意与创业企业进行合作。创业借款的特点是“少、急、频”，银行常常因创业企业信用信息不对称、贷款的交易和监控成本高且风险大而不愿放款。

4.信贷配给不足

在信贷市场中，信贷配给是一种典型的现象，在这里有必要

---

① 杨娅婕.不对称信息下的企业融资结构理论综述[J].时代金融，2010(3).

② 屈文洲，谢雅璐，叶玉妹.信息不对称、融资约束与投资—现金流敏感性—基于市场微观结构理论的实证研究[J].经济研究，2011(6).

对信贷配给这个概念做一个简单的解释。通常贷款人在进行贷款时首先会对风险和利润做出一个权衡，不是仅仅只考虑到利率机制，而是会附加各种各样的贷款条件，通过配给的方式来实现信贷交易的完成，这就是我们所说的信贷配给。

首先，创业活动本身面临非常大的不确定性，使得投资者难以判断机会的真正价值和创业者把握机会的实际能力。创业企业由于缺少既有企业所具备的应付环境不确定性的经验，其不确定性比既有企业要高得多。其次，即使投资者愿意投资，双方也常常因对企业发展前景和赢利能力判断的不一致，导致对企业价值评估的巨大差异，投资者因投资协议难以达成一致而放弃投资。

5.风险投资体系缺乏培育

在世界各个国家，都会将风险投资或创业资本作为处在创业期间的中小企业引导基金。在我国，风险投资体系不是很完善，其中一个重要的表现就是筹措渠道不足，出现这样的情况主要由于政府财力有限，另外一个重要原因就是民间资本比较弱小。当然，这和我国历史发展有很大的关系，资本主义国家步入资本主义社会已有很长一段时期，因而市场经济比较成熟，风险投资发展的也比较成熟。而我国就不同了，由于各种历史原因，我国风险投资的发展还处于初级阶段。在资本市场上，我国种种弊端暴露无遗，如退出机制不完善，相关人才短缺，相关法律不完善，专业服务机构不规范，这些问题都会对风险投资的发展起着很大的制约作用。

二、完善资本市场融资的解决方案

（一）大力发展风险投资基金，拓展融资渠道

国外风险投资的发展给我们留下了宝贵的经验。尤其是在一些以发展高新技术为主的创业企业中，这些经验为其提供了宝贵的借鉴。风险投资通过制度性安排既形成资金对技术的支持，又建立对小企业的激励和约束机制，这在国外中小企业进行融资

时起到了重要的作用，因而是这些企业融资必不可少的重要环节。加大力度引入金融机构、私人和海外资金以及政府等多种融资主体，不断加大发展风险投资的力度，这对缓解创业企业融资难的问题具有十分重要的意义。同时要学会正确利用民间资金和国外资金，建立相关的机制来规范非正规金融和私募基金，取消相关的法律障碍，从而使风险投资的规模不断扩大，使风险投资市场渐渐走上正轨，走向成熟。

（二）完善中小企业板和创业板退市机制

在资本市场发展的历史上，退市制度是其中一项重要的制度，可以说，在资本市场的发展过程中，它是一个重要的保障。通常而言，小企业往往会在创业板和中小板上市，而且这些企业刚刚起步，往往规模较小，此时的企业也面临着较大的风险。因此，为了尽量规避不必要的风险，要设立更为严格的上市、披露和退市制度，这些制度要具有针对性，要以中小板和创业板为关注点，通过这些制度，使市场能够更加灵活的运转，优胜劣汰，保留优质企业，及时淘汰劣质企业，给优质企业创造更多更好的融资机会，保证这些企业的茁壮成长。从另一个角度来看，建立严格的退市机制可以有效防范市场风险，保护广大投资者的利益。

（三）建立中小企业板和创业板风险对冲机制

推出股指期货是资本市场建立双向对冲机制的重要改革举措。与大型企业相比，处于创业期的中小企业会面临更大的风险。如果机构投资者无法获得对冲，此时投资创业板和中小企业板市场就要引起足够的重视了，这两者也将面临比较大的风险，由于风险较大，在市场上投资者都处于观望的位置，谁都不敢轻易下注进行投资，这就大大减少了投资者的市场活动，当然，这就不利于建立合理的投资者结构，也不利于培养理性的投资理念。因此，在股指期货市场已建立的情况下，应该适时推出创业板和中小企业板指数期货产品，提供对冲机制，尽量降低市场风险，使各个机构投资者的积极性都被调动起来，从而保证中小板和创业板市场的流动性和活力，使得投资者结构更为合理。

（四）建立场外股权交易市场

总的来说，在现在的产权交易中，业务比较多，而且没有具体的体系规范，因而会出现业务交叉、繁杂的问题，这对股权交易市场的建设是极为不利的，尤其不利于交易市场的专业化建设，同时对股权交易的监管也是十分不利的。因而，现有的产权交易市场应该变得更加规范有秩序，这就需要进行整顿，把非上市公司的股权交易集中到专业化的场外股权交易中心。由于我国市场机制不健全，股票交易活动也比较分散，不成体系，而且交易活跃程度不高，因而建立统一的产权交易市场是十分必要的。这样不仅有利于活跃市场，还能对市场起到规范监督的作用。在建立场外市场时可以借鉴美国场外市场建设的经验，实行分层管理，先建立最初的场外市场，当这个市场发展到一定程度时再逐层建立要求更低的分市场。从高到低进行建设，有利于经验的积累，从而很好地防范风险。

第三节　创业融资的自身环境

在创业企业进行融资的过程中，导致融资难的另外一个重要原因就是创业企业的内在缺陷。创业企业由于刚刚起步，在各个方面的发展都不成熟，虽然银行能为这些企业提供一定的贷款，但这只是杯水车薪，要从根本上解决创业企业融资难的问题，还需要这些企业自身的努力。创业企业先天不足、后天发展失调是造成融资难的重要原因，具体表现如下。

一、创业活动本身具有高风险性

创业融资难源于创业活动的高风险性。这种风险包含了两个部分，一部分来自创业活动本身固有的风险，即创业企业的不确定性；另一部分来自外部投资人对创业活动风险的感知，即信息不对称。

（一）不确定性

就创业活动本身而言，由于这项活动涉及的因素较多，因而也面临非常大的不确定性。尤其是与既有企业相比，虽然两者都面临着不确定性，但很明显，创业企业面临的不确定性要比既有企业面临的不确定性大得多。创业企业缺少既有企业所具备的应付环境不确定性的经验，尚未发展出以组织形式显现的组织竞争能力。据清华大学中国创业中心GEM（全球创业观察）项目的研究成果，市场变化大是中国创业环境方面的重要特征。市场变化大意味着更多的创业机会，但是，创业活动也可能面临更大的风险和不确定性。从统计上看，我国创业者的创业能力低于全球创业观察项目的均值水平，创业者普遍缺乏创办新企业的经验，缺乏进行创业管理的知识和经验，在商机把握和资源组织方面能力不强等。这些短板导致创业者把握不好创业机会，不能及时对市场变化做出反应，创业容易失败，进而加剧了创业企业的不确定性。据统计，我国创业企业的失败率在70%左右。国外有学者估计创业企业在2年、4年、6年内的消失率分别是34%、50%、60%。创业企业的高失败率给投资者带来很大的风险，导致创业融资难度增加。

（二）信息不对称

信息不对称是经济生活中普遍存在的现象，产品的销售方比购买方具有更多关于产品质量的信息，工人比雇主更了解自己的技能和能力，公司的经理比公司的所有人更了解公司的成本、竞争地位和商业机会。在创业融资中同样存在着信息不对称，一般来讲，创业企业对待自己的企业就像自己的孩子，而投资者则不见得有这么用心，因而创业企业往往对自身能力、企业的产品、企业的创新能力、市场前景更加了解，对所有的信息都十分了解，在这一点上，投资者显然比不上创业者。由于投资者只能根据感知到的信息进行判断，那些素质不高、技术上有缺陷、经营管理不善的创业企业可能因为将各项数据和材料做得漂亮而获得投资；而真正优秀、未来收益高的企业有可能没做好这方面的工作而失去投资。在进行投资后，往往会出现投资不对称问题，同时面临道德风险问题，被投资公司的创业者往往既是大股东又是经营管理者，这就会对投资者的利益构成侵害，投资者对创业者的行为很难监控。

一般来说，创业企业成立时间短，没有或很少有过往记录，规模较小，经营活动的透明度差，财务信息具有非公开性，潜在的投资者很难了解和把握创业者及创业企业的有关信息。在我国，创业商务环境较差，尤其是在获得金融和非金融服务方面更差。创业者群体不成熟，基础薄弱。创业企业无论是在面临的环境上，还是相关企业本身的发展程度上，都不可能顺利发展，这些客观因素对投资者群体有十分重要的影响。如果这些因素不是很好，那么就很难培育出成熟的投资者群体。所有这一切均加深了创业融资中信息不对称的程度。

（三）财务资源不足

在财务资源上，中小企业存在的问题具体表现在以下几个方面。

1.财务控制薄弱

在财务方面，如果现金管理不严，那么就会出现资金闲置或不足的情况。有的创业企业会认为资金越多越好，实际证明，并不是这样的。资金太多会造成现金闲置，这部分资金没有用于生产周转。也有的企业没有对资金运转做出预算，缺少相应的资金使用计划安排，因而在生产的过程中可能会遇到资金周转困难的问题，陷入财务困境。如果应收账款周转缓慢，这就会面临资金回收困难甚至收不回来的风险;如果存货控制的环节较为薄弱,这就会造成资金呆滞的问题;如果企业重钱不重物,那么就会造成资产流失浪费的现象。

2.管理模式僵化,管理观念陈旧

企业往往会采用所有权与经营权高度统一的管理模式,这种管理模式在许多企业中都是存在的,是一种十分典型的管理模式。这种模式往往会给企业的财务管理带来一定的负面影响。在许多民营企业中,领导者和管理者往往是相同角色的人扮演的,这些人对财务管理相关知识缺乏详细的了解,因而在财务管理这一块上也比较混乱。再加上财务监控不严,往往会导致会计信息失真等现象。这对于企业审计部门的成立而言也是相当大的一个障碍。另外,企业管理者往往不是科班出身,无论是在管理能力上还是在管理素质上都不理想,管理思想落后。

3.难规避财务负债的陷阱

通常一些高速度成长起来的企业看似比慢速成长起来的企业更有优势,实际上,这些企业内里却并不像表面一样光滑,它们往往面临过度负债的现实,这通常是这些高速成长企业的通病,也是这类企业发生财务危机的最终根源。通常企业会进行战略部署,然后由战略部署来驱动战略需求,此时的外在表现就是企业现有的业务运转,或是原有业务得到了发展,或者是增加了新的业务。无论是哪一项,战略驱动带来的必然表现就是企业规模和数量的扩张非常明显,而且明显快于内涵质量的扩张,在企业的高成长阶段,往往会出现资金短缺的现象,有时这种情况比较严重,有时这种情况比较轻微。之所以会出现这种情况,很大一部分原因就是高成长战略所导致的,此时的企业就会面临负债经营的境遇。组织放大效应和内部担保则加剧债务水平,造成负债过度。在这种情况下,企业的财务方面肯定会受到一定的影响,支付能力也会受到相应的影响。

4.财务风险意识淡薄

通常来讲，创业企业往往对财务风险的意识比较薄弱，主要表现在两个方面：第一个方面是过度负债。过度负债的最终结果就是债台高筑，这样就会引发大规模的财务风险。第二个方面就是短债长投。一些企业往往对整个企业的财务状况估计不良，会将一些短期借债用于投资回收期过长的长期项目投资，这样就会导致企业流动负债远高于流动资产，使企业面临极大的潜在支付危机。

二、创业融资要具有可行性

获得融资并不总是容易的事情。例如，当威廉·凯里(William Carey)最初提出在波兰创办一家酒类经销公司时，纽约的 20 多家投资银行拒绝为他提供融资。凯里回忆说："它们不了解波兰，而且我的这家企业规模很小。我们已经准备放弃。"后来，纽约的一家投资银行同意为他的企业提供融资。今天，凯里创办的中欧经销公司(Central European Distribution)拥有 3 000 多名员工，销售收入高达 11 亿美元。

因为很可能需要融资来启动企业，所以企业家必须研究各种融资选择。表 2-1 列出了企业家可以获得的潜在融资选择。

表 2-1　可能的融资选择

企业家的个人资源(个人储蓄、家庭财产、个人贷款、信用卡等)
金融机构(银行、储蓄和贷款机构、政府担保贷款、信用合作社等)
风险投资家——由专业的投资管理公司提供的外部融资
天使投资人——向创业型企业提供资金支持以换取一部分企业产权的私人投资者(或私人投资者群体)
首次公开发行——公司股票的首次公开上市和销售
国家或区、地方政府的企业发展计划
其他不同寻常的来源(电视节目、创业竞赛等)

（一）对企业进行规划——制定一份商业计划书

对创业型企业而言，计划是相当重要的。一旦完成企业可行性研究，企业家就必须着手对企业进行规划。在这个步骤，企业家需要做的最重要的事情是制定一份商业计划书（business plan），即概述某个商业机会并阐述企业如何抓住和利用该机会的书面文件。

对于许多即将成为企业家的人来说，形成和撰写一份商业计划书似乎是一项艰巨的任务。不过，一份好的商业计划书是很有价值的。它可以使企业家对其愿景的所有关键要素进行整合，并将它们整理成一份条理清晰的文件。商业计划书需要精心规划和创造性思维。如果商业计划书完成得好，它可以成为一份令人信服的文件，从而发挥出许多功能。它可以充当企业运营的蓝图和路线图。而且，商业计划书还是一份“活的”文件，能够在企业的整个生命周期中指导企业决策和行动，而不仅仅是在初创阶段。

如果企业家完成了一项可行性研究，那么其中的许多信息可以成为商业计划书的基石。一份好的商业计划书涵盖六个主要方面：执行摘要、机遇分析、环境分析、企业描述、财务数据和预测、辅助材料。

1. 执行摘要

在执行摘要中，企业家要概述拟创办企业的关键点。这些关键点可能包括：简要的使命宣言；主要目标；企业历史简介（也许以时间表的形式表示）；企业中的关键人物；企业性质；对产品或服务的准确描述；对市场定位、竞争对手和竞争优势的简要解释；拟定的战略；重要的财务信息。

2. 机遇分析

在商业计划书的这个部分，企业家要具体阐述所发现的机遇。从本质上来说,具体细节包括:第一,通过描述目标市场的人口发展趋势来估计市场规模;第二,描述和评估行业发展趋势;第三,找出和评估竞争对手。

3. 环境分析

机遇分析重点关注某个特定行业和市场中的机遇,而环境分析会采取更加广泛的视角。在这个部分,企业家要描述广泛的经济环境、政治/法律环境、技术环境和全球环境中正在发生的变化和趋势。

4. 企业描述

在这个部分,企业家要描述该企业将如何组建、启动和管理。要介绍的内容包括:企业使命宣言;将要创建的组织文化;营销计划(包括总体营销战略、定价、销售策略、质量承诺制度,以及广告和促销策略);产品开发计划(如解释产品开发的现状、任务、难度、风险以及对所需费用的估计);运营计划(包括描述企业所在的位置、所需的设施和改进、设备,以及工作流程);人力资源计划(包括描述关键的管理人员,董事会的构成,董事会成员的履历、经验和技能,当前和未来的人员需求,员工薪酬和福利,以及员工培训需求);所有相关事项的总体计划表和时间表。

5. 财务数据和预测

每一份有效的商业计划书都包含财务数据和预测。虽然财务数据的计算和解读可能相当困难,但这是绝对重要的内容。没有财务信息,商业计划书就是不完整的。财务计划应当至少考虑未来三年,并且包括预计利润表、预计现金流分析(第一年是月度分析,后两年是季度分析)、预计资产负债表、盈亏平衡分析以及成本控制措施。如果需要大型设备或其他采购项目,那么应当列出它们的名称、费用以及现有的抵押物。所有的财务预测和分析都应当包含注释说明,尤其在数据显得异常或可疑时。

6. 辅助材料

辅助材料对于一份有效的商业计划书来说，也是重要的组成部分。在这个部分，企业家应当通过图表、表格、曲线图、图片或其他视觉工具来支持前几部分的内容。此外，留下企业关键参与者的信息（私人和工作联系方式）可能也很重要。

形成创业型企业的思路需要花许多时间。同样，撰写一份好的商业计划书也需要花大量时间。对企业家来说，很重要的一点是把严肃认真的思考和考虑融入商业计划书中。这并不是一件容易的事情。但是，这样的计划书对企业家当前和未来的规划具有重要价值。

（二）创业要考虑自身的融资成本

天下没有免费的午餐，拿别人的钱为己所用，就要付出代价，这就是融资成本。企业管理者在融资时，要提前权衡融资成本，避免融资收益大于融资成本的情况发生。

融资成本一般包括三个方面：财务支出方面的成本、机会成本及企业可能要承担的因融资失误导致的破产风险，如图 2-5 所示。

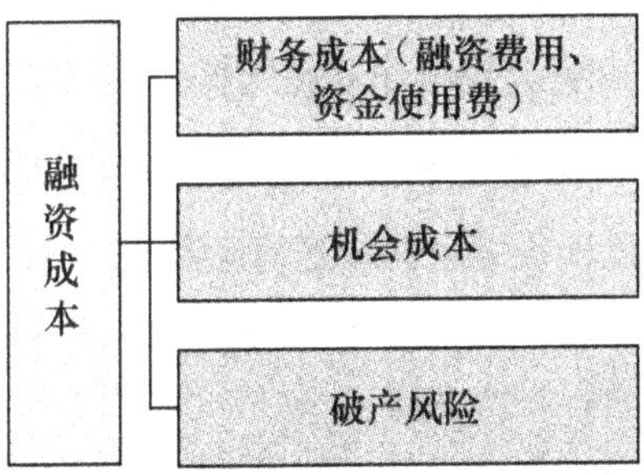

图 2-5　融资成本的三个方面

1.财务成本

财务方面的成本包括融资费用和资金使用费。现在对融资费用以及资金使用费做一个详细的解释。根据字面意思也很好理解融资费用，就是企业在筹资过程中会产生各种各样的费用，这些费用统称融资费用。如委托金融机构代理发行股票、债券而支付的注册费和代理费等都属于这一类。资金使用费是指企业向其提供者支付的报酬，如股票融资中向股东支付的股息、红利；发行债券和借款时支付的利息。

一般情况下，融资成本指标以融资成本率来表示：

融资成本率＝资金使用费÷(融资总额－融资费用)

2.机会成本

融资成本直接涉及“钱”，属于显性的财务成本，除此之外，企业融资还存在着隐性成本。机会成本就是其中非常重要的一个指标。机会成本是把某种资源用于某种特定用途时不得不放弃的它在其他各种用途中可能获得的最高收益。

在分析企业的融资成本，特别是分析企业进行内部融资时，必须考虑到机会成本这个因素。通常而言，企业使用内部资金具有无偿性，无须实际对外支付融资成本。但这些资金也像外部资金一样，投入本企业之外的领域也能获得报酬。只是企业自用的话，这些报酬就不需对外支付，没能在财务报表上体现出来而已。

在进行内部融资的时候，企业管理者应该考虑，相比资金的市场收益率，如果它不能在企业内部产生更大的收益，那么本质上说，资金的报酬率就是负值了。

3.破产风险

融资成本还有一个方面：风险成本，主要指因融资需要导致的财务困境和破产的风险。比如，进行债务融资的时候，如果后期经营不善，导致资不抵债，就会危及企业实体的存在，甚至导致企业破产。

三、创业者的个人素质很重要

获得融资是很多企业渴求的事情，但并不是每个企业都能获得想要的投资。投资方有一句话，宁做"一流的团队，二流的项目"，也不做"一流的项目，二流的团队"，说的就是企业经营者及其团队素质的重要性。

企业家的个人魅力对一个企业的影响是巨大的。企业的团队建设，取决于经营者的人格魅力、眼光和对人才建设的投入。企业高管的品质和素质基础，也反映着经营者的修养和自身素质。一个企业的资产基础又与经营者的资产管理水平和经验息息相关。企业的关系网络，也体现了经营者的活动能力、公关技巧及资源投入。

企业管理者应该强化自身的素质，给投资方形成良好的个人印象，带好整个融资团队，为融资成功打下基础。

（一）精准的判断力

对创业者而言，判断力非常重要，要对市场有前瞻性的视野，别人还没有发现商机的时候，第一个发现了，去做了，就能抢占先机，成为行业的领路人。

"优雅之于体态，犹如判断力之于智慧"，精准的判断力来自于经验、智慧，是日复一日磨炼出来的。任何一点不起眼的小事，都要谨慎决策，否则整个团队便会无所适从，整个企业也会走错路。

（二）要有长远的眼光

眼光，是用一个人的经验、学识、胆识和智慧来观察世界，观察他人的标准和思维。眼光是决策的前提，看一个人的眼光，就是看一个人的选择。同时，看一个人的选择，可以窥视一个人的眼光和心胸。对企业管理者而言，大到制定企业的发展战略，小到日常的经营管理，无不体现着个人的眼光和心胸。

古往今来，凡是获得成功的人，都是眼光长远、胆识超人的人。眼光超前，是在准确把握现实、对未来发展进行精准预测的基础上的。企业管理者要有长远的发展视野，为企业的后续发展开辟新的道路。

（三）保持谨慎和稳健

现代管理大师彼得·德鲁克认为，企业的首要任务是求生存，而不是追求最大利润。企业管理者的每个决策关乎未来企业的走向，必须慎之又慎，任何时候都要保持稳健的行事作风。数据显示，如今的中小企业层出不穷，但真正能维持长久经营的比例却不高。创业难，守业更难。融资难，融资后能冷静地“花钱”，更考验管理者的素质。管理者必须脚踏实地，只有做强主业、做大利润、做强品牌，不断增强可持续发展能力，才会在激烈的竞争中立于不败之地。

（四）灵活性

创业、融资的成功不靠书本理论，所有的观点理论都要放在实践中，让实践检验它的合理性。头脑僵化的人对任何事习惯以经验教条来处理，缺少变通，发生问题，不肯灵活应对，这样很难成功。创业者的观点不能僵化死板，要根据市场变化的情况灵活处理。

（五）合作意识和团队精神

合作意识和团队精神是一个老生常谈的话题，却也是最难的企业管理问题。每个人都有自己的想法和行事风格，将所有人都凝聚起来，并非简单的事情。融资作为企业经营中的重要一环，更需要良好的团队合作，表现出良好的执行力和协作精神，众志成城，方能成功。

四、创业企业的能力很重要

（一）市场能力

这对于一些科技型中小企业而言更为重要。在这类企业中，创业过程中所处行业的市场前景、成长性是关键。通常衡量一个企业的市场能力就要看这个企业的销售能力，企业只有有一定的销售能力，才能实现高速增长。销售能力决定企业的生存和发展。一个企业能否有魅力吸引更多的投资，其中很重要的一点就是看它能否被市场接受，并看其能否在发展的前期和中期保持稳定的市场份额，并稳健增长。市场结构、市场份额、机会发展潜力、市场需求潜力、竞争对手与竞争策略、行业前景等均是投资者，特别是风险投资筛选项目进行投资的重要评价指标。

（二）管理能力

除了市场能力外，一个企业的管理能力也是十分重要的。管理能力对企业的战略目标、战略制定和选择有着十分重要的决定作用。战略导向不同决定了企业的经营方向、经营理念、组织文化、营销策略等，进而影响企业的市场占有率、产品销售收入、市场竞争能力、获利能力等。因此，提升创业企业的管理能力，不仅有利于提高企业的市场竞争力，同时还有利于提高企业的融资能力。

（三）盈利能力

企业盈利能力对企业的融资结构也有着十分重要的影响，关于这一点，目前在业内还没有一个统一的结论。在权衡理论看来，如果公司的盈利水平较高，那么此时的公司会拥有足够的支付能力，来支付利息费用，又由于利息支出是在应税收益之前扣除，这样公司提高债务融资将会增加公司的税后业绩，公司盈利能力与公司杠杆比率正相关。创业企业如果在开展新项目时，往往会进行筹资，而融资首先会在内部解决，如果资金不够，才会选择低风险的债券，到最后实在还是不够才会采用股票。如果企业的盈利能力比较强，能通过内部解决资金问题，那么就会减少对外的资金需求。

盈利能力越强，可留用的资金越多。使用自有资金用于扩大再生产或投资新项目具有成本低、不稀释股权、可得性强等特点。将盈利转化为投资，会影响股东的现期收入，因此，即使是现在股东也不一定愿意牺牲当下利益为具有不确定性的未来项目投资，股东们通常会在个人的当期收入和企业未来发展之间进行权衡，权衡的关键点是对企业成长性的判断。成长性高，股东愿意少分红，多投资，在自有资金不足的情况下，企业会选择外部融资。

（四）偿债能力

在判断企业的财务状况时，一个重要的标准就是企业的偿债能力，这个标准放在创业企业身上同样适用。创业企业的财务状况良好，说明它就有足够的偿债能力，如果创业企业财务状况不容乐观，那么就需要加强注意了，此时它的偿债能力也比较弱。当然，融资结构对企业的偿债能力也有着十分重要的影响。因而，通过长期偿债能力的分析，可以揭示企业融资结构中存在的问题，及时加以调整，进而对融资结构加以优化。当然，如果一个创业企业具有良好的信用，那么债权人就更愿意与其合作，将更多的资金借给这样的创业企业，企业最终也能借入更多的资金，后期的发展也会因为资金的充足而顺利一些。

五、增强企业的信用意识

“人无信不立，商无信不兴”，创业企业要想获得融资支持，必须增强信用意识，重塑还贷形象，应靠自身的综合素质、经济实力和良好信用取信于社会，取信于公众，取信于银行。企业信用包括以下几个方面的含义：一是公司的财务信息真实且透明度高。二是具有良好的公司治理结构和科学的管理机制。三是严格履行企业合同。四是产品质量达标且客户满意度高。无论是内部融资还是外部融资,都要以企业信用为基础。创业企业要清醒地认识到,只有保持良好的信用和获得更多的信任,才会与社会各方保持良好的合作关系,才更容易吸引投资,使经营进入良性循环。创业企业要加强企业信用文化建设,培育企业主的信用意识,提倡和宣扬信用观念,积极树立企业良好的社会形象,使企业的信用升华为现代市场经济运行中的一个重要资本形态,成为企业的无形资产,从而为创业企业创造更多的融资机会。

在我国社会信用体系建设中,创业企业信用信息基础数据库是十分重要的基础设施。这个数据库由国务院领导,由人民银行组织建立。这个数据库采集、保存、整理企业信用信息,为商业银行、企业、相关政府部门提供信用报告查询服务,为货币政策、金融监管和其他法定用途提供有关信息服务。创业企业信用档案库是企业信用信息基础数据库的有机组成部分。创业企业信用档案包括以下几个方面的信息:首先是“企业基本信息:企业的名称、注册地址、组织机构代码、工商登记注册号、税务登记号、行业分类、经营方式、高级管理人员信息、注册资本构成情况等”[①]。这些信息目前由创业企业提供,条件具备时可从工商、质检和税务等部门征集。其次是“创业企业遵纪守法信息:包括企业依法纳税、执行法院判决、产品质量、环境保护等方面的信息。这些信息主要来自法院、税务、质检、环保等部门”[②]。再次是“创业企业经营情况:包括采购和销售情况、企业的对外投资情况、企业应收应付账款信息、企业的存货状况等信息”[③]。这部分信息主要由企业申报,部分从企业的供应商获得。最后是创业企业财务信息:主要指企业的财务报表或主要财务指标信息,由企业自己申报。创业企业要自己建设信用档案,积极主动地向创业企业信用信息基础数据库定期报送企业信息,并保证信息的完整、准确、及时。

① 杨子强.远离信用黑名单[M].济南:山东人民出版社,2014,第172页.

② 杨子强.远离信用黑名单[M].济南:山东人民出版社,2014,第172页.

③ 杨子强.远离信用黑名单[M].济南:山东人民出版社,2014,第172页.

第三章　国外企业融资模式借鉴

目前我国正处于经济转型的关键时期，中国经济面临着产业升级、人口红利递减、出口竞争力下降等一系列问题。我国要想摆脱中等收入的陷阱，一是靠劳动力资源的开发、运用，二是靠技术进步。劳动力资源的开发、利用主要依赖于企业的迅速发展。由于国家金融政策的限制和人们传统观念的束缚，以及企业自身存在的问题，融资难成为制约企业发展的主要瓶颈，具体表现为融资成本高、融资渠道狭窄和信贷支持不足等。近年来，原材料价格上涨、劳动力成本加大、银行紧缩信贷、金融海啸蔓延等因素更加使得各行各业的企业倒闭或面临破产的危险，对企业的融资模式进行创新迫在眉睫。从实际来看，我国对企业融资的研究还有待深入，企业的融资模式尚未完善，这些都促使着广大专家、学者进行更深层次的探讨和实践，从而使我国摆脱中等收入陷阱、进入高等收入国家行列，更好地建设社会主义和谐社会。

企业融资难作为一个普遍性的问题在西方发达国家同样存在。经过数十年的发展，在由市场主导、政府宏观调控的资本主义经济制度之下，西方发达国家的市场体系呈现出充分竞争、高度有序、规范、完善的特征。在这样的市场环境下，企业不仅自身得到了自由发展，还促进了经济的发展和社会的稳定。本章将视角锁定于颇具代表性的美国、德国、日本三个发达国家，对其融资状况和融资模式进行了层层深入的系统梳理，总结了这些国家在财政税收政策、法律法规体系、融资机制、融资渠道等方面的丰富经验，主要从直接融资模式和间接融资模式两个方面展开论述，以为我国的创业企业融资管理研究提供可资借鉴的理论和实践。

第一节　美国企业融资模式分析

一、美国企业融资的外部环境

（一）美国企业与政府

法律是促进经济、政治、文化等各个方面健康发展的保障，制定与企业有关的法律则是为了保障企业的基本权益，为其营造活泼有序的市场环境，从而最大限度地促进企业的发展。美国可谓是构建企业法律体系的典型，其立法高度完善，先后通过了《小企业融资法案》《机会均等法》《管理制度缓和法》《反托拉斯法》《准时付款法》等一系列法律法规，努力排除政府计划的干扰，充分保证了经济体制及经济政策的稳健性和连续性。

除了立法这一有效措施以外，美国政府还在财政税收方面给予了企业大力的支持，主要表现为企业提供宽松的融资支持环境。美国的财政政策以扶持与引导为主，主要通过间接方式对企业予以支持和帮助，具体内容包括：为技术型企业提供资金支持；为受自然灾害影响的企业提供帮助；为一般企业提供科技研发和技术创新资助。在税收优惠方面，美国采取了降低公司所得税率、减少对企业新投资的税收、实行企业科研经费增长额税收抵免等方法，进一步为企业的自由发展和竞争营造了有利的环境。美国还在 1981 年通过的《经济复兴税法》中对之前的法规进行了较大程度的完善，对于处于竞争劣势的小企业，法律规定将与其有关的个人所得税下调了 25％，将企业资本收益税下调到 20％。税法中还对雇员在 25 人以下的企业做了特别规定，要求公司所得税按个人所得税的税率缴纳。这一做法大大减轻了小企业的税赋，为小企业的发展提供了优良的外部环境和政策支持，从而促进了小企业的进步，为整个社会经济的发展注入了新鲜的血液。

(二)美国企业与金融机构

美国的企业金融政策主要致力于四个方面的建设:一是构建完善的小企业信用担保机制;二是一些非营利性的机构和组织直接为企业提供资金;三是以直接的股权提供为主的资金供给,包括比较完善的风险资本和发达的私人资本;四是为企业提供到资本市场融资的机会。美国在对企业金融支持方面做得很好,值得我们借鉴。

银行在美国的经济生活中扮演着重要角色,政府通过与全美7 000多家银行形成互助合作关系,使得企业可以从这些商业银行获得信贷服务,进而得到技术和管理的支持以及进行创立与发展融资。目前美国的企业融资体系已经形成。

在全美的银行体系中,社区银行占据重要地位。尽管金融自由化和信息技术所带来的金融变革使得美国的银行业市场结构趋于集中化,但资金规模一般小于10亿美元的社区银行的数量仍占银行业机构数量的90%以上。美国社区银行持有商业银行牌照或储蓄机构牌照,它们主要运用关系型融资运营模式,利用其地缘、人缘优势,服务于当地的居民和小企业,按照市场原则运行,追求利润最大化。

美国资本市场发达,实行的是市场主导型的融资模式。此模式具体内容如表3-1所示。

表3-1　市场主导型的融资模式分类

序号	类型
第一类	全国性证交所
第二类	地方区域性证交所
第三类	第三市场
第四类	第四市场
第五类	NASDAQ全国市场

续表

序号	类型
第六类	NASDAQ 小型市场
第七类	小额股票挂牌系统
第八类	粉红单市场

在这一模式中，NASDAQ 小型市场、小额股票挂牌系统、粉红单市场的主要服务对象为中小企业，它们的入市标准逐层降低，及至粉红单市场，企业基本上可以完全无条件上市。目前，NASDAQ 小型市场已经发展成了世界上规模最大、效果最为显著、竞争力最强的股票市场。

NASDAQ(全美证券交易商协会自动报价系统)诞生于 1971 年，是一个由全美证券商交易协会建立并负责其组织和管理的电子报价以及交易系统。NASDAQ 在证券界颇有地位，早在十年前就已发展为全球最大的无形交易市场。1982 年，全美证券交易商协会在自动报价系统的基础上建立了 NASDAQ 全国市场，市场上的一部分最优质和最活跃的股票被提取出来用于在新的全国市场上进行报价。全国市场不同于传统市场，其上市标准相对较高，同时也提供了更透明的交易机制(在全国市场，每次交易的交易量和交易金额必须在交易的 90 秒钟之内报告而不是在当天结束时进行)。其他股票继续在被称作 NASDAQ 常规市场上交易。

OTCBB(场外柜台交易系统，英文全称 Over The Counter Bulletin Board)又被称为布告栏市场，是一个交易中介系统。与 NASDAQ 相同，其管理者都为全美证券商协会。OTCBB 具有典型的第三层次市场的特征，具体表现为零散、规模较小、上市程序简单以及费用较低等。

美国粉红单市场(American Pink Sheet Market)由美国国家报价机构于 1904 年设立。作为柜台交易标准最低的市场，在没有 OTCBB 之前，绝大多数场外交易的证券都将大本营设在粉红单市场，在这一市场内报价。该市场的主要服务内容包括定期为订阅用户制作刊物，用户可在这些刊物上查询场外交易的各种证券的报价信息；为了方便证券经纪商获取市场报价信息，在每天交易结束后，粉红单市场向所有客户提供证券报价，这一做法可使分散在全国的做市商联系起来。粉红单市场的创立不仅提高了市场效率，而且使得持续较长时期的小额股票市场的信息分散问题得到解决，有效地促进了早期小额股票市场的规范化。

在多层次的资本市场体系下，美国的企业获得了较为通畅的直接融资渠道，通过政府所搭建的良好的直接融资平台，企业获取更多资本资源，在竞争机制中产生更多合格、优秀的企业，由此也吸引了更多投资，推动了市场繁荣发展。

（三）美国企业与市场中介服务机构

美国的市场中介服务机构发达，体系较为完备，为企业提供全方位的服务，使得企业融资变得更加容易。

在美国各州，为了最大限度地推动科技成果转化为生产力，地方政府联合中介机构共同建立了科技工业园区和企业孵化器，这些场所和设施为创业企业和科技型人才提供其所需的场所、资金及服务。除此之外，为了给企业提供寻找信息服务的机构，美国还建立了闻名全球的企业信息服务网络的查询机构——联系网络(LINKS)。

美国的会计师事务所、资产评估机构、信用评级机构、律师事务所、管理咨询公司等市场中介服务机构可为企业提供优质的服务，为企业的经营发展提供了强有力的支持，为企业的融资创造了良好的条件。

二、美国企业融资模式概况

融资模式是指不同融资方式的组合，是以某一种融资方式或几种融资方式为主、其他融资方式为辅所形成的多种融资方式相互配合的融资格局。国际上一般认为，目前市场经济发达国家中有两种典型的融资模式：即以证券融资为主的直接融资模式和以银行借贷融资为主的间接融资模式。

（一）美国企业融资模式的形成、发展与特点

美国以市场导向型、直接融资为主的基本融资模式形成于19世纪末至20世纪初。在19世纪前半叶，由于企业生产规模小，对固定资产的需求较少，大部分资本需求可直接由内部融资来满足，外部融资主要来源于商业信用，通过商业票据承兑等形式取得资金。美国内战后，企业的外部融资逐渐转向银行和其他融资机构的信贷。商业银行也就成为企业资金的重要供应者，但商业银行提供的贷款规模很小。

19世纪末，重大的技术进步导致企业规模的迅速扩大和企业间的兼并浪潮，资金需求规模大幅增加，内部融资难以满足需要，而当时美国商业银行采取的单一银行制组织形式限制了银行规模信贷的扩大和经营长期信贷的能力。企业规模扩大后风险增加，单独或少数几个投资者难以承担，这又产生了风险分散的要求。巨大的资金需求缺口和风险分散的要求，促进企业组织制度创新。因此，企业发行股票融通资金，并通过股权约束机制保证资本的有效运作和企业的有效治理，证券市场得到了极大的发展。到20世纪20年代，企业融资中有近70%的外部资金来自于证券发售，商业信用的规模缩小。

20世纪30年代，世界性经济危机的爆发严重打击了美国已建立的金融体系，美国进行了金融制度改革，实行分业管理，分业使商业银行专心于短期资本的借贷，而把长期资金的融通交给了证券市场和投资性金融机构；分业也促进了投资银行、经纪公司、共同基金、金融公司的诞生和成长，这样形成了美国多层次的、发达的金融市场。企业融资中，债务融资比重开始上升而股权融资比重则开始下降，这种趋势又随着实际经济情况的变化而有所波动。在20世纪80年代，纽约股价高潮刺激公司发行股票融资，使股票融资比重大幅增长。

从 20 世纪 80 年代后期开始，美国对商业银行制度进行了改革，放宽了对它的限制，允许其参与证券业经营，但上述格局并未改变。

与其他国家相比，美国企业的融资模式具有如下特征。

(1)融资市场化

美国的经济活动呈现出竞争有序、高度市场化的特征，在此背景下，企业的各项对外经济决策都需要经历市场选择，如从证券市场融资、从商业银行获得贷款等。联邦及地方政府为融通资金也可以在市场上发行债券，但融资主体不是任意的、谁都可以充当的，而是需要具备一定的条件。在借贷之前，为避免以后出现各种经济纠纷和潜在风险，银行会对借款者进行严格的审查、筛选和评估，以确定融资主体的偿债能力和信用度，最后在确定客户满足银行贷款的各项标准后与之签订借贷协议。有些债券的发行还需进行相应的抵押。通常来说，资信状况良好、业绩好的公司才更容易得到投资者的垂青。在融资过程中，政府按照法律法规的要求扮演监督者的角色，这一角色决定了政府只起监督作用，而不能对资金的流向和规模等造成干预。

(2)直接融资占优势

在众多融资方式中，国家对基本融资方式的选择一定程度上反映出了这个国家的主导融资类型。如表 3-2 所示，对比直接融资与间接融资的比重可以发现，20 世纪 70～90 年代直接融资在资本市场上的比重较大，达到 60%左右，而间接融资所占比重相对较小。由此可见，美国资本市场上的资金存量中，直接融资一直占有一定优势。

表 3-2　1970 年与 1990 年美国资本市场上不同融资方式构成

	1970 年		1990 年	
	金额(亿元)	比重(%)	金额(亿元)	比重(%)
直接融资	1 430	65.4	7 857	59.3
公司股票	906	41.4	4 165	3.4
公司债券	167	7.6	987	7.4
联邦政府债券	160	7.3	987	7.4

续表

	1970 年		1990 年	
	金额(亿元)	比重(%)	金额(亿元)	比重(%)
地方政府债券	197	9.0	1 052	7.7
间接融资	757	34.6	5 394	40.7
住宅抵押贷款	355	16.2	2 924	22.1
银行商业放贷	152	7.0	815	6.2
消费放贷	134	6.1	806	6.1
商业抵押放款	116	5.3	846	6.4

(3)债券市场规模日益扩大

从融资主体的情况看,以公司制形式存在的企业是美国经济中居于主导地位的社会组织形式,在企业的资本结构中,通过发行企业债券和股票的方式从资本市场筹措资金是其外部融资的主要形式,其中企业债券又占资本市场的大部分。普通人对股票的了解要甚于债券,但实际上债券在市场上的存量所占比重很大。近 20 年来,公司发行的债券在数量上远远超过股票。在 20 世纪 70～90 年代,根据调查显示,美国公司债券发行占全部公司证券融资的比例最高达到 87.9%,最低时也占 57%。优先股是数量最小的公司证券,优先股发行量最高时占公司证券融资的 10.1%,最低时占 2.6%。普通股在 1983 年占比达到最高,为 37%,但是到了 20 世纪 80 年代末,只占 8%。

(4)资本市场的多层次

美国的资本市场层层分布,体系完备,从上至下可分为为大型上市公司服务的全国性证券交易所、为区域性公司服务的区域性证券交易所、由美国证监会依法豁免注册的小型地方证券交易所(未经注册)。这些交易所为不同风险程度及融资规模的主体提供了方便,满足了其各项资本需求。除此之外,还有各种场外交易平台为企业提供服务,主要包括柜台交易、第三市场、第四市场和全国证券商联合会自动报价系统等。多层次的资本市场促进了相关人员对融资过程中的风险进行分散与识别,同时也为企业的融资和发展创造了有利条件。

(二)美国的银企关系

在美国,商业银行是唯一能够向企业发放商业贷款的金融机构,它们之间的关系是平等互利的商业交易关系。

20 世纪 30 年代的经济危机中,大批银行倒闭,许多人归咎于银行经营长期贷款和证券投资业务,因此美国政府在 1933 年批准了格拉斯—斯蒂格尔法案。该法案规定商业银行不能同时从事证券经营业务。由于这样的历史和法律原因,美国企业的股份不得被商业银行所持有,这一规定堵塞了银行对贷款企业的经营状况进行深入了解的渠道,商业银行只能获得企业外部的公开信息,如企业的股票价格变动、财务状况等,不能有深层次的了解。因此商业银行只提供短期贷款,少量定期贷款的期限也在 5 年之内,另外银行贷款业务需要一系列法律规范,并要求抵押和担保。这样形成了企业与银行之间较为松散的关系,企业一般不可能与银行建立长期稳定关系,也不会对银行产生依赖,并且可能因银行融资条件苛刻而转向其他融资方式。据统计,到 1990 年底,商业银行对工商企业贷款共约 6 545 亿美元,占全部银行贷款总额的 1/3 以上,其中以 1 年期以下的短期贷款为主。

20 世纪 80 年代后期,美国银行面临激烈的国际竞争,金融自由化和金融创新使美国在 20 世纪 30 年代建立的金融体系难以适应经济发展的需要,商业银行陷入困境,竞争力下降,传统的银行业务被侵占又导致收益下降,于是美国对商业银行制度进行了改革。20 世纪 80 年代初,美国开始允许商业银行为机构客户做投资顾问和证券经纪业务。1989 年允许银行的证券分支机构从事有限额的公司债券一级市场认购,并允许符合资本条件的银行买卖股票。1994 年又允许商业银行设立子公司,经营任何“附属于银行业务或在银行业务范围内”的活动,为银行交易证券奠定了法律基础。1995 年联邦众院银行委员会通过法律废除禁止商业银行与投资银行合并的“1933年格拉斯—斯蒂格尔法”，美国商业银行逐渐向全能银行转化，既可向企业贷款，又可经营公司证券。

三、美国企业的融资实践模式

企业的融资模式取决于其自身的融资能力、资金需求状况和融资的外部环境等约束因素，这些约束因素综合反映在各种融资渠道和金融工具的融资成本、资金可得性及契约条件上。美国企业的融资方式主要包括两类融资渠道：债务融资和股权融资。其中，债务融资渠道主要包括五种形式：①银行贷款；②非银行业贷款机构；③政府管理项目；④存贷组织；⑤企业债券。美国企业的股权融资渠道主要包括两种形式：①内部股权融资；②外部股权融资。就整体而言，美国企业融资结构中债务融资和股权融资比例大致各占一半，所占比例最大的三种融资渠道依次是公司股东提供的股本金、商业银行的贷款和商业信用，三者合计占融资总额的70%。

（一）美国企业债务融资渠道

1.银行贷款

商业银行作为企业金融市场的主要债务融资渠道起到了强有力的支持作用。美联储一项调查显示，商业银行为美国本土54%的企业提供商业支持，对现有企业的贷款有80%来自于银行。只要能够得到企业销售稳定的充足佐证，如企业的产品或服务可产生足够的现金用来还贷，小银行（资产小于3亿美元）更愿意借钱给企业。

商业银行满足企业基本的融资需求，包括抵押贷款和信用贷款。原则上说，银行常常会把信用额度控制在企业流动资金的40%～50%。成熟的企业在向商业银行融资时，最常提出的要求就是申请一定的信用额度。企业通常会支付贷款额的1～2个百分点作为费用及利息，这种贷款通常为期一年，并需要抵押。商业银行除进行传统的、需要抵押担保的贷款以外，还为企业主提供无须抵押的短期贷款，贷款期限一般为 3～6 个月。对新建的企业来说，通常企业需要先支付利息，并到期还本，贷款利息会从贷款额中提前扣除。

除了为企业提供传统的商业贷款，通过确认企业的产品销售后资金回笼情况，为大型产品的零售商（如汽车、轮船和大型器械）发放基层计划贷款以外，银行还发放一定量的中长期贷款，中长期贷款为期一年或一年以上，通常用来增加固定资产，如商业银行针对开发项目、建造房屋、购置地产和设备及其他长期投资的企业发放的贷款。在美国，商业银行还有一种针对企业的贷款被称为限期贷款，银行对于获取限期贷款的企业的经营决策设置一定的约束机制。此种贷款无须抵押担保，但企业需要较高的客户评级，一些银行仅对有抵押担保的企业发放限期贷款。贷款的偿付期通常为每月或每季度。

分期贷款和分期付款贴现协议也较为常见。分期贷款被一些企业用于购置设备、设施、地产以及其他固定资产。在对企业购置设备放贷时，银行通常会将设备款的 20％～30％作为保险利息回报。贷款期限必须严格与设备的使用期限一致。分期付款贴现协议是当企业拿分期付款合同作抵押时，银行会延长贷款期，其操作流程等同于应收账款贴现。

有时，商业银行通过判断企业的名声和可靠性，为企业发放特殊贷款。区别于关注企业的注册资本金、评估价值的特殊贷款，其作用在于能够使企业产生更多的就业机会。

2.非银行业贷款机构

非银行业贷款机构包括商业公司和一些特殊的借款机构。商业金融公司作为企业的第二大贷款主体，有别于银行关注企业日后经营的计划和企业现金流，而是着眼于企业的抵押资产，所以它们比银行更为激进，也更加能够承受风险。即使企业经营困难或是没有盈利，只要能够提供用于抵押的资产，也可获得贷款。随着对企业的高风险贷款数额的增加，它们更倾向于从担保中获得安全保障。它们对企业提供的贷款主要有三种：资产抵押贷款、应收账款贷款和存货贷款。费率的高低取决于企业所体现出的风险和所抵押资产的价值。一些现金匮乏但能够提供一定资产的企业可用其非生产性资产作为抵押，如应收账款、设备订单等来获得贷款，保障企业的快速增长。企业能得到的贷款额取决于预付比率和放款者对于抵押资产的认可度。

3.政府管理项目

在美国，由政府直接、间接管理或资助的机构和项目众多，其中主要包括三个方面：企业管理局（SBA）贷款项目、联邦资助项目和州立贷款项目。

（1）企业管理局贷款项目

企业管理局贷款项目主要有微型贷款、受限贷款、灾难贷款和“8a”项目。微型贷款主要针对妇女、少数民族和低收入人群在创业与发展中的融资困难设立；受限贷款最高金额为 25 万美元，期限为 7～25 年，服务对象包括边远地区、少数民族、妇女、残障人士、低收入人群、退伍军人等符合贷款担保条件的企业；灾难贷款是指经历金融灾害或自然灾害的企业经过一定的抵押后，可申请利率低、期限长、最高金额为 50 万美元的贷款；“8a”项目用来帮助少数民族企业公平地获得政府订单。企业管理局每年针对弱势群体经营的企业发放 400 万美元贷款。

（2）联邦资助项目

联邦资助项目涵盖的机构有企业投资公司（SBIC）、经济发展局（EDA）、边远地区经济合作中心（RBS）、当地发展公司（LDC），并涵盖企业发明创新计划（SBIR）国家就学基金、小企业技术转换项目（STTR），其中还包括著名的“7a”计划（企业流动资金贷款担保计划）和“504”计划（企业固定资产贷款担保）。

大多数的企业投资公司（SBIC）倾向于为成熟企业融通资金

而不是为新成立的公司提供资金支持。作为政府支持的风险资本运作机构，为企业提供负债投资和抵押投资，贷款额度为 10 万～500 万美元，贷款期限远长于银行贷款。在对企业进行投资时，其投资额不能超过企业市值的 49%，最常见的 SBIC 投资项目包括抵押投资（43.5%）、负债与抵押相结合的投资（31.5%）、直接负债投资（25%）。

经济发展局（EDA）致力于为一些高失业率地区或经历了重大自然灾害的地区的企业提供帮助，只有位于落后地区且其存在有利于当地居民的企业才有资格获得贷款。对 75 万～1 000 万美元的企业贷款可提供金额 80%的担保。经济发展局还致力于帮助经济落后地区，为繁荣当地经济、促进就业提供长期投资和贷款担保，降低放贷者的风险。

边远地区经济合作中心（RBS）向一些特殊的企业提供经济支持。边远地区经济合作项目每年有 8.5 亿美元的担保贷款额。位于小城镇，特别是人口少于 2.5 万人的城镇的企业可申请这些贷款。其提供的担保在很大程度上减少了放款者的风险。

联邦政府鼓励当地居民成立营利或非营利性质的当地发展公司（LDC）。公司至少要由 25 个小股东组成，其贷款来源于银行和企业管理局。每个州设立一家 LDC，这家 LDC 可在州内任何地区经营，每年可从企业管理局那里获得最多 100 万美元的贷款和担保用于孵化社区企业。其贷款只限于使用在企业固定资产上：购买地产、装修、修复现有设施及设备等，获得贷款的企业可在 20～25 年的期限内偿还。LDC 虽然不为企业购买原材料和设备提供流动资金，但它们可以帮助企业从银行贷出流动资金。LDC 也会自己购买地产建房，再以出租的方式提供给企业。

企业发明创新计划（SBIR）国家就学基金始于 20 世纪 70 年代，已成立了 10 个连锁机构，年预算超过 12 亿美元。这些机构为鼓励企业的发明创新而提供支持，通过为发明创新企业提供支持使得企业能够获得早期投资而不用放弃股权或负担高费率的贷款。SBIR 计划的执行分为两个方面：对于新技术或新产品可行性和经济潜力测评，给予不超过6个月、10万美元的支持；对于特殊技术或产品给予不超过24个月、75万美元的支持。企业技术转换项目（STTR）是SBIR项目的补充，通过设立资金库，用于帮助大学、联邦研究中心和非营利性的研发机构提出的有商业价值的项目。

企业流动资金贷款担保计划，即“7a”计划，由私人供货商为企业贷款，由美国企业管理局（SBA）进行担保。由于风险担保以美国企业管理局为主，鼓励了私人贷款融资。这也是迄今为止最为普遍的贷款项目。“7a”计划担保贷款项目由银行、SBA、企业三方参与，银行决定贷款期限和利息。

“504”计划（企业固定资产贷款担保）致力于开发企业的拓展能力，创造就业机会。该项目通过在社区内成立的、旨在推动经济增长的非营利性组织（CDC）来执行。

创业者须提供项目成本的21％，CDC提供40％的贷款，SBA对贷款进行担保。“504”条款规定的CDC项目贷款利率是固定的，而且规定每贷款35 000美元，必须至少新增一个工作机会，提供长期固定的资产投资，用于购买土地、厂房和设备。

（3）州立贷款项目

州立贷款项目已经成为企业起步及发展不可或缺的力量。越来越多的州政府发现，资金用于企业的创办与发展比吸引大企业要有意义得多。这些项目有很多种形式，如资金通道项目（CAP）和循环贷款基金（RLF），目的都是帮助企业创造就业机会和提高经济效益。

资金通道项目（CAP）旨在帮助不符合传统贷款条件的企业通过授信获得资金。授信内容包括季节性贷款信用、合同信用、承建商信用、标准资产抵押信用、小额资产抵押信用、国际贸易贷款、实施出口流动资金项目。在CAP项目中，银行和贷款企业均需在该银行开设的一个专门账户中存入一定比例的风险准备金，州政府也必须存入相等的份额。风险准备金一般为贷款额的6％～14％，用于弥补银行的潜在损失，扩大发放贷款的范围。

循环贷款基金(RLF)通过募集私有及公有资金以借款形式帮助企业发展,利率通常较低。贷出的资金一经回笼,立即贷给其他企业。

4.存贷组织

存贷组织包括股票保险公司以及贷款联盟,除了为个人提供住房抵押贷款之外,还为工商业用房提供贷款。存贷组织为工商业用房提供的贷款额一般为地产总值的 80%,贷款期为 30 年,最小贷款额为 5 万美元。存贷组织期望企业用净利润偿还抵押贷款。

保险公司通过一定的模式为企业提供政策贷款和抵押贷款。一旦企业的保险金积累到规定的额度,企业即可获得保险金总额 95%的贷款;保险公司还为企业提供房产总值 75%的抵押贷款,期限从 25～30 年不等,这样企业每次可以不用留存太多现金偿还贷款。

贷款联盟是非营利性机构,主要提供消费贷款和汽车贷款。大约有 1 600 家贷款联盟正在积极地从事企业和新兴企业孵化,其中有 25 万美元在不需要法人连带责任的前提下提供给新生企业。贷款主体必须是贷款联盟的成员,贷款联盟并不随便发放贷款。从贷款联盟取得贷款,与银行贷款在程序上基本相同,只是前者的贷款金额比较小。

5.企业债券

对于一些企业,当它们需要贷款购置固定资产时,常常希望贷款的偿还期较长,费用较低,因而它们选择企业发展债券(IDB)。任何想要发行 IDB 的企业必须经过市政府和州政府的同意。一般来说,发行 IDB 的企业一次发行额应在 100 万美元以上。为了把发行 IDB 的机会提供给更多的企业,一些州把很多企业捆绑在一起发行债券,以降低企业的发行成本,吸引更多的投资。企业所支付的利率会低于银行贷款利率,有时甚至低于优先利率。

(二)美国企业的股权融资渠道

美国企业的股权融资相对于其他国家来讲渠道宽泛得多,除了通过投资者自行融资以外,有效利用外部股权融资渠道,如天使基金、创投基金、资本市场股权融资,也能取得可观的融资。美国十分重视鼓励和促进企业到资本市场直接融资,美国NASDAQ股票市场为企业尤其是科技型企业的发展提供了大规模资本,许多名不见经传的企业通过该市场融资而获得飞速发展,成为全球知名的顶级公司和一流企业。

1.内部股权融资

对企业来说,内部融资者通常对企业及企业主的情况非常了解,也愿意通过入股和借贷的方式对企业进行内部融资。企业主与其朋友和家庭成员的资金占了股权融资的绝大多数,内部融资者看好企业未来的发展前景,并相信企业能够成功,而且降低了投资者之间信息不对称的程度。内部股权融资通常是企业得到的第一笔资金。

2.外部股权融资

天使基金在很多情况下是企业的第一笔外部股权融资资本的提供者。天使基金的优势在于其资金的投资者对于目标企业所处的行业有着深刻的了解,也对目标企业的管理者非常熟悉。天使基金在企业战略发展的阶段倾注资本,关注企业的未来成长,加之对接受投资的企业家事先有一定程度的了解,就大大减少了信息不对称的可能。除解决信息不对称的问题外,对于企业风险相对高的认识理念又和创投基金有相同之处。创投基金是另一个早期的外部融资者,在基金设立之时往往已经将投资的目标锁定在自己熟悉的少数几个行业,创投基金管理者对基金所涉及的行业了如指掌,通过深入分析和判断目标企业在行业、市场中的地位及竞争力，经过全面的调查后进一步掌握企业的经营状况和管理特点，尽量降低投资的风险。通过投资风险分散的手段设定高的预期目标回报来解决企业的高风险问题，即投资每一项目时，创投构造的投资结构可以使其预期目标回报高达40%～80%，虽然所投资的企业也会有所失败，但一旦某些企业成功了，成功企业的回报可以弥补失败的损失。

为了解决企业的直接融资问题，美国在股票市场上开辟了“第二板块”，即NASDAQ股票市场，专为科技型企业提供直接融资渠道。1971年，美国全国证券经纪商协会建立了以高成长的企业融资上市为主要目标的、第二板性质的全国证券经纪商协会自动报价系统（NASDAQ）。由于在第二板市场上融资非常灵活，更适合企业尤其是高科技企业融资。NASDAQ为企业筹资，使得它们在电脑技术、生物技术、金融服务和通信行业中成为领先者，并在零售批发、食品运输、机械加工等传统行业中成为主导者。

第二节　德国企业融资模式分析

一、德国企业融资模式概况

金融市场的融资主要分为直接融资和间接融资，德国主要实行的是以间接融资占优势的金融制度。

（一）德国企业融资模式的形成与发展

德国以全能银行为主体的间接融资模式的起源可以追溯到19世纪，它与德国的工业起飞相伴随。当时人们需要的不是短期货币，而是长期资本，特别是创业资本，而工业融资的传统来源（私人银行家）无力提供这样的巨额融资，社会中迫切需要这样一种机构：一方面能够吸收个人存款并把它们汇集成一个大的“单位”;另一方面,能够随时按所要求的形式为工业提供这种汇集起来的资本。而那些已经达到一定繁荣程度的国家,如英国则不同,大的私人资本占有者有能力向工业提供长期融资。为了使得当时的经济与资本的需要相适应,德国在全国范围内陆续成立了一些动产银行。

随着时代的发展、技术的进步,19 世纪 70 年代德国工业取得了巨大的进步,经济的发展也推动了银行的重组,经过改革,动产银行全部向商业银行转化。商业银行的主要服务内容是在吸收各类存款的基础上,为有需要的企业提供间接融资并从事证券投资等直接融资业务。由此可以看出,德国的商业银行一开始就没有把投资业务从银行体系中分离出来,而是具有投资银行的职能。当时德国的证券市场有了一定的发展,很多公司采取股份公司的组织形式,但众多股份公司的经营资本并不是通过社会公开发行证券形成的,而是通过银行认购股份公司股票形成的。这样银行在直接融资和间接融资中都发挥着重要作用。

20 世纪 30 年代那场波及全球的危机之后,全能银行制被作为可能引起那场危机的原因被加以仔细检查,德国著名的银行家 Bemhard Pembury 要求取消全能银行制,但最终的调查和争论的结果表明,对全能银行的批评是没有道理的,危机的原因是银行在证券业务上有许多未发现的错误做法,而不在于全能银行制本身。因此,德国的全能银行制得到保存并一直延续到现在。

第二次世界大战的爆发使德国证券市场发展遭到打击,战后又因为民间资金可利用程度有限,证券市场直接融资的功能开始衰退,很长时间没有发展。20 世纪 50 年代后期,随着经济的飞速发展,证券市场融资规模才开始扩大,但是与银行的间接融资相比,其作用相对有限。分析其主要原因,首先在于德国的全能银行制,它使企业感到从银行贷款更简单方便,而银行也希望直接控制企业而不鼓励企业进入证券市场;其次是政府颁布的公司法及税收制度限制企业发行股票,如公司法规定股份公司监事会成员必须有 1/3～1/2 是企业雇员,这对企业是一种束缚,又如政府对企业征收股息税和股息所得税，这种双重征税使企业不愿发展股票；再次则是由于德国的企业不习惯向社会公众公开企业的经营与财务状况，这使大批企业不愿参与证券市场的融资活动。德国证券市场欠发达，企业对银行信贷程度高，负债率高，给企业和银行都带来了风险，使德国经济处于一种不稳定的状态。德国政府已意识到了这一威胁，逐步取消了对证券市场的种种限制并制定了一些优惠政策，证券市场得到了较快的发展。从德国国内上市股票价值占 GDP 的比重来看，1980 年只有 9%，而到 1994 年上升到了 24%，这反映了德国传统的以银行贷款为主导的基本融资方式正在发生一定程度的变化。

（二）德国的银企关系

德国的商业银行与企业之间的关系很密切，银行对企业进行监督和控制。由于资本市场不发达，银行在企业融资方式选择中起着重要的作用。德国的商业银行与企业的关系表现为主持银行模式。主持银行即对公司持股或贷款最大的银行。通常情况下，主持银行的关系充分体现于大银行和大企业之间。主持银行和企业是亲密的战友关系，他们长期合作、联系紧密。为较为方便地获取公司的有关信息、监督公司的运营情况，主持银行可向公司派遣监事，时刻关注企业发展的动向。主持银行作为企业可信赖的合作伙伴，不仅仅将关注点放在企业的短期收益上，更具有长远眼光，将目光锁定于企业的未来发展，因此，主持银行很少将持有公司的股票卖出，二者保持长期稳定的合作。一旦公司出现财务问题，主持银行并不会袖手旁观，而是与企业一道面对困境。这时主持银行常以自己的人脉和关系与其他债权人进行协调，希望争取更多力量和资金来支持和协助企业共渡难关，重新发展。

德国主持银行在企业融资中的作用是：

第一，银行作为贷款人，企业对银行贷款具有很强的依赖性。在德国，企业创建时，银行扮演着重要的角色，即为企业提供所有的资金需要,主要内容可谓“一条龙服务”,不仅在企业创立初期提供流动资金及中长期贷款,还在后续工作中帮助企业发行股票,认购企业债券。对于一些刚刚成立的、资金不是很雄厚的企业来说,银行算是它们的救命稻草。当企业缺乏流动资金时,银行负责提供外来资金,据调查显示,银行贷款和其他金融服务在企业资本中占有很大的份额;当企业经营状况不善或陷入困境时,银行通常会发挥自己的号召力,鼓动其他债权人伸出援助之手,若是此方法无效,银行还可把企业的债权转化为企业的股权,直接接管企业。据1990年末德国企业资产负债情况分析,企业依靠发行有价证券筹资580亿马克,仅占其资本总额的2.2%,而向银行借贷长期和短期贷款额高达15 940亿马克,占其资本总额的61.5%。

第二,银行成为企业的持股人。根据德国的有关法律规定,银行可以分得非银行企业的一杯羹,即在这些企业中持股。由此,商业银行在经济生活中起着举足轻重的作用,不但对金融市场上的各种有价证券的发行和交易业务形成垄断,还可作为大股东对企业进行直接投资,从而参股控股。1980年,德国商业银行参与国内企业的资本相当于同期所有股份公司股本总额的16%。1992年德国商业银行向工商企业参股金额已达660亿马克,相当于其自有资本的28.6%。

第三,银行为企业提供证券发行及相关业务。德国的相关法律规定,非金融机构不可以通过发行证券融资,因此大部分金融机构便“曲线救国”,通过银行来达成这一目的。在具体操作中通常是由某家信贷机构以固定价格整笔承包,然后再分售给公众。天下没有免费的午餐,主持银行通过这一渠道可以获得相当可观的收入。

第四,银行充当表决代理。在德国,银行不仅和企业之间有密切的关系,和私人投资者之间也有密切的关系。私人投资者一般情况下不直接参与股票市场的运作,上市股票是通过如银行一类的中介机构来获得与买卖的。在投票权方面,投资者由于交易成本较高,并不直接行使自己的投票权,而是将这种权利赋予银行，使银行成为行使投票权的代理者。此外，一些机构投资者也把证券储蓄在银行中，实际上银行掌握着远远高于其持股份额的投票权。由于商业银行拥有相当比例的股票代理权即投票权，银行可以实现对企业的有效控制，这种控制除了反映在财务、人事、经营管理上，还反映在资本经营中，反映在企业融资方式的选择上。

二、德国的企业融资体系

（一）直接融资模式

1.科技开发基金

不同于很多大企业的“财大气粗”，中小企业在用人、用物、用钱方面都相对比较拮据，更不可能拥有很多的高级科研人员，所以科技开发基金通常是为科技水平相对落后的中小企业设立的。

①政府为中小企业提供科研人员，或指定某个科研机构为中小企业提供咨询、技术开发指导等，在这一过程中所产生的费用均由政府承担。

②由科技开发基金出资，一系列中小企业专业培训、讲座得以开办，管理人员的眼界和专业知识通过这些活动得以提升，产品的科技含量也更高。这一活动还将目光瞄准大学生，为大学生举办专场讲座，同时鼓励大学生富有创新精神，积极创业。

③资助中小企业参加国际展览会或将产品上网。为了开发新产品、新技术，在资金短缺的情况下，中小企业可以申请科技开发基金提供无偿补助，但为了防止国家资源浪费，并不是任意项目都可以得到补助的，需经过经济、技术方面专家的评审和认定才行。德国 16 个州都设有科技开发基金并委托投资银行具体操作。[①]

---

① 徐碌平.德国发展高新技术产业的成功经验及其对我国的借鉴意义[J].中国科技产业，2001(8).

2.股票市场融资

相对于英国、美国等西方发达资本主义国家来说，德国的证券市场并不是很发达。创业投资的退出方式主要有三种：回购风险投资所投股本、出售所投资的企业、上市交易。早在1997年前后，部分德国企业便尝试在英国的ATM等国外股市上市，但回收的方式并未有较大突破，仍是以回购股本和出售为主。从1997年开始，法兰克福证券交易所开始开设新兴的交易市场，专门为新创企业和创新型企业的股票提供交易场所。新兴市场与美国的NASDAQ市场极为相似，交易也很活跃。在这种情况下，政府考虑让较大的中型企业能够通过资本市场参与公司资金筹集。

（二）间接融资

德国的金融机构主要有合作银行、储蓄银行、大众银行、复兴贷款银行、欧洲和共同体投资银行，银行体系又可以大体上分为全能银行和专业银行。全能银行优势在于“全”，这类银行全面经营商业银行、投资银行和保险等各种金融业务，为企业提供中长期贷款、有价证券发行交易、资产管理、财产保险等金融服务，还可以经营不具备金融性质的实业投资；而专业银行的经营范围则较大地受与之经营业务相关的法律框架的影响。全能银行又可以分为商业银行、储蓄银行和合作银行三大类。

1.商业银行

商业银行是全能银行体系中的典型代表，德国在业界较为有名的商业银行主要有德意志银行、普惠联合银行、德累斯顿银行和科麦茨银行。商业银行的经营业务较为全面，包括投资银行的金融衍生品交易、债券股票发行、项目融资业务，传统银行的存、贷、汇业务，保险、抵押、证券经纪等资产管理、咨询以及电子金融服务等。

2.合作银行

合作银行的业务范围相对于商业银行来说较窄，主要面向手工业者、零售商、农场主等。合作银行的信贷业务在过去的一定阶段内只为其成员服务，后取消这一限制。德国的合作银行大体上可分为三个层次，地方上称其为信贷合作银行，中层由地区性合作银行组成，最高层是跨地区的德意志合作银行。[①]

3.政策性金融机构

政策性金融机构主要包括政策性银行和一些担保公司，德国政府通过这些机构主要对企业实行间接性的融资支持。国家和各州的政策性银行的职能主要有以下两点。

①协助政府工作，帮政府管理纳入年度财政预算的企业发展基金及其他各类补助和资助。

②为企业提供设备更新贷款、技术改造贷款等各种优惠贷款。针对普遍存在的企业资信不足的问题，德国采取了相应的解决办法，即由政府出面担保。

（三）政府扶持

1.财政支持

德国政府十分重视企业的发展，每年年初的财政预算中专门有一部分预算用以扶持企业的发展，在后续进程中还不断加大对企业的资金支持力度。德国作为欧洲的高福利国家，为企业提供融资的策略以财政援助为主，主要有就业补贴、政府专项基金和贴息贷款。[②]

---

① 顾文嵘，杨成，李克强.德国的银行体系与中小企业融资结构[J].当代经理人，2006(11).

② 成万牍.国外中小企业融资路径与创新[J].中国外汇，2009(12).

2.融资过程服务

德国在扶持企业发展的全部资金中，有70%来自政府的财政预算。德国政府通过各类金融机构，向企业拓宽融资渠道，提供融资服务，促进其顺利成长。为解决企业抵押贷款担保的困难，德国在很多地方均成立了由政府出资的信用保证协会，开展对企业的信用担保业务。对于不同发展阶段的企业，德国政府采取的帮扶措施也不同。处于种子期和创建期的企业，德国政府与商业银行合作，成立政策性的企业风险投资公司，对企业进行风险投资，同时政府也适当给予企业税收减免和财政支持等政策优惠。处于成长期的企业，德国政府成立了政策性企业银行，在为企业提供融资服务的同时，也为担保机构对企业的担保进行再担保，形成企业间的互助式担保贷款制度，风险共担。处于成熟期的企业，德国政府通过发行股票、债券等形式对企业进行直接融资，将企业推入市场化融资中。

3.企业发展基金

德国政府和银行共同出资组建了企业发展基金，为企业提供融资支持。企业发展基金的资金来源主要是财政补贴。基金支持企业发展主要有两种形式：①政府对企业的直接投资；②对贷款项目进行补贴。在德国范围内凡是符合政府补贴的企业，均可在所在地的财政局申请贷款。

为了促进企业的发展，由国家研究技术部、经济部设立了中小企业开发促进奖金。这项措施是国家为中小企业开展技术创新而设立的专项贷款和补贴。国家还为企业的创新提供长期的低息贷款。这些措施促进了企业技术水平的提高和产品质量的改善，帮助企业适应不断变化的市场需要。

4.税收优惠

德国政府不仅成立专门的政策性金融系统和各种开发基金

促进企业的发展，同时也把减免税收作为扶持企业、引导企业投资的一种强有力的手段。企业利用这些税收优惠可以筹集部分资金，具体措施包括实行部分税收减免、提高税收起征点、提高固定资产折旧率。

5.担保支持

德国的信贷担保机构由手工业和行业工会、储蓄银行、合作银行和大众银行联合成立。政府提供必要的基金并设立担保银行，联邦各州也都有担保银行。担保机构通常为企业提供贷款总额60%的担保，最高可达80%。德国以专业化的商业银行作为担保银行，以银行自身信用为抵押物，为有资金需求但抵押物不足的企业提供贷款担保业务，以帮助其解决融资难题。这些担保银行的资金基本上通过企业工商协会、商业银行、联邦政府、州政府等机构以发行国家债券的形式来筹集。

由此，我们可以看出，德国政府十分重视企业的发展状况。通过政府的职能，制定、修改了多个适合企业融资的法律法规，为企业融资创造了良好的竞争环境。在融资方面，政府通过政府基金和低息贷款等措施，为企业发展争取更多的资金支持。德国政府成立的政策性担保银行，以对企业提供贷款担保为主，根据企业信用等级不同、风险可能性不同等，制定了相关的税收优惠政策和贷款担保风险共担机制，继续为企业做好服务。

第三节　日本企业融资模式分析

一、日本企业融资模式概况

与德国相似，日本实行的也是以间接融资占优势的金融制度，但日本是实行市场经济的国家，它的市场经济具有自己的特色。有人把日本的市场经济称为“政府主导的市场经济”，政府在经济运行中起着很大的作用，但这又不影响企业的自主决策。

（一）日本企业融资模式的形成与发展

1945 年 8 月，日本政府无条件投降。战争中，日本经济遭到严重破坏，因此战后日本所要解决的主要问题是经济的自立和就业问题。为此，其进行了一系列改革，包括解散财阀和清除过度垄断，这为民间银行的发展创造了机遇，确立了少数城市银行和一县一个地方银行的格局。其中，城市银行的主要业务是面向大企业进行短期融资，地方银行则面向小企业进行短期融资。而作为当时产业政策重点的煤炭、钢铁及出口贸易等是需要长期资金的。为满足它们的需要，日本制定了《长期信用银行法》和《贷款信托法》，将长短期金融业务分开。根据该法，日本兴业银行变成了经营长期信用业务的银行，后来又新建了日本长期信用银行和日本不动产银行，恢复了信托银行的业务。这样长期信用银行和信托银行构成了日本的长期金融业务。在此期间，日本政府还将一些小金融机构改组成互助银行、信用金库等，完善了农林系统的金融机构及中小企业金库，农林、渔业金库等政府金融机构以满足中小企业、农林业的专门金融业务需求。这些金融机构相互配合，对经济恢复起到了主要作用。证券市场方面，按照美国模式，实行证券业务与银行业务分离的制度。

从 1955 年到 70 年代前期，日本经济处于高速增长时期。由于当时的日本证券市场比较落后，因此经济高速增长的来源主要是商业银行等民间金融机构，中央银行为民间银行提供强有力的信用保障。受当时低利政策及直接分配信用的货币供给方式的影响，民间银行“超贷”和企业“超借”现象明显，随着企业的扩张，商业银行及其他金融机构得到了惊人的发展。同时政府采取了各种不鼓励直接融资的限制政策，使得间接融资方式发展到了前所未有的程度。企业融资的贷款依存度是各历史时期中最高的。

20 世纪 70 年代中期，随着经济增长由高速转为低速，日本国内的资金流量发生了根本变化。企业利润增加，资金供给趋于宽松。经济低速增长，企业普遍调整生产能力，减少了资金需求，对外部资金的依赖程度随之大大降低。这一国内形势的变化加上当时国际经济自由化的倾向，日本政府在金融制度上放松了管制，实行了一系列的改革措施：利率自由化；打破长短期金融、银行与证券、银行与信托业分工的界限；金融业务综合化等。同时，政府为刺激需求以对付宏观经济不景气，从 1975 年起大量发行国债，国债的大量发行刺激了证券市场的发展。所有这一切都促使直接融资的地位开始上升。

（二）日本政府的作为

近年来，日本政府由通产省负责，向各地的“企业支持机构”提供资金，帮助它们建立内部网络和加入互联网，建立广泛的信息发布和接受系统。各都、道、府、县的“企业支持机构”利用跨区域信息网络和共享的各种资料向企业提供经营、技术、信息等各种咨询服务，调查和分析企业经营动向，开展企业诊断，并根据具体情况制定具体的指导计划。除此之外，还邀请优秀的技术专家亲临指导，以帮助企业解决各种难题。

日本的政府性金融机构在企业融资中发挥着巨大的作用。专门为企业服务的政府性金融机构包括中小企业金融公库、国民生活金融公库、商工组合中央金库、环境卫生金融公库和冲绳振兴开发金融公库。其中，前三家最为重要。

中小企业金融公库是 1953 年 8 月根据《中小企业金融公库法》由政府出资设立的。旨在促进企业的成长和发展，对从一般民间金融机构难以筹措到的设备资金和振兴事业所需的长期流动资金提供信贷支持。资金主要来源于资本金、财政融资和发行债券。

国民生活金融公库是日本政府投资组建的政策性金融机构，1999 年 10 月由国民金融公库和环境卫生金融公库合并而成。资金来源主要是资本金和财政融资。

商工组合中央金库（简称商工中金）成立于 1936 年 11 月，主要是为了拯救在20世纪30年代陷入经济危机的企业并维持其发展。商工中金的经营目标是“用民营的高效率来实现政府的政策性”，经营基础是企业协作机制，对象是向商工中金出资的中小企业团体及其会员。

在担保方面，日本建立了比较完善的“双层结构”信用担保体系，主要包括信用担保协会和企业综合事业团。信用担保协会的业务是以地方政府资金为主要资本，为企业对金融机构的债务作担保。企业综合事业团是国家全额出资的特殊法人，其下属的信用保险公库的主要业务是对信用担保协会的担保债务进行保险，并且向担保协会提供长期与低利的贷款。保险费用一般约为担保费的40%，保险金额一般为代偿额的70%。1998年10月，日本正式实施针对中小企业的特别担保制度。这一制度旨在通过信用担保协会提供的担保来促使金融机构向中小企业融资。该制度从担保限额的提高、担保费率的下降、第三者担保人条件的放松等方面最大限度地支持了处于资金不足状态的中小企业。

在直接融资方面，政府、地方公共团体与民间机构共同出资成立了企业投资育成公司，并创设了支持风险企业发展的特别融资制度、建立了柜台交易(OTC)市场体系并推出了日本创业板市场(JASDAQ)、实施由信用担保协会为企业发行(公司债)提供信用担保的制度等。相对于美国来讲，日本在风险投资方面取得的效果一般，但对那些属于政府产业政策导向范围内的企业融资还是发挥了比较积极的作用。

在法律方面，日本制定了一系列法律法规，如《中小企业基本法》《商工组合中央金库法》《国民金融公库法》《信用保证协会法》《中小企业信用保险法》等。

在税收方面，日本规定对资本金在1亿日元以下的企业的年度所得分两部分征税，对总所得在800万日元以下的部分按28%的税率征税，超过800万日元的按37.5%的税率征税；而对具有公益性质的企业的年度所得均按27%的税率征税。日本企业法人债务在次年不必全部清账，还可从利润中提取16%作为积累，用于企业的投资扩张。20 世纪 70 年代以来，日本推行加速折旧会计制度，对新兴产业的设备使用期限缩短到 4～5 年，对于新建企业所购入或租借的机器设备和既存企业为提高技术能力而购入或租借的机器设备，在第一个年度里或是作 30％的特别折旧，或是免交 7％的税金。日本对技术含量高的企业所购入或租借的机器设备减免所得税，并对企业共用的机械设备减征固定资产税。在支持创新研究方面，企业试验研究开发经费的 6％可以从法人税或所得税中扣除（扣除额不能超过当年法人税或所得税的 15％）。对于创业 10 年内的企业，若被认定为创新型企业，则可享受企业内部保留金免税的优惠。

（三）日本的银企关系

在日本，一个企业可以从许多银行贷款，其股份可以由许多银行持有，但只有一个银行负责监督企业的正常运作，它就是主银行，主银行对企业融资起支配作用。日本的主银行发展有赖于以下一些因素：第一，主银行存在的基础是以银行融资为主导的金融制度，其特点是银行与企业关系长久而紧密，银行贷款占外部融资的比重很大。第二，在经济发展中，主银行担负资金供给重任并成为企业集团的中心。战后日本的企业集团就是由不同行业的企业紧紧围绕在富有资本实力的银行周围组成横向联盟，银行以其金融实力居于核心地位，这种联系给企业以安全和稳定感。第三，政府的管制措施为主银行的发展提供了制度保障。政府对城市银行层次进行严格限制，限制进入；并实行利率控制，保证城市银行的收益稳定，从而使城市银行迅速发展成为大企业的主银行。

主银行方式是日本产融结合的主要表现形式，是间接融资占优势的融资方式得以实现的重要保证，在实际运行中显示出了一定的经济绩效。主银行与企业之间的紧密融合，使企业能够稳定筹集所需资金，而且筹资成本较低；企业在面临资金困难的时候，因与银行有互持股票的关系，完全可以依靠银行给予救济融资；

当企业因临时财务或经营风险陷入困境时，主银行可以提供最后的支援手段，使企业免遭兼并或破产。但主银行运行的负面影响也十分明显，主银行成为日本金融制度的中心，它们可以容易地获得日本银行的贷款，并得到政府的金融援助与保护，从而助长了主银行贷款扩张的冲动，客观上鼓励了高风险的证券与地产投资，容易形成主银行不重视贷款对象的选择和质量控制现象，也不利于银行加强内部经济管理和风险管理，增强国际竞争力。主银行制度使企业对银行资金产生强烈的依赖性，促使企业倾向于生产能力的过度扩张，削弱了风险约束，降低了资本经营成本，不利于企业从落后微利产业退出和资金的重新配置。同时银行的经营风险增大，所以这一方式也存在相当程度的缺陷。

二、日本的企业融资体系

日本企业的资金来源以间接融资为主，直接融资起补充作用。在外部资金来源中，以银行贷款为主体的间接融资则居绝对优势地位，股票、债券等直接融资只起着补充作用。长期以来，日本企业外部融资总量中银行贷款等间接融资占80%以上，股票、公司债券等直接融资仅占10%左右。即使在20世纪80年代中期金融改革之后，日本中小企业间接融资仍占外部资金来源的70%左右。下面来介绍一下日本种类丰富的金融机构体系及其独特的融资模式。

图3-1与图3-2很清晰地描述了日本的间接融资市场，主要由三个部分组成：非专门性民间金融机构、专门性民间金融机构与专门性政府金融机构。其中，占据主体地位的是非专门性民间金融机构，占比近2/3。但专门性金融机构的作用也非常突出，占比约1/3。专门性政府金融机构包括商工组合中央金库、中小企业金融公库与国民生活金融公库。非专门性民间金融机构主要由都市银行、地方银行、第二地方银行与信托银行组成。都市银行以东京都、名古屋、大阪等大城市为中心开展业务，在全国各个城市设立分支机构，几乎垄断了对大企业的融资。就单个机构来

讲，都市银行提供的资金在企业贷款总额中所占的比重最大。地方银行多为中小规模的银行，其特点是以地区性中心城市为中心，以所在的地区为经营区域，与本地区的企业、地方政府关系密切。第二地方银行也称为地方合作银行，其前身是专门性的企业金融机构——相互银行，于1988年转制为普通银行，其经营继承了相互银行的传统。与地方银行相比，第二地方银行在性质上并无两样，只是在人员素质、银行规模、贷款对象以及贷款结构等方面有所差异。信托银行是日本信托业的主力，其独特之处在于将融资服务和资产管理结合起来，以满足多样化、复杂化的金融资产管理方面的服务需求。

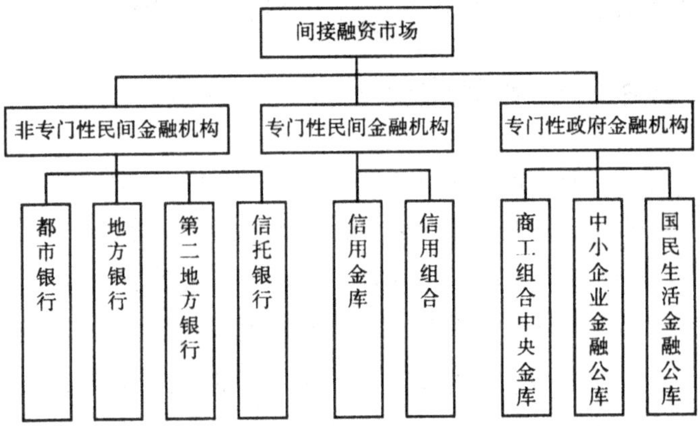

图 3-1　日本间接融资体系的主体结构

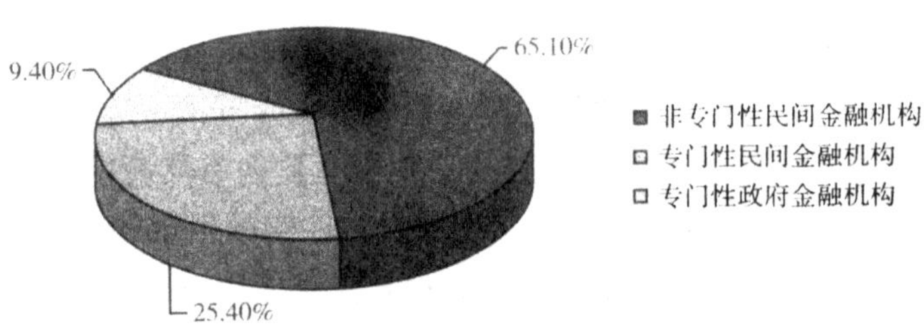

图 3-2　2003 年日本不同类型的金融机构企业贷款余额占比

专门性民间金融机构则指信用金库与信用组合。信用组合是由中小企业、个体劳动者组成的互助共济性的金融机构。该机构比信用金库的互助合作性质更加明显，独立性强，业务范围限于组合内的成员，互助融资的宗旨明确。它一方面接收会员、国家、地方公共团体、非营利法人的存款和非会员存款(存款利息可以比银行利息高0.1%,有些存款如纳税准备存款等可以比银行利息高0.25%);另一方面对会员进行贷款或票据贴现,但对每个会员的贷款额不能超过自有资本的20%或不超过4亿日元。信用组合也可以对非组合会员办理存贷款业务,但其业务量的总和不能超过存、贷款总量的20%。

下面重点介绍信用金库的概况。作为日本合作组织形式的金融机构之一,信用金库并不能算是非常典型的信用合作社,其定义是这样的:依据《信用金库法》设立,以会员制为基础,坚持合作社的运营原则,具有银行的所有职能,在经营方面也与商业银行一样必须盈利。其会员限于本地区内的、从业人员在300人以下或出资额在9亿日元以下的企事业单位或个体劳动者,表决权实行一人一票制,并且规定了每个会员的出资限度和信用金库资金总额的最低限度。作为以全国信用金库为会员的金融机构,信金中央金库发挥着信用金库中央银行的作用:有效运营信用金库的富余资金,对信用金库的汇兑和资金进行集中结算,补充信用金库的业务并提供各种经营咨询,维护并提高信用金库行业的信用。

2002年日本一共有349家信用金库,平均拥有24所分支机构,380名职员,总的会员数是898万人,占日本总人口1.2亿的7%。2002年存款余额103万亿日元,在金融机构中占比11%,平均一家信用金库的存款余额为2 950亿日元,一个分支机构就是123亿日元左右;贷款余额63万亿日元,信用金库对同一债务人的贷款不能超过自有资本的20%或不超过8亿日元,对700万日元以下的融资额即使是非会员也会经营。截至2004年6月底,信金中央金库的总资产达29万亿日元。

信用金库的特点是,在一定的营业区域内专门从事对企业信贷,并且这样的地位已经确立。全国性或跨地区的商业银行规模较大,其业务主要针对企业中的上层部分。这些大银行对企业的信贷不受任何限制,但是在经济高速增长时期,大银行偏爱与大企业的业务往来,中小企业受到冷落。这样被限定了营业区域的,专门从事中小企业信贷的金融机构的存在就显得非常必要,能在关键时刻发挥巨大的作用。信用金库的运营特色如下:一是信用金库重视服务要胜于利润。二是重视关系要胜于交易。信用金库业有句行话,叫作“贷是出自好心,不贷也是出自好心”,意思是不要一味地拘泥于贷款的成功,如果发现客户对自己的借款行为过于乐观,有可能收不回款项时,作为信用金库就应该好心地说服客户,拒绝向其放款,这正体现了互帮互助的精神。三是重视从长计议的资金供给。因为信用金库的目的是扶持企业的健康发展,所以即使企业经营状况恶化,偿还计划陷入窘境,信用金库也不会立即采取行动,而是采取咨询的方式先去了解背景。最后还可能实行一些缓和性的条件,如给予一定的宽限期、减少偿还金额以及降低贷款利率等。信用金库之所以能够如此设身处地地为企业着想,是因为它与地区及地区内的企业是一个命运共同体。在日本,人们都说银行是“晴天送伞,雨天收伞”的金融机构,但对信用金库却没有这样的评价。四是重视定性胜于定量。在企业财务方面的材料不充分或企业规模过小时,企业的发展受经营者的人品及思维方式的影响很大,那么数字之外的信息就显得非常重要。五是风险管理体制较为保守。由于具有地缘性特点,信用金库的经营者在业务区内的人际关系比较深厚,会竭力避免做出有损借贷关系的事情,从而整个信用金库的风险管理就变得比较保守。总之,信用金库以“好邻居”的形象成为日本企业金融的先行者,为日本经济的发展做出了巨大贡献。

在一览日本种类丰富的金融机构之后,再来看看其独特的融资模式。

“主办银行制”是日本企业独具特色的一种融资方式。主办银行是指对企业提供主要信贷支持、承担主要监督责任并与企业交叉持股的银行,与企业之间已经形成一种长期、稳定、综合的交易关系。与终身雇佣制、年功序列制一样,主办银行制度的建立并没有制度性规定,而是企业和银行在长期交易关系中所形成的一种商业惯例，是在日本独特的历史环境和经济社会发展过程中形成的。日本企业对主办银行具有较强的依赖性，而这种依赖性同企业拥有雇员的多少相对应，雇员越少的企业对主办银行的依赖性就越强。因此，主办银行在企业的融资结构中占据极其重要的地位，成为企业间接融资的主要对象。

由于银行信贷是企业主要的资金来源，因此与主办银行建立长期而紧密的交易关系对于企业确保银行贷款而言是非常重要的。特别是当主办银行是大银行（都市银行）时，虽然获得贷款的难度比较大，但是却可以享受比较低的利率。据日本企业厅2002年11月的《金融环境实态调查》显示，城市银行的平均短期贷款利率为1.600%，地方银行和第二地方银行为2.000%，信用金库和信用组合为2.625%。不仅如此，与主办银行交易的时间越长，从银行获得低利率贷款的可能性也就越大。上述调查还显示，与主银行交易时间在10年以下的企业的贷款申请遭拒绝的比率为14.9%，而与主银行交易时间在50年以上的企业遭到拒绝的只有7.3%，远远低于前者。之所以出现这种情况，是因为在企业金融中存在着严重的信息不对称问题。因此，要克服"信息不对称"问题，"关系"（借贷双方之间持续而紧密的联系）就显得非常重要。这种关系的长期存在可以帮助金融机构获得企业报表之外的"软信息"，从而使得贷款过程变得容易，利率也会比较低。借贷之外的其他金融服务也是与主办银行保持良好关系的重要方式，通过这些金融服务，银行可以更多地获取企业的相关信息，减少信息不对称所带来的负面影响。

另外，日本普遍采用针对企业的"制度融资"。下面以东京都为例进行说明。东京都的制度融资是通过东京都地方政府、东京信用担保协会、指定性金融机构三者的合作和协商而成立与发展起来的。制度融资的目的在于使东京地区的企业能够较容易地从金融机构融资，将来可以凭借自己的实力和信用独立筹措资金，是一种援助性制度。其具体做法是地方政府先将专项资金委托存入金融机构，再由金融机构进行贷款，这些资金来源于地方政府的财政投融资预算，由地方议会审议通过。民间指定金融机构可以在地方政府规定的条件下对中小企业进行融资。

如表3-3所示，2002年融出额是存入额的7倍，这样就充分利用了地方政府存放的资金，由民间金融机构进行低息放款。东京信用担保协会在企业接受贷款时，负责提供还款担保。地方政府及中央政府也对信用担保协会提供支援。由中央政府对地方信用担保机构做的信用担保提供再担保。信用担保机构提供的担保，使得信贷资产的风险系数降至零。因此，信用担保机构担保的企业贷款可划归银行的优良信贷资产。这一制度化的融资将政府部门、企业、担保协会与金融机构有机地联合在一起，充分体现和实施了对企业的政策援助，在日本得到普及。

表3-3 东京都地方政府存入民间金融机构的专项资金

目标项目	存入额(亿日元)	融出目标(亿日元)
技术开发援助	237	400
创业援助	150	300
对小规模企业的援助	1 182	2 650
对稳定企业经营的援助	615	1 100
计划	0	800
对增强经营体质的援助	15	40
灾害	8	10
同业协会	12	40
自律	0	4 700
一般	0	4 960
合计	2 219	15 000

第四章　创业企业股权融资渠道

企业如果能在大浪淘沙的市场冲击下成长壮大，非常需要特别的金融呵护与支持，尤其是在信息技术时代，高新技术企业不仅需要巨大的资金支持，还需要管理技术方面的帮助。但这些初创期的企业要么还非常幼小，甚至只有几个人；要么还只是创业者的一种想法或构想，还停留在思想阶段，无法借助传统的间接金融或直接金融方式取得资金支持，比较现实可行的途径是通过股权方式进行融资。由于高新技术企业的培育和发展是国家创新和核心竞争力的重要组成部分，对国家和社会发展至关重要，所以从19世纪末的美国开始，各国逐步开始探索初创期企业甚至是企业创业项目的股权融资形式，并在20世纪70年代后逐步发展起来，形成了具有一定规模的创业投资市场。

资本市场是直接融资的主渠道，也是部分企业进行外部融资的重要途径。不过，由于资本市场融资条件相对较高、程序相对复杂、时间相对较长，加之资本市场融资具有的局限性，对很多企业来说并不是最佳的融资选择，尤其是对于那些还处于成长初期的企业，还需要借助非公开市场或其他金融工具进行股权融资，而且这类融资非常契合我国“大众创业、万众创新”的大政方针，必然会获得越来越多的政策法规支持，成为部分高成长型企业早期融资的重要途径。

第一节　创业企业股权融资渠道概述

一、创业企业股权融资的特点

企业创业构想项目可以笼统地称为创业投资项目，创业投资项目实行股权融资是技术与市场、技术与资本相结合的产物，有其内在的基本逻辑。企业创业股权融资的特点主要表现在以下方面。

（一）高风险性

企业自身生命周期非常短，死亡率非常高，能在市场竞争中生存下来并成长壮大者通常以数万分之一计。而且许多企业还处于初创期、种子期，甚至是构想阶段，投资此类项目风险更大，只有有足够风险承受能力的投资者才是适合的投资者。从资金性质上看，拟投资的资金对创业投资者来说是富余的资金，即使完全损失也不会影响其正常生活的那部分资金。从资金数量上看，要能达到基本将企业扶助到成长阶段或成长阶段后期，也需要足够金额的可持续的资金支持，所以也要有必要的资金量，这也是越来越多的创业投资者进行联合创业股权投资、积少成多的一个重要原因。

（二）高收益率

市场经济的基本逻辑是高风险需要高收益来对冲。通常企业创业股权融资项目的失败率较高，但一般也会伴随着数倍以上的高收益。为了支持创业股权投资退出，在政策和法律层面通常会给予一定的支持，除对创业股权投资者给予财政税收支持外，还包括设立创业板市场、允许符合条件的企业到国际资本市场上市、允许企业实现并购重组或管理者回购、实现必要的清算或破产清算等多种方式，前者可以支持创业股权投资者通过股份转让实现高收益后退出，后者可以支持创业股权投资者通过清算减少损失。从近些年创业股权投资的实际发展情况看，各国创业股权投资企业或项目总体上收益较高，不仅远高于银行存款收益，也高于股票市场收益和其他债权收益。

（三）高技术性

高新技术企业要享受国家规定的扶持政策，需要按照政策法规规定的认定程序进行认定认可，这也是创业股权投资者能实现高收益的基本保障，所以高新技术企业不仅需要具有高新技术，更需要列入国家明确支持的高新技术目录。从目前情况看，国家支持的高新技术主要涵盖电子信息技术、生物与新医药技术、航空航天技术、新材料技术、新能源及节能技术、资源与环境技术、高技术服务业和改造传统产业的新技术八个大类，大约55个小类的高新技术领域。这些技术的发展和使用既需要大量的技术创新人才和技术创新手段，也需要先进的管理和大量的资金支持，单纯依靠国家投入既不现实也解决不了市场化发展问题，所以需要借助创业股权投资来实现技术、资金和市场的有机结合。

（四）创新性

我国企业融资的主要渠道是商业银行等金融机构，还有部分来自于企业股东的增资入股，也有部分来自于民间借贷市场，后两者也属于企业融资的传统方式。近年来，国家加大对企业融资的政策支持力度，除了对传统的融资渠道进行拓宽和放松管制外，还注意从股权融资的角度进行政策扶持，最主要的措施就是支持设立创业投资企业，并配套建设企业资本市场。近年来，随着互联网金融的发展，这一创新模式也在不断发展完善之中，目前市场上出现的股权众筹就特别适合于企业创业股权融资，只要进行必要的政策引导，必然会有更大更规范的发展，并成为大众创业、小众融资的重要创业渠道。

（五）专业性

企业特别是高新技术企业因其高风险和新技术特性，通常也需要较强的专业创业投融资操作，不论是创业投资者还是众筹组织和管理者，都需要是专业人士，包括金融投资专业人士、企业管理专业人士、财务管理专业人士、法律服务专业人士等，他们可能是专职从事创业投资的专业人士，也可能是兼职或聘用的专业人士，但集众人之才力共谋企业迅速发展大计是这个行业的基本特征之一。另外，创业股权投融资还需要一定的专业操作，因为创业股权投融资涉及企业组织架构、公司治理结构、公司财务制度、担保安排、股权回购安排以及公司经营管理等诸多政策法律和市场行为，唯专业人员进行专业操作才能妥当处理。特别是涉及投资者市场退出的安排，无论是上市退出还是并购重组、回购和清算，都是非常复杂的过程，不仅需要进行复杂的制度设计以保证投资人的基本利益，也需要在后期的执行过程中根据法律规定和前期约定进行专业操作，以保证各项规定落到实处，维护投资人和企业的利益。

（六）非公众性

企业创业股权融资不是面向普通投资者的大众性投融资活动，而是面向有管理能力和相对富余资金的高端投资者的小众化投融资活动，具有明显的非公众性。所以，企业在进行融资时既要坚持向有本行业、本企业管理能力，有一定的风险承受能力和相当的资金实力的特定投资者融资，又要坚持进行股权性融资操作，厘清与非法集资和非法吸收公众存款的界限。不过需要说明的是，随着社会大众对风险投资接受程度的不断提高，风险投资的高收益也不断吸引越来越多的普通投资者加入创业股权投资活动中来，适合更多投资者参与的股权众筹投资已开始兴起，但从根本上说，这类股权众筹无论是从投资者人数、投资金额和投资市场影响力等方面看，都仍然局限于小众领域，还是具有明显的非公众性。

二、创业企业股权融资的渠道

创业企业股权融资渠道主要有两种，一种是公开市场发售，另一种是私募发售。

公开市场发售就是通过股票市场向公众投资者发行企业的股票来募集资金，包括常说的企业上市、上市企业的增发和配股都是利用公开市场进行股权融资的具体形式。私募发售，是指企业自行寻找特定的投资人，吸引其通过增资入股企业的融资方式。

股票市场对申请发行股票的企业有各种条件、资金和规模的要求。对大多数创业企业来说，很难达到。因此，私募成为创业企业进行股权融资的主要方式。

（一）公开市场发售

大多数创业企业较难通过公开市场发售的方式来进行融资。与银行贷款类似，创业企业在国内的资本市场也面临一切区别对待。在实际审批的过程中，绝大多数上市的机会都会留给国有企业，为数众多的创业企业只能通过海外借壳或买壳上市的方式，绕过直接上市的限制进入资本市场。

和其他的融资方式相比，企业通过上市来募集资金有突出的优点：募集资金的数量巨大；原股东的股权和控制权稀释得较少；有利于提高企业的知名度；有利于利用资本市场进行后续的融资。

资本市场给了企业一个市场化的定价，使企业的价值被市场认可。企业上市既可以为企业融得巨额的资金，又可以给企业的股东们带来巨额的财富。

(二)私募

私募发售在当前的环境下是所有融资方式中、民营企业比国有企业占优势的融资方式。产权关系相对简单,无须进行国有资产评估,无须国有资产管理部门和上级主管部门的监管,降低了股权融资的交易成本,并且提高了民营企业融资效率。因此,私募成为近几年来经济活动最活跃的领域。

对于企业,私募融资不仅仅意味着获取资金,新股东的进入也意味着新合作伙伴的进入。在私募领域,不同类型的投资者对企业的影响是有差别的。

(三)投资者

创业企业在进行股权融资的过程中,会遇到的投资者的类型主要有个人、风险投资机构、产业投资机构、上市公司等。

1.个人

个人投资者投资的金额有限,一般在几万元到几十万元之间。但在大多数民营企业的初创阶段起了至关重要的资金支持作用。这类投资人有的直接参与企业的日常经营管理,也有的只是作为股东关注企业的经营决策。这类投资者往往随着企业的发展,在获得相应的回报后,一般会淡出企业的控制。

2.风险投资机构

风险投资机构是20世纪90年代后期在中国发展最快的投资力量,其涉足的领域主要与高科技相关。

国外如红杉资本、IDG、Softbank、ING等,国内如今日资本、北京科投、广州科投、上海联创等,都属于典型的风险投资机构。他们能为企业提供几百万乃至上千万以上的股权融资。

风险投资机构追求资本增值的最大化,他们的最终目的是通过上市、转让或并购的方式,在资本市场退出,特别是通过企业上市退出，这是他们追求的最理想的方式。

上述特点决定了选择风险投资机构对于企业的好处在于：没有控股要求；有强大的资金支持；不参与企业的日常管理；能改善企业的股东背景，有利于企业进行二次融资；可以帮助企业规划未来的再融资及寻找上市渠道等。

风险投资机构也有其不利之处，他们主要要求企业在短期内资本增值，容易与企业的长期发展战略形成冲突。另外，风险投资机构缺少帮助企业提升管理能力的各类资源。

3.产业投资机构

产业投资机构，又叫策略投资者，他们的投资目的是希望被投资企业能与自身的经营战略融合或互补，建立战略布局。

该类投资者对企业融资的有利之处非常明显。一般来说，投资者本身即具备一定的品牌影响力，在资金实力和后续资金的支持上都有较强的表现。更因为不论企业文化还是管理理念和被投的企业都会比较接近。因此，业务的协同效应也非常的明显。

投资者有很大的几率会要求控股。一旦企业被投资者控股，可能对各方面的发展都会有影响。

产业投资的优缺点对比如表4-1所示。

表4-1　产业投资的优缺点对比

优点	较强的资金实力
	较强的后续资金支持能力
	品牌影响力
	企业文化、企业理念上与被投企业较接近
	优秀的企业文化和管理理念输入
	业务整体战略规划
缺点	可能要求控股
	可能对企业后续融资有限制
	可能对业务发展领域进行限制
	可能限制新投资者的进入

4.上市公司

许多上市公司即使经营不善，但在上市时募集了充足的资金。参与私募的大多是利用资金优势为企业注入新概念或购买利润，伺机抬高股价，以达到维持上市资格或再次圈钱的目的。

另外，有着长远战略眼光的上市企业因为看到了被投资企业广阔的市场前景和巨大发展空间，投资可以帮助其产业结构调整。

不论哪类上市企业，他们基本上都会要求控股，以达到合并财务报表的目的。对这样的投资者，被投资企业必须十分谨慎，一旦出让控股权，如果无法与控股股东的观念达成一致，企业的发展就会面临巨大的危机。

以上各种投资者，民营企业可以根据自身战略布局与业务属性方向进行选择。

三、创业企业股权融资的方式

（一）企业原股东增资入股

企业的股东将货币投入企业，作为出资方，应将货币存入企业所设银行账户，可以直接增加公司的注册资本。

虽然商标、专利、非专利技术、工业产权、著作权、土地使用权、无形资产等都可以作为投资形式出现，但是实物、工业产权、场地使用权等这类非现金的投资，首先需要满足确实是被企业需要的这一前提，然后才是进行财产的核实以及合理的评估，最终才能够给出合理的价格。同时，作为出资的这部分非货币财产，在评估完成后，应当随后即开始依法办理产权的转移手续。

需要特别注意的是，3 年之内以上市为目的的股权融资企业，实际控制人以及董事和高级管理人员尽量不要发生变更，主营业务也不能发生重大变化，根据《首次公开发行股票并上市管理办法》（证监会令第 32 号）第九条“发行人自股份有限公司成立后，持续经营时间应当在三年以上，但经国务院批准的除外”，第十二条“发行人最近三年内主营业务和董事、高级管理人员没有发生重大变化，实际控制人没有发生变更”的规定，有限责任公司按原账面净资产值折股整体变更为股份有限公司的，持续经营时间可以从有限责任公司成立之日起计算。

（二）企业新股东投资入股

投资者可以通过投资入股的方式成为企业的新股东。

具体流程如下：

企业召开股东大会→股东行使表决权（股东数量达到三分之二以上才具有法律效力）→表决通过（股东会议的决定作成会议记录存档）→开始操作增资活动→新股东的投资进入（可以是货币形式出资，也可以是非货币的形式出资）。

以货币形式的新增资本出资，需要把货币出资足额存入企业在银行开设的账户；以非货币财产出资，应当通过法律程序，办理财产权的转移手续。

新股东投资入股的价格一般根据公司净资产与注册资本之比来确定。在经过了正常的法律程序之后，公司的增资才能有效，增资双方的利益才能得到法律的确认与保护。

（三）利润转增注册资本

股东大会的决议通过之后，企业可以把剩余的利润直接转增注册资本，用来增加股东的出资额。另外，依据《公司法》的规定，企业税后的利润首先必须用于弥补亏损和提取法定公积金，如果之后还有剩余，余下的部分可以在股东之间进行分配。

要注意的是，对个人股东分得并再投入公司（转增注册资本）的部分，要根据“利息、股息、红利所得”项目，征收个人所得税。原因是，税后的盈余公积金或未分配利润直接转增注册资本的过程，实际上可以等同于企业将盈余公积金或未分配利润，作为红利分给了股东们，然后股东们把分得的红利投入企业，用来增加注册资本。股东转增注册资本的个人所得税，在经过公司的股东大会议决通过之后，由企业代扣代缴。

使用未分配的利润作为转增注册资本的时候，手续虽然较为简便，但是转增的比例尽量不要太高，主要有两点原因。第一，如果转增比例过高，会影响企业的账面业绩。如果未来企业计划要引进风险投资或者准备上市，那么对于企业长远的发展就极为不利了。第二，如果转增比例过高，会影响到折旧及纳税额度的调整。如果在验资的时候因为这一原因不能通过，那么就必须重新调整增资扩股方案。一旦发生这种情况，不但会减缓企业增资扩股的正常进度，对企业的信誉可能也会造成一定的影响。

（四）公积金转增注册资本

资本公积金转增股，顾名思义就是用资本公积金向股东转送股。但转增股本并非利润分配，而是公司增加股本的行为。来源是上市公司的资本公积。如公司没有上市，则是将其平均分配到各个股东手中。

转增比例对于不同的公积金，都是不一样的。

图 4-1 是对法定公积金转增注册资本、以资本公积金转增注册资本、以任意公积金转增注册资本这三种方式的具体说明。

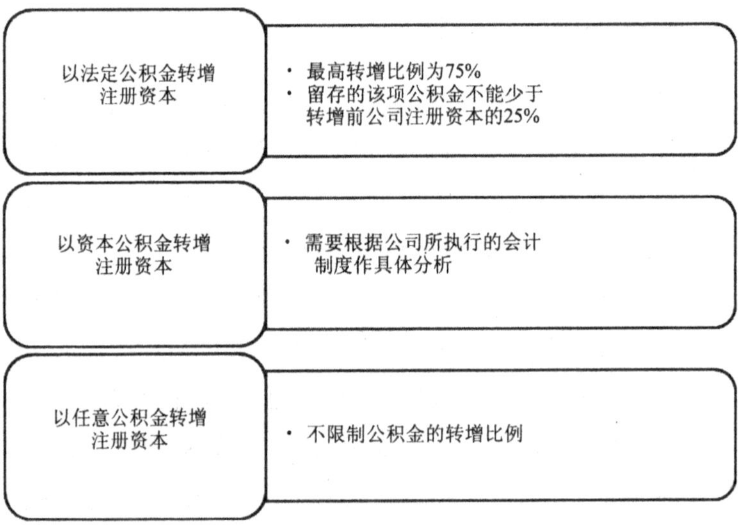

图 4-1　法定公积金、资本公积金、任意公积金转增注册资本说明

四、创业企业股权融资出资方式

创业企业股权融资不一定必须使用货币的形式，也可以使用无形资产等方式入股，常见的入股方式如图4-2所示。

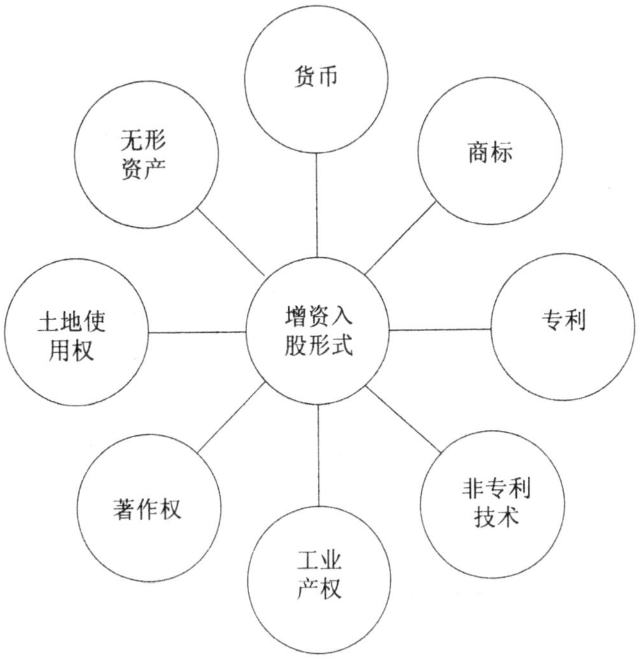

图4-2　创业企业股权融资入股方式

不同的出资方式各有其特点，其优缺点也同样明显。因此，针对出资方式的不同，所需要注意的事项也不尽相同。

（一）货币资金出资

以货币入股的，要注意以下几点。

①入股人开立银行临时账户投入资本金时须在银行单据“用途/款项来源/摘要/备注”一栏中注明“投资款”。

②出资人必须为章程中所规定的投资人。

③股东分别按照各自的出资比例投入资金，并提供银行出具的进账单原件。

（二）实物及无形资产出资

以实物或者无形资产投资入股的，要注意以下几点。

①出资的实物必须没有担保或抵押，有清晰明确的属于投资人所有的产权证明。

②出资的工业产权、非专利技术等，所有权必须是投资人。

③出资的土地使用权，投资人必须拥有土地的使用权。

④出资的无形资产，按照国家法律规定，所占注册资本的比例最多可以是注册资金的70％。

投资入股人需要提交一些资料，具体内容如表4-2所示。

表4-2　投资入股需要提交的材料

<table>
<tr><td rowspan="6">提供的基本资料</td><td>设立企业提供设立申请报告及审批机关的批准文件</td></tr>
<tr><td>企业名称预先核准通知书</td></tr>
<tr><td>拟设立企业的合同，章程，法定代表人任职文件，委托代理人文件，股东会会议纪要，董事会会议纪要</td></tr>
<tr><td>股东、法定代表人、委托代理人身份证复印件；股东是法人的，应提供营业执照副本复印件和资产负债表</td></tr>
<tr><td>投入资本明细表</td></tr>
<tr><td>企业住所和经营场所使用证明</td></tr>
</table>

总之，企业应该对出资资本的转移做出明确的规定。所有非货币形式的出资，都必须经过正规专业机构的评估，并由其提供符合法律法规的评估报告。在出资人进行投资后，企业应该依照有关规定办理转移过户手续，同时送报企业登记机关备案。

五、创业企业股权融资流程

创业企业股权融资具体流程如图4-3所示。

图4-3　创业企业股权融资流程

企业内部的具体流程如图 4-4 所示。

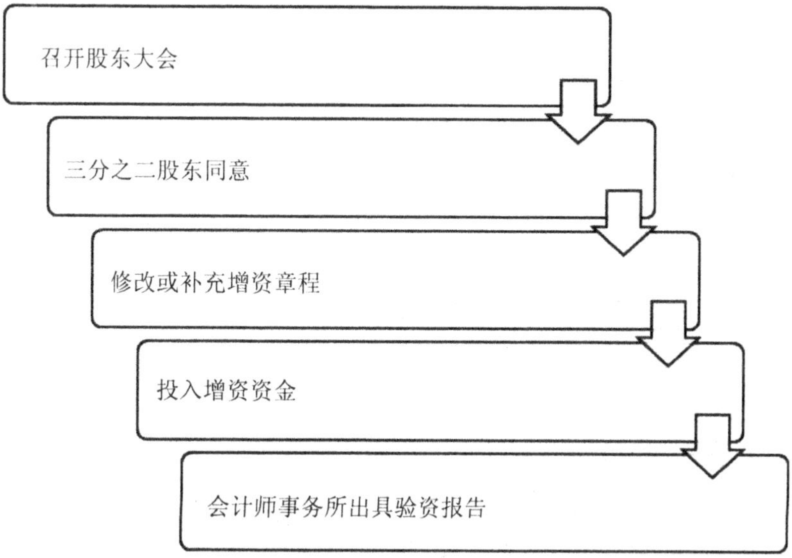

图 4-4　股权融资企业内部具体流程

在企业内部股权融资流程结束后，企业需要向登记的机关（工商行政管理机关）申请变更登记，同时提交规定的材料。具体有：

①股东大会的决定。

②企业法人代表签署的变更登记申请书。

③正规验资机构出具的验资证明。

企业申请人带齐以上手续直接到企业登记机关提出申请。如果材料齐全而且符合法律规定的标准，公司登记机关会予以受理，并准予变更登记。

如果是通过信函、电报、传真、电子邮件等方式提出申请，收到申请材料之日起 5 日内出具《受理通知书》。如果予以受理，15 日内会做出准予登记的决定，完成变更登记。通过电报、传真和电子邮件等方式提交申请的申请人，收到《受理通知书》之日起 15 日内，提交与电报、传真和电子邮件等内容一致并符合法定形式的申请文件、材料原件。如果文件、材料原件由申请人亲自到公司登记机关提交，那么变更登记当场就可完成。

六、不同类别股权融资与创业企业成长周期的匹配

创业股权融资泛指企业项目所有人为实现快速发展，而借助正式资本市场以外的其他市场或其他工具进行的股权融资行为。从广义的角度看，创业股权融资大致等同于广义的风险投资，具体包括天使投融资、风险投融资和股权众筹融资三种类型。

创业企业孕育、初创和成长的各个阶段都离不开外部投资，可以说，融资是创业企业创设人和管理团队最重要的任务。但如何实现企业设立、成长与投融资的有机结合，不仅需要考虑企业所处的成长周期阶段、创业项目和企业技术水平、企业所在行业市场状况，还需要考虑创业企业治理结构和经营管理情况等诸多因素。只有实现多因素的综合平衡、投资人和融资企业的最佳利益平衡，才是最优的选择。这其中，首先要考虑的是创业企业成长周期与创业股权融资的匹配问题，即在创业企业创设、成长的不同阶段，选择适合其资金需求特点和投资者风险偏好及承受能力的投资方式。

（一）天使融资

1.天使融资的内涵

天使融资是与天使投资相对应的概念。“天使投资”一词起源于美国纽约百老汇，专指有钱人出资赞助社会公益演出，从而为无名气但有理想、有爱心的演员提供演出机会的“天使般”的投资行为。后来，天使投资延伸为商业投资行为，即天使投资人对高风险、高收益初创企业的早期投资行为，借指投资人的资金和技术是使创业企业成长的“天使的翅膀”。天使融资是创业企业和天使投资人签订股权投资协议，天使投资人对拥有专门技术或独特概念的创业企业进行一次性的前期投资，并占有一定股权的风险投资行为。天使投资人原来主要是有富余资金的自然人，目前已发展为自然人、家庭或机构，所以创业企业的天使投资人可

能是一人，也可能是多人，还可能是若干投资者组成的天使投资基金。

天使融资对创业企业发展至关重要，这不仅是因为天使可以直接投入承担风险的股权资金，而且还因为“天使”大都具有一定的拟投资企业所在行业管理经验和管理技能，可以直接参与或由其指派的通常具有会计师、律师等专业资质和管理能力的代理人直接参与所投资小企业的经营管理。

天使融资主要适用于种子期或初创期的企业或小项目，所以融资金额一般不大，在美国一般不过几十万美元，我国通常也不会超过300万元人民币，并根据创业企业或项目创设人的情况决定天使投资人是否具有融资企业控股权和实际控制权。

2.天使融资与创业企业成长周期的匹配

种子期的创业项目或创意所有人通常有项目缺资金，或者精通专业技术但不熟悉管理技术，而创意项目落地需要资金和技术，依靠成立创业企业来推动和落实。在国家实行企业登记注册制度改革后，设立一般企业已经变得非常容易，但这种依托单一项目或创意的创业企业要想成长壮大为科技型大企业却非常不容易，其成功概率可以说是万里挑一。这就意味着对种子期创业项目企业的投资成功率非常低，可以说是十之八九以失败告终。因此，创业企业种子期的融资主要应集中于天使投资人，他们有资金、懂管理，也有一定的风险承受能力，可以借给项目创意人一双走向成功的“翅膀”，实现天使投资人和创业企业融资者的双赢。

另外，在企业创业项目“生根发芽”的过程中，初创阶段也会面临许多意想不到的困难，包括但不限于前期筹集资金不足以支持企业正常设立，项目或技术落地时存在非根本性、临时性的缺陷或困难需要加大技术攻关力度等，这都需要临时性外部资金支持，其投资性质与种子期投资大致相同，而且通常也会同前期的天使投资人协调引进外部资金，这也基本上属于天使融资的范围。可以说,在创业企业成长周期的种子期阶段,与其相匹配的主要融资措施是天使融资。天使融资与创业企业成长周期不同阶段的匹配关系,如图 4-5 所示。

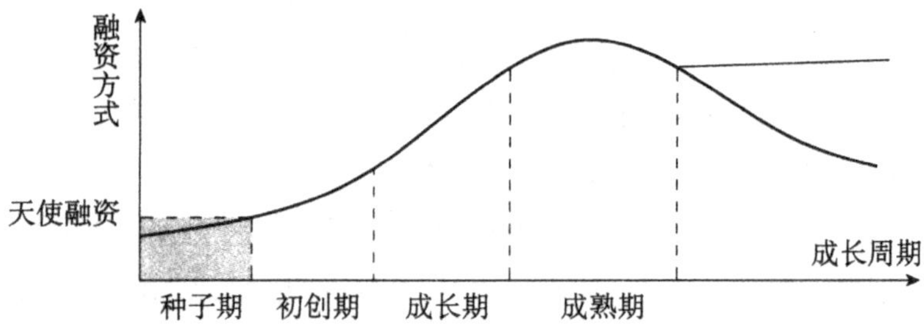

图 4-5　天使融资与创业企业成长周期的匹配关系

(二)风险融资

1.风险融资的内涵

风险融资是风险投资相对应的概念。风险投资(Venture capital),简称 VC,概指对包括对创业企业的前期投资在内的所有高风险、高收益的投资,广义上包括天使投资和私募股权基金投资,这里取其狭义概念,即以风险投资基金为主要代表的专业投资机构对成长期的高新技术企业的创业股权投资。

风险投资与其他创业股权投资的最大特点是由专业机构、专业人员进行专业的投资操作。专业机构系指风险投资通常不像天使投资那样一个自然人也可以直投,而是由风险投资基金、风险投资公司等专业机构根据风险投资机构管理办法和机构章程、业务规则进行投资操作。专业人员系指风险投资机构的风险投资操作是由一系列专业人士进行的,包括但不限于项目投资经理和相关管理人员,还包括相关人员、风险管理人员和法律专业人员等,可以说是由专业的人来办专业的事。专业操作系指风险投资操作,虽然每个风险投资机构都有自己的经营特点和优势,但同时也根据风险投资行业的风险管理和经营要求,按照一定的程序和规则进行投融资管理，包括外部融资、创业投资、参与管理和股份退出等基本操作。

风险投资起源于美国，在20世纪70年代后开始发展起来，目前英国、日本、以色列和我国台湾地区的风险投资都得到了较快发展，成为企业创新发展的重要途径之一。我国风险投资发展起步较晚，但发展形势非常快，特别是21世纪前后一段时间，海归人员创业投资直接采用风险投资模式，并成功在美国纳斯达克上市的成功经验直接带动了风险投资的快速发展。

2.风险融资与创业企业成长周期的匹配

创业企业渡过种子期后，就进入创设和成长阶段，这通常也是企业快速成长的阶段，其对资金的需求无论是数量上还是频次上都要远远超过种子期。简言之，在企业初创期和成长期，其资金需求在数量上通常会比较大，不仅企业原始股东很难满足，就是天使投资人也很难全部满足，通常需要借助外部融资来实现。从资金需要频次上看，这一时期的企业资金需求会随着企业的快速成长和生产规模的扩大而需要多个轮次的融资，通常以A轮、B轮和C轮等标志不同轮次的融资行为。要在资金数量和融资频次上满足初创期和成长期企业的融资需求，同样需要能承担高风险的投资人参与，而且这一时期的企业对技术管理和经营管理的要求更高，需要投资人及其代理人参与企业的运营管理，既保证企业顺利渡过初创期，迅速成长壮大，又保证投资人有较好的投资回报，或尽可能地减少其投资风险。能满足这些条件的外部投资正好符合前述风险投资的投资特点，可以说企业初创期和成长期的外部融资与风险投资存在较好的匹配性，风险融资是企业初创期和成长期重要的融资方式。风险融资与创业企业成长周期的匹配关系如图4-6所示。

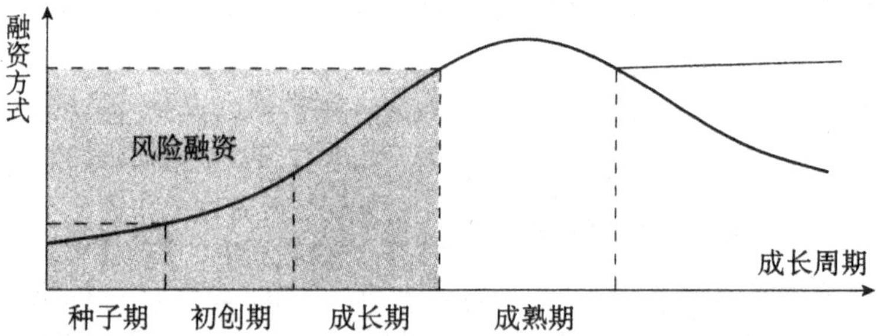

图 4-6 风险融资与创业企业成长周期的匹配关系

（三）股权众筹

1.股权众筹的内涵

众筹是由“Crowdfunding”一词直接翻译过来的，香港称之为“群众集资”，台湾称之为“群众募资”，是近几年借助互联网兴起的新型融资方式。从形式上看，众筹主要包括债权众筹、股权众筹、实物众筹和捐赠众筹等形式。股权众筹融资是指拟创设项目所有人或企业向普通投资者出让一定比例的股份，投资者通常通过现金出资形式购买普通股份或特别股份出资入股，实现共享收益、共担风险。

股权众筹可以说是私募股权的缩小板、大众板和互联网板。缩小板是指股权众筹的总融资额通常要远远小于风险融资，也小于天使融资；特别是单个投资者的投资额都比较小，通常不过几千元人民币，最多也不过几万元人民币，以确保其风险损失不会影响投资者的实际生活。大众板是指股权众筹的筹资对象主要是普通大众投资者，除了上述投资额的极低门槛条件外，还在于众筹时并不要求投资者具有投融资或拟投资行业的相关专业知识，除了领投人外，其他投资者均可以是普通的拥有完全民事行为能力的自然人即可。互联网板是指股权众筹从诞生之日起就与互联网密切相关，是“私募股权的互联网化”，即基于互联网的联络使日常社会生活中互不相识的普通投资者可以集结在一起，形成一个基于某一项目或某一企业的投资共同体。

股权众筹是21世纪初的新兴事物，2009年才在国外出现，2010年美国乔布斯法案颁行后开始得到较快发展。2011年众筹开始引入我国，美微淘宝成为国内第一个成功融资的股权众筹项目。目前，股权众筹已成为大众创业、万众创新的重要实现形式之一，特别是2014年11月19日国务院常务会议明确要求建立资本市场小额快速再融资机制，并首次提出开展股权众筹融资试点以后，股权众筹开始得到越来越多的关注，参与主体也越来越多，除了人人投、大家投等P2P互联网金融平台，众筹咖啡等股权融资平台，京东、苏宁、阿里巴巴等知名电商也开始引入股权众筹项目，股权众筹或将迎来一个繁荣时代。

2.股权众筹与创业企业成长周期的匹配

众筹虽然起步较晚，但借助互联网的兴起，特别是随着互联网时代的到来，快速成长为大众投融资的新兴平台。传统上的股权众筹通常集中在企业发展相对比较成熟的阶段，这一阶段创业企业技术和经营管理都基本稳定，对资金的需求或者是为扩大生产规模，或者是补充流动资金，对投资者没有初创期和成长期时关于企业管理能力方面的特别要求，只是单纯的资金提供者。同时，创业企业成熟期的投资风险相对较小，投资回报比较稳定，这也适合人数多、资金少的大众投资者进行集合投资，所以，从直接融资的角度看，最适合创业企业成熟期的外部股权融资方式当属股权众筹。股权众筹与创业企业成长周期的匹配关系如图4-7所示。

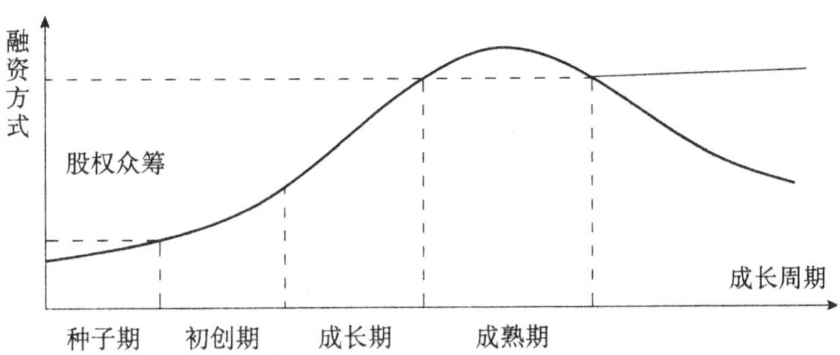

图4-7　股权众筹与创业企业成长周期的匹配关系

互联网+金融的发展又为股权众筹带来了某些风险投资的属性，这主要体现在以下两点上：第一，普通投资者可以借助互联网的信息交流在一定程度上达到风险投资者之间信息交流的水平，使众筹投资者之间、众筹投资者和需求资金的企业之间实现信息的有效沟通，从而对投资风险和投资回报有了更充分的了解，风险承受的能力甚至可以达到风险投资者的水平；第二，众筹平台或专业领投人通常具有较高的投资风险判断能力和投资项目或企业管理能力，并通过一定的制度或公司治理安排参与到投资的企业经营管理之中，使股权众筹投资整体上具备风险投资的主要特性。基于此，目前股权众筹实际上已开始参与到初创期和成长期企业的融资活动之中，成为部分企业进行外部股权融资所依靠的重要力量。

第二节　风险投资的获取与选择

初创期、成长期的企业，甚至是成熟期的高科技企业依靠自身资本积累通常无法满足其快速增长的内在需求，借助风险投资进行外部融资有助于其迅速扩大生产规模，提高市场占有率，发展成为公众上市公司，甚至成为高新技术领军企业。

一、风险投资的产生及发展

在我国，风险投资占有很大的市场，部分有价值的企业风险融资项目甚至会出现几家风险投资机构竞争的局面。进入新世纪以来，我国风险投资开始进入快速发展阶段，在当前大众创业、万众创新的经济新常态形势下，可以说风险投资的一轮热潮已然扑面而来。企业应做好准备，积极吸纳风险资金为己所用，促进创业，加快发展。

美国第一家规范的风险投资公司是 1946 年成立的波士顿美国研究与开发公司(Boston's American Research & Development

Corp.)，该公司一个成功的投资案例就是1957年向4名麻省理工学院大学生创立的数字设备公司(Digital Equipment Corp.)投资7万美元，占该公司股份的77%，到1971年时，这些股份的市场价值已超过3.55亿美元，投资回报超过5 000倍。美国风险投资事业的发展经历了20世纪五六十年代兴起，70年代衰退，80年代复兴，80年代末、90年代初低潮，90年代和21世纪初再次兴盛，2010年代末衰弱，目前又正在恢复发展的历程。目前美国约有1 000家规模较大的风险投资公司和1 000家小规模的风险投资公司，每年约有10 000个高科技项目得到风险投资的支持。美国风险投资主要投向生物技术、信息技术等高新技术领域，英特尔(Intel)、微软(Microsoft)、苹果(Apple)、雅虎(Yahoo)等一大批高新技术领军企业的成长都离不开风险投资的大力支持。

我国第一家真正意义上的风险投资机构是1985年成立的中国新技术创业投资公司，此后，以火炬计划、高新技术园区、大学科技园、归国留学人员创业园为依托建立的官方或半官方背景的各类科技企业孵化器在一定程度上发挥了风险投资机构的作用。我国风险投资产业的真正兴起约在20世纪末21世纪初，互联网热潮带动了风险投资的快速发展。其中的主要力量有两股：一股是国外风险投资资本，当当网、搜狐、新浪、网易等互联网企业都获得了国际风险投资的青睐；另一股是本土风险投资资本，主要是国内大企业集团和企业家成立的风险投资，如联想控股的风险机构投资于卓越网，获得了超过12倍的回报。受互联网热的影响，风险投资机构借助政府提出的大众创业、万众创新政策，利用政府推动实体经济与虚拟经济相结合的契机，积极布局推动风险投资行业加快发展，机构数量和投融资金额都呈快速增长态势，开始成为高新技术企业投融资的主要力量。

二、制定可持续的融资计划

风险融资必须要有可行性，在制订计划的过程中需要考虑如下几个重要问题。

（一）研究风险融资策略

凡事预则立，不预则废，企业要进行风险融资，也需要提前研究制定适当的融资策略，包括但不限于融资金额、拟出让股份、分期到位还是一次性到位、期权安排、对赌安排等基本问题，这些都需要经过企业决策层提前统筹安排，并取得有决定权的相关人员的一致意见。

（二）选准风险融资的时机

风险融资能否融到资金，从统计意义上说没有一定的时间点，但具体到每个项目和小微企业则有一定的规律性。通常情况下，在项目发展基本趋向稳定或已经初具效益的时候，就可以考虑进行风险融资扩大生产规模了。这时还要注意宏观经济形势，如行业发展状况、地区经济发展状况以及资本市场表现等重大影响因素，尽可能在天时、地利、人和兼备的情况下筹备融资。

（三）外围接触潜在的风险投资者

建议和其他的投资者协商，共同挑选在行业领域、投资阶段、投资经验、投资实力等方面比较可行的 5～10 家风险投资公司进行初步的外围考察，然后和这些公司业务人员进行接触，了解获得投资的可行性和风险投资人对本企业的支持情况。

（四）通过情境模拟把握细节

这主要包括两方面的细节：一方面是风险融资过程中的细节，主要是和风险投资人接洽与谈判的细节，包括是否给予风险投资人必要的独家期，至于独家期的时间长短，建议不超过 2 个月为宜；另一方面是所融资金到位以及企业发展的计划安排，特别是关键节点的细节情况，如分期到位资金的到位条件、是否启动海外架构搭建、几时安排下一轮融资，等等，关键细节都要明确。

（五）全方位了解意向风险投资者

有些企业在接触风险投资者时会有求人的感觉，容易陷入被动局面，被风险投资人掌握着谈判的主动权，其实真实情况是如果项目足够好，风险投资机构自然会竞相投资。所以企业应当尽可能把主动权掌握在企业自己手里，如请风险投资机构到融资企业来洽谈，或借助第三方的风险投资平台同时与多家风险投资机构接触等。

三、制定全面可行的融资计划书

从内容上看，风险融资商业计划因行业、地区和企业、项目的不同而有很大的差别，这种差别性也是风险投资企业判断企业投资价值的重要因素，所以企业在制定融资计划书时一定要结合企业实际情况和发展规划，做到全面可行，要对风险投资者有吸引力和说服力。概括地看，企业风险融资计划书主要应包括以下内容。

（一）企业基本信息

主要包括企业名称、法定代表人、地址及联系方式等工商登记基本信息，可以全面列出或摘出记载企业信用信息系统登记的企业基本信息。

（二）摘要

主要包括公司的简单描述，公司的宗旨和目标（市场目标和财务目标），公司股权结构，已投入的资金及用途，公司目前主要产品或服务介绍，市场概况和营销策略，主要业务部门及业绩简介，核心经营团队，公司优势说明，目前公司为实现目标的增资需求及其原因、数量、方式、用途、偿还，企业融资方案（资金筹措及投资方式及退出方案）和基本财务情况，等等。

（三）企业详细情况介绍

包括企业宗旨、简介，公司治理结构，各部门职能和经营目标，等等。

（四）技术与产品情况

包括技术描述及知识产权情况，主要产品情况（产品状况、特性、目录分类、名称、规格、型号、价格等），正在开发、待开发产品简介，研发计划及时间表，无形资产（商标、知识产权、专利等）情况，产品生产情况（资源及原材料供应、现有生产条件和生产能力、扩大生产情况、主要设备情况、产品质量情况），等等。

（五）市场分析

主要包括市场规模、市场结构与划分、目标市场的设定，产品消费群体、消费方式、消费习惯及影响市场的主要因素分析，公司产品市场状况、产品所处市场发展阶段（空白、新开发、高成长、成熟、饱和）、产品排名及品牌状况，市场趋势预测和市场机会，行业产业政策，等等。

（六）市场竞争分析

包括有无行业垄断，市场细分视角下的竞争者市场份额，主要竞争对手情况（公司实力、产品种类、价位、特点、包装、营销、市场占有率等），潜在竞争对手情况和市场变化分析，公司产品竞争优势，等等。

（七）市场营销

包括营销计划概述（区域、方式、渠道、预估目标、份额），销售政策的制定（以往、现行、计划），销售渠道、方式、行销环节和售后服务，主要业务关系状况（代理商、经销商、直销商、零售商、加盟者等），各级资格认定标准政策（销售量、回款期限、付款方式、应收账款、货运方式、折扣政策等)，销售队伍情况及销售福利分配政策，促销和市场渗透(方式及安排、预算)，产品价格方案，销售资料统计和销售纪录方式、销售周期的计算，市场开发规划[销售目标、预估(3～5年)销售额、市场占有率及计算依据]，等等。

(八)融资说明

包括资金需求说明(用量、期限)，资金使用计划及进度，融资形式(贷款、利率、利率支付条件、转股—普通股、优先股、任股权、对应价格等)，资金回报、偿还计划，资本结构和资产负债结构说明(每笔债务的时间、条件、抵押、利息等)，抵押担保(是否有抵押、抵押品价值及定价依据、定价凭证)，吸纳投资后的股权结构，投资者介入公司管理之程度说明，定期向投资者提供的报告和资金支出预算，杂费支付(是否支付中介人手续费)，等等。

(九)投资报酬与退出

主要包括股票上市、股权转让、股权回购和股利分配等手段，可在投融资协议中单独约定，也可以综合使用多种方法。

(十)风险提示

包括但不限于技术风险、资源(原材料、供应商)风险、市场风险、研发风险、生产不确定性风险、财务风险、成本控制风险、竞争风险、政策法律风险、财务风险(应收账款、坏账)、管理风险(含人事、人员流动、关键雇员依赖)和破产风险，等等。

(十一)企业管理

包括企业组织结构，管理制度及劳动合同，人事计划(配备、招聘、培训、考核)，薪资、福利方案，股权分配和认股计划等。

(十二)经营预测

包括融资到位后3～5年企业销售数量、销售额、毛利率、成长率、投资报酬率预估及计算依据等。

（十三）财务分析

主要包括财务分析说明，财务数据（销售收入、成本费用、薪金水平、固定资产、资产负债、利润及利润分配明细、现金流量表）预测，财务盈利能力指标［财务内部收益率（FIRR）、投资回收期（Pt）、净现值（NPV）、投资利润率、投资利税率、资本金利润率分析，财务不确定性分析（盈亏平衡分析、敏感性分析、概率分析），融资项目清偿能力指标（资产负债率、流动比率、速动比率、固定资产投资借款偿还期）］分析，等等。

（十四）附录

主要是公司支撑或证明，说明上述分析报告和计划的文件资料，如企业营业执照复印件（加盖企业公章），董事会、核心管理团队、主要经营团队成员名单及简历，专利证书、生产许可证、鉴定证书等，注册商标，等等。

四、配合投资人做好调查评估

投资人除了依靠其自身的工作经验外，通常还要依托专业财务审计人员和律师对拟投资项目和企业进行专业的调查评估，第三方调查报告和结论对融资成功与否至关重要，融资企业应当高度重视，本着实事求是的原则配合投资人及其聘请的财务审计人员、法律尽职调查人员做好有关调查评估工作。

配合调查评估主要是根据投资人及其聘请的专业机构和人员的要求，提供相关资料，进行面谈等，同时要重点完善以下资料信息，并确保其真实可信：一是企业的基本情况；二是企业的基本业务情况；三是企业的财务情况；四是企业的重大资产负债情况；五是企业的重大债权债务信息；六是企业的人力资源情况；七是企业的税务情况；八是企业的环境保护情况；九是企业涉及诉讼、仲裁或行政处罚的基本情况；十是投资人及其聘请的专业机构和人员需要了解的其他情况。

五、融资后企业股权和治理结构的安排

风险投资人承担风险进行投资的主要目的是追求高额回报，为了防止投资失败，自然会追求投资企业的控制权。融资方借用外部资金的主要目的是为了实现企业规模和市场占有率的快速扩张，但这通常不以放弃企业控制权为前提。为此，投融资双方要对融资后企业股权做出妥当安排，这也是融资协议的核心内容之一。

融资方在与风险投资机构进行实质性接触时，要固守己方对企业股权安排的底线，尽可能安排风险投资机构进行参股，而不是控股。参股可以选择普通股、优先股和可转换公司债券等形式，在可能的情况下，融资方要保持对企业的股权控制，并在董事、监事席位分配和董事会、监事会中有一定的优先权和控制优势，明确对企业经营管理层和重大事项的决定权。

融资企业还要注意对风险投资机构参与企业决策及协助经营管理的范围与程度进行协商确认，要根据企业发展的不同阶段进行原则性设定，尽可能继续保持对公司的控制权，并对后续具体协商做好制度安排。融资企业要通过掌握企业股东会、董事会和委托企业核心管理团队成员来掌握主动权，确保融资后企业保持既定的发展方向。

为了规范融资行为，融资企业在必要时宜聘请律师、会计师和发展顾问参与其中，尽可能满足风险投资机构的要求，并通过风险投资机构推荐或委派专业人员加入企业董事会或提供企业高级管理人员来实现企业经营管理的现代化和市场化。还要协商风险投资机构参与企业的经营管理，协助企业进行产品开发和市场开发，重点以市场开发为主。融资企业应利用风险投资机构在市场研究、生产规划、经营战略、财务、法律、金融、投资等方面的专业人才和专业优势，特别是其广泛的社会关系网络，为创业企业提供管理咨询和市场拓展服务，帮助企业建立规范的管理体

系,包括完善企业公司治理结构、优化管理团队,适时更换经营管理班子。

第三节 股权众筹的获取与管理

股权众筹是投资者实现其获取收益,企业实现外部融资的一种新型融资制度安排。企业或高新技术项目所有人要进行股权众筹融资,可以借鉴风险投融资的操作思路,同时又要根据股权众筹的特点,设计好众筹的基本范式,签订规范的股权众筹协议,并做好投资收益分配和股权退出等重要制度安排。

一、围绕股权众筹目的设计众筹范式

目前众筹更多的、也更容易推出的是产品众筹、公益众筹、收益型众筹、农业众筹等品种,股权众筹相对比较复杂,成功率也比较低,更需要进行全面的范式设计。在进行企业股权众筹范式设计时,需要重点考虑下列五类因素或事项。

(一)众筹资金与众筹资源并重

风险融资的企业和高新技术项目所有人通常会非常看重投资人的资源,特别是行业资源和市场资源。股权众筹相对来说投资者人数众多,而且投资人来源也非常多元化,融资企业很容易形成只重视资金和企业控制权,不太关注投资人其他资源的片面思维。其实,不论是自然人投资者还是机构投资者,既然加入股权众筹企业,自然会认同企业的融资计划和企业发展前景,也会在不违反政策法律的前提下为企业发展贡献力量。所以好的股权众筹是既要吸引投资者的货币资金,也要以适当的方式引导投资者为企业发展贡献力量,包括但不限于智力支持、市场开发支持等多种外部资源支持。

(二)探讨确定股权众筹领投人或召集人

股权众筹的投资者大都是普通投资者,可以引入某个或某些有影响力的投资者作为领投人或召集人,通过他们的行业资源和影响力吸引众多的投资者投资融资企业。对领投人,融资企业也要通过股权众筹平台或相关中介机构考察其行业经验、管理能力、行业资源和影响力以及风险承受能力,并通过优先股权安排等途径约定其利益分成情况,保证其能够为我所用、愿意为我所用。

(三)因企制宜地选择众筹范式

目前,股权众筹操作范式比较多,不同的企业要因企制宜地选择最适合操作的股权众筹范式,考虑把多种因素融到股权众筹范式之中。如考虑选择实体的众筹咖啡馆等股权众筹平台还是互联网股权众筹平台?是通过熟人向股权投资者分别介绍还是借助股权众筹平台进行统一的路演介绍?股权众筹凭证是设计成认筹证、股权证,还是其他凭证?是股权分配采取认购比例配股、认购优先配股模式还是其他模式?总之,只要不违反法律法规的强制性规定,都可以与股权众筹平台或相关服务中介进行协商,设计出适合本企业的股权众筹产品。

(四)股权众筹项目成功率并不高,要保持良好心态

截至2014年底,国内知名的股权众筹平台原始会已上线3 000多个项目,成功完成股权众筹的只有14个,成功率尚不足千分之五。另一个知名的股权众筹平台大家投项目成功率相对较高,也只有30%左右。所以,进行股权众筹设计时既要认真对待,又不能抱定非众筹不做的心态,也可以考虑风险融资,确保企业的融资目的得以顺利实现。

(五)顺应潮流,争取政策支持

2014年以来,国务院常务会议多次要求进一步采取有力措

施，缓解企业融资难、融资成本高的问题。会议还要求建立资本市场小额快速再融资机制，并明确提出要开展“股权众筹融资试点”。可以肯定的是，国家和地方政府都会陆续制定一系列的股权众筹的支持政策，拟融资企业应当及时关注相关信息渠道，及时积极申请政策支持。

二、制定规范的股权众筹协议

股权众筹协议主要分为融资企业直接组织的股权众筹投资协议和由股权众筹平台组织的股权众筹委托投资协议，后者除了增加了委托方的管理职能及其相关权利义务内容外，针对融资企业和投资人的基本权利义务约定都是大同小异的，一般股权众筹投资协议的主要内容有以下几点。

（一）股权众筹协议的签署时间、地点

建议在协议标题下方直接列明，如“本股权众筹协议由以下双方于某年某月某日在某地签署”。

（二）协议的签约方

包括自然人姓名、身份证号码，单位名称、营业执照号码，住址、通讯地址、联系人、联系方式等基本信息。

（三）目的条款

又称鉴于条款，明确签约目的，概述融资计划，明确投资金额，指出签约方系平等、自愿协商订立的本股权众筹协议。

（四）投资方权利义务

包括但不限于投资金额、资金投入时点、资金回报和利润分配安排、股权性质及股权转让安排、股权退出和企业破产清算安排等主要内容。

（五）融资方权利义务

包括但不限于保证所融资金用于约定的投资项目、企业和项目管理责任、股权回购与上市安排、股权转让与企业破产清算安排等主要内容。

（六）协议文本说明条款

包括但不限于规定本股权众筹协议是最新文本，将取代在此之前达成的任何书面或口头的股权众筹协议。除非在本股权众筹协议生效后双方以书面的形式签订补充协议，否则本股权众筹协议所载条款不能更改。还可以规定清洁文本条款，明确本股权众筹协议是清洁文件，任何修改或批注均不产生法律效力等。

（七）争议解决条款

通常规定产生的争议由双方协商解决，协商结果可另行制定补充协议，补充协议与本股权众筹协议具有同等效力。协商不成的，提交双方约定的仲裁委员会仲裁，或提交人民法院裁决。

（八）生效条款

即规定股权众筹协议的生效条款，通常是经投融资双方签字盖章后生效，还要规定股权众筹协议的文本份数，以及各方执有的文本份数，一般可规定为一式两份，双方各执一份，具有同等法律效力。

（九）股权众筹协议签署页

建议在协议正文下面用醒目字体标注：本页下面无正文，为本股权众筹协议的签署页。签约时由单位加盖公章或合同章，自然人可加盖人名章并按手印；单位授权代表人签署时，建议由其出具授权证明文件，并由协议对方留存备查。

另外，涉及商业秘密的股权众筹，还可以设计保密条款，对参加股权众筹协议谈判或其他可能知悉协议具体内容的人员要规定必要的保密责任，或者要求其签署保密协议。同时，要根据协议的内容和推进情况决定保密内容。明确是全部保密还是部分保密；并决定保密期限，如规定长期保密还是协议实施前保密等。

三、考虑引入优先股安排

优先股是指依照《公司法》，在一般规定的普通种类股份之外，另行规定的其他种类股份，其股份持有人优先于普通股股东分配公司利润和剩余财产，但参与公司决策管理等权利受到限制。2014 年 3 月 21 日，证监会第 97 号令发布了《优先股试点管理办法》，对优先股的发行和监管做了具体规定，企业可以按照该规定并参考相关规定进行相应的优先股制度安排。

第一，相同条款的优先股应当具有同等权利。同次发行的相同条款优先股，每股发行的条件、价格和票面股息率应当相同；任何单位或者个人认购的股份，每股应当支付相同价额。

第二，明确不发行在股息分配和剩余财产分配上具有不同优先顺序的优先股，但可以考虑发行在其他条款上具有不同设置的优先股。如可以发行强制分红优先股，同时又发行不含强制分红条款优先股的，这不属于发行在股息分配上具有不同优先顺序的优先股。

第三，公司股东大会可授权公司董事会按公司章程的约定向优先股支付股息。公司累计三个会计年度或连续两个会计年度未按约定支付优先股股息的，股东大会批准当年不按约定分配利润的方案次日起，优先股股东有权出席股东大会与普通股股东共同表决，每股优先股股份享有公司章程规定的一定比例表决权。对于股息可累积到下一会计年度的优先股，表决权恢复直至公司全额支付所欠股息。对于股息不可累积的优先股，表决权恢复直至公司全额支付当年股息。公司章程可规定优先股表决权恢复的其他情形。

第四，发行优先股的公司除按《国务院关于开展优先股试点的指导意见》制定章程有关条款外，还应当按本办法在章程中明确优先股股东的有关权利和义务。优先股股东按照约定的股息率分配股息后，有权同普通股股东一起参加剩余利润分配的，公司章程应明确优先股股东参与剩余利润分配的比例、条件等事项。

第五，公司章程中规定优先股采用固定股息率的，可以在优先股存续期内采取相同的固定股息率，或明确每年的固定股息率，各年度的股息率可以不同。公司章程中规定优先股采用浮动股息率的，应当明确优先股存续期内票面股息率的计算方法。

第六，安排发行人回购优先股制度。发行人回购优先股包括发行人要求赎回优先股和投资者要求回售优先股两种情况，并应在公司章程和招股文件中规定其具体条件。发行人要求赎回优先股的，必须完全支付所欠股息，但商业银行发行优先股补充资本的除外。优先股回购后相应减记发行在外的优先股股份总数。

第七，股东大会就发行优先股进行审议，表决事项参照《优先股试点管理办法》第三十七条规定执行。发行优先股决议，须经出席会议的普通股股东（含表决权恢复的优先股股东）所持表决权的2/3以上通过。已发行优先股的，还须经出席会议的优先股股东（不含表决权恢复的优先股股东）所持表决权的2/3以上通过。非上市公众公司向公司特定股东及其关联人发行优先股的，股东大会就发行方案进行表决时，关联股东应当回避，公司普通股股东（不含表决权恢复的优先股股东）人数少于200人的除外。

第八，确保公司合法规范经营，治理机制健全，依法履行必要的信息披露义务。在具体操作时，要由公司董事会就拟发行优先股的具体方案、本次发行对公司各类股东权益的影响、发行优先股的目的、募集资金的用途及其他必须明确的事项做出决议，并提请股东大会批准。董事会决议确定具体发行对象的，董事会决议应当确定具体的发行对象名称及其认购价格或定价原则、认购数量或数量区间等，同时应在召开董事会前与相应发行对象签订附条件生效的股份认购合同。董事会决议未确定具体发行对象的，董事会决议应当明确发行对象的范围和资格、定价原则。

第九，参照证监会《非上市公众公司监督管理办法》及有关监管指引规定的的信息披露程序和要求定期进行信息披露。披露定期报告时，应当以专门章节披露已发行优先股情况、持有公司优先股股份最多的前十名股东的名单和持股数额、优先股股东的利润分配情况、优先股的回购情况、优先股股东表决权恢复及行使情况、优先股会计处理情况及其他与优先股有关的情况，具体内容与格式执行证监会的规定。

四、做好众筹股权退出安排

公司进行股权众筹时还要一并做好股权退出的制度安排，可以借鉴风险投资的退出机制，也可以根据股权众筹的特点设定具有本企业特色的股权退出制度安排。退出制度安排最好在公司章程或众筹协议中有明确规定，包括退出途径和操作要求等基本内容也要涵盖在内。实践中，企业股权众筹退出的主要途径大致包括以下几种。

（一）由风险投资（VC）接盘

与风险投资机构协商，由风险投资机构全部或部分承接众筹投资者的股权，投资者转让股权退出。

（二）由管理层回购

由企业的管理层对众筹股权投资者持有的股权进行收购，投资者转让股权退出。股份转让或回购通常要有一定的折让，如转让给企业创始团队或企业回购时通常折让较大，转让给下轮投资人时也有比较大的折让。

（三）新上市或借壳上市

这是最理想的退出方式，通常也会为投资者带来较大的投资回报。但上市要求比较严格，通常要求企业经营状况良好，财务结构健全，具有持续增长的潜力，并要符合国家关于公司上市的政策、法律规定。

（四）并购退出

由外部投资者对企业进行收购，包括整体收购或部分收购，收购众筹股权投资者的股权通常要采取市场手段进行，但不同的企业因其章程或众筹协议不同也可能有强制要约收购的情况发生。

（五）股权转债权

也就是将众筹投资者的股权投资转化为债权，以保证投资者的固定收益。这中间也可以引入担保机制，进一步强化投资者的固定回报预期。

（六）破产清算

这是企业和投资者最不愿意看到的退出方式。股权众筹企业相对一般企业成功率大一些，但也存在着资不抵债等经营失败风险，进行破产清算是股权众筹投资者最后的退出手段。

五、注意防范法律及操作风险

美国《乔布斯法案》设置了众筹融资的注册豁免机制，并提出了四个基本条件：一是融资者每年合计的众筹融资最高不得超过100 万美元，二是年收入超过 10 万美元的个人可将其收入的10%用于投资，三是年收入低于 10 万美元的个人累计投资不超过 2 000 美元或其年收入的 5%，四是众筹融资应当通过经纪人或资金门户进行。

我国还没有类似的法律规定，为了防范风险，企业可借鉴相关规定进行必要的众筹项目总体风险防范操作。如针对法律对公司人数的规定，可以采取以下措施：一是由专门的股权众筹机构负责进行众筹；二是鼓励吸纳机构投资者或企业投资，明确规定投资者总数不超过 200 人。目前，有些股权众筹实际突破了 200 人规模，我们不赞同直接突破或者通过合伙企业等形式进行间接突破，还是尊重法律的规定为妥。

企业进行股权众筹时还要和操作平台等中介机构进行协商，要规定适格的众筹投资者，其要义是：法律法规有规定时执行规定，没有规定时可参考相关规定。通常情况下，要考虑以下条件：一是规定自然人投资者的基本门槛，如规定金融资产不低于 50 万元人民币，年收入不低于 20 万元人民币等；二是规定单个投资者的投资总额限制，为其个人总收入的 5%；三是进行投资风险测评；四是实行投资风险告知制度，并让其签署已充分知悉投资风险并自愿投资的相关说明。

在考虑企业自身风险的同时，也要考虑股权投资者的风险偏好，也可以研究设置比较合理的众筹条款，实行有担保的众筹项目。贷帮网袋鼠物流项目是国内第一个成功的有担保的股权众筹项目，该项目上线仅 16 天就有 79 位投资者认购了总额 60 万元的筹资额度。其最大特点是由第三方机构提供为期一年的担保，期间如果该项目失败，则由担保机构全额赔付投资者的投资。

第五章　创业企业债权融资渠道

债权融资，也被称作是债券融资，这是创业企业对本企业外部资金进行有偿使用的一种融资方式。

创业企业通过债权融资得到的资金，要对这些外部资金支付一定的利息，在借款到期后创业企业要向债权人偿还资金的本金。这就使得创业企业在进行债权融资时其目的是解决本创业企业运营资金短缺的问题，而不是将债权融资得到的资金用于资本项下的开支。与股权融资相比，创业企业进行债权融资有以下几个特点。

第一，通过债权融资，创业企业只能获得资金的使用权，但是这种使用是需要成本的，创业企业必须为通过债权融资融到的资金支付一定的利息，并且到规定的期限时要偿还本金。

第二，债权融资可以使创业企业的所有权资金的资金回报率得到提高，在一定程度上具有财务杠杆的作用。

第三，和股权融资相比较来看，在特定情况下债权融资有可能带来债权人对企业的控制和干预问题，但通常不会出现企业的控制权问题。

第一节　创业企业债权融资概述

一、创业企业债权融资的主要方式

（一）创业企业老板的私人信用

这个和民间的私人借款类似。通过老板的信用贷款是创业企业采用的最普遍的一种融资方式，这种融资方式属于最不规范的一种，能够融到的资本金额通常比较小，也不具有稳定性。

（二）企业间的商业信用

这指通过企业间的商业信用，以应付购货款和应付票据的方式从供货厂家进行资金筹集的一种方法，通过利用延期付款的方式来购入企业需要产品，或利用预收货款、延期交付产品等方式，在短期内获得一笔资金。

（三）租赁

这种融资方式具有商品信贷和资金信贷相结合的特点，通过利用租赁业务“借鸡生蛋，以蛋还钱”的特点，以解决创业企业的资金问题，通过租赁有助于减少本企业资金的占用，提高资金的流动率，有助于发展创业企业的生产，提高企业效益。当前来看，租赁的形式有多种，如经营租赁、代理租赁和融资租赁等。

（四）银行或其他金融机构贷款

通过银行贷款可以快速达到创业企业融资的目的，主要有票据贴现、短期借款、中期借款和长期借款等方式。但是创业企业要想及时并大量取得银行贷款或者金融机构贷款不是一件十分容易的事，可以说是一件很困难的事。通常来看，贷款机构都很重视资金的安全性，这就对创业企业的财务指标提出了很严格的要求。而创业企业在起步阶段，财务指标控制如资产负债率、增长率、利润率等方面都难以满足银行的一系列要求。

（五）从资本市场融资

这主要是通过发行债券的方式进行融资。这种方式主要用于长期资金的筹集。当前来看，我国的债券市场规模还偏小，品种也少，需要进一步发展和完善。

（六）利用外资

利用外资的形式主要有卖方信贷、买方信贷、补偿贸易、外国政府贷款、国际金融机构贷款等。

以上只是列出了六种类型，对创业企业来说，债权融资的方式有很多种，创业企业应以本企业的实际情况为依据，决定本企业的债权融资方式，并且要根据实际情况的变化而及时调整本企业的举债结构。

二、创业企业进行债权融资的风险

创业企业进行债权融资面临的风险主要有两种，一是担保风险，二是财务风险。

（一）担保风险

银行贷款是债权融资的主要渠道，通常来看主要有信用贷款、抵押贷款和担保贷款三种方式，为了减少风险，银行通常采用担保贷款这种方式。创业企业为了向银行贷款，就要先找一个具有一定经济实力的企业为本企业做担保人，对银行贷款承担连带责任。创业企业寻找担保企业时，对方企业也会要求创业企业为对方企业做担保来获得银行贷款，这种企业间的互相担保做银行贷款的行为称为互保。大量的互保就会在企业间形成一个担保圈，在这个担保圈中，只要有一家企业运营不良出现问题，就可能使得其他企业面临债务危机，创业企业也由此面临着担保风险。

（二）财务风险

财务风险指的是创业企业在资产负债结构方面会面临一些风险。当创业企业进行债权融资时，创业企业的财务费用就会增加，这就会对创业企业的经营造成很大压力。理论上来讲，如果创业企业的净资产利润率没有达到借款利率的话，创业企业的借款就会给创业企业股东带来经济上的损失。更重要的是，债权融资会使创业企业的资产负债率提高，这就使得创业企业再次进行债权融资的能力大大降低，如果创业企业没有办法通过良好经营获得利润从而使资产负债率降低，并有足够的现金流来偿还到期债务，那么企业就有可能破产。

第二节　直接融资：向公众发行企业债券、P2P 网贷

一、发行企业债券

（一）债券的概念和特点

债券是政府、金融机构、工商企业等直接向社会借债筹措资金时，向投资者发行，承诺按规定利率支付利息并按约定条件偿还本金的债权债务凭证。在本质上来看，债券就是债务的证明书，具有法律效力。债券购买者与发行者之间是一种债权债务关系，债券发行人即债务人，投资者（或债券持有人）即债权人。

债券是一种重要的融资手段和金融工具，主要特征有以下方面。

①偿还性。一般来看，债券都对偿期限做出了相关规定，偿期一到，发行人就要按约定条件偿还本金和利息给投资人。

②流通性。在金融市场上债券一般都可以自由转让。

③安全性。债券和股票两者比起来，债券的安全性更好，它具有固定的利率，收益具有稳定性，风险比较小。此外，当企业破产时，持有债券的投资人优先享有对企业剩余资产的索取权。

④收益性。债券的收益性主要可以通过两个手段来实现：一是债券可以给投资者带来定期或不定期的利息收入；二是债券的价格是变动的，投资者可以利用债券的价格差赚钱。

（二）企业发行债券的条件

通过发行债券，企业筹集到的资金具有较长的期限，在资金使用方面也比较自由，债券投资人对于企业的经营决策没有干涉的权利，现有的股东对公司拥有的所有权不会发生变化，债券的利息还可以在税前支付，并计入成本，具有“税盾”的优势，因此，多数企业都愿意通过发行债券来筹集资金。

根据我国《公司法》第一百六十一条规定，发行公司债券必须符合下列条件。

①股份有限公司净资产额不低于人民币 3 000 万元；有限责任公司净资产额不低于人民币 6 000 万元。

②累计发行在外的债券总额不超过发行人净资产额的 40％。

③最近 3 年平均可分配利润足以支付公司债券 1 年的利息。

④项目符合国家产业政策及发行审批机关批准的用途。

⑤债券利率不得超过国务院限定的利率水平。

⑥国务院规定的其他条件。

我国《公司法》规定，发行公司有下列情形之一的，不得再次发行公司债券。

①前一次发行的债券尚未募足的。

②已发行的公司债券或者其债务有违约或延迟支付本息的事实，且仍处于继续状态的。

（三）债券发行程序与运作

1.做出发行债券的决议

企业有了发行债券的资格后，如果想通过发行债券来筹集企业资金，就要先做出发行债券的决议，主要内容包括债券发行总额、票面金额、发行价格、募集办法、债券利率、偿还日期及方式等内容。

根据我国《公司法》的规定，股份有限公司、有限责任公司发行公司债券，由董事会制定方案，股东大会或股东会作出决议；国有独资公司发行公司债券，由国家授权投资的机构或者国家授权的部门作出决议。

2.制定发行债券的章程

企业在做好债券发行的决议后，应制定出债券的发行章程。债券发行章程应包括以下内容：发行企业的名称、地址及承销法人代表；发行企业的经营管理情况简介；发行企业的自有资产净值；发行债券的目的、用途；发行债券的效益预测；发行债券的总面额、票面额及发行价格；债券的票面利率、期限及还本付息的方式；债券发行的对象及地区范围；债券持有人权利与义务；债券发行的起止日期；承销机构的名称、地址及承销方式；债券还本付息的资金来源及担保者；其他需要说明的事项等。

3.办理债券等级评定手续

企业发行债券应当向证券管理部门指定的资信评估机构申请办理债券等级评定手续。一般只有在资信评估机构出具的债券等级证明为A级以上时，企业才可以正式提出债券发行申请。无论是对于发行企业来说，还是对于投资者来说，债券的信用等级都具有重要的作用。等级越高，说明企业的偿债能力越好。通过评定，投资者可以得到有价值的信息，有助于提高资金的安全性。而对于企业来说，有利于企业知名度的提高，增加对投资者的吸引力，为企业尽快筹集资金做好准备。

4.提出发行债券申请

有项目和符合一定条件的企业通过当地计委向上一级计委逐级申报，省计委进行初选，并上报国家计委。对认定比较好的企业，要到实地落实担保情况和项目进展情况，再正式报国家计委，并当面汇报。未经批准，企业不得发行债券。企业在办理申请时，应提交申请报告、项目批文、财务资料等方面内容。

证券管理部门依据法律、法规对债券发行申请予以审查。对符合法律规定的债券批准发行;对已做出的批准,若发现有不符合法律规定的应予撤销,尚未发行的企业债券停止发行,已经发行的企业应向认购人退还所缴款项并加算银行同期利息。

5.公告债券募集办法

企业提出的债券发行申请经批准后,公开向社会发行债券时,企业应当向社会公告债券募集办法。根据我国法律的规定,企业债券募集办法中应当载明下列主要事项:企业名称、债券总额和债券的票面金额、债券的利率、还本付息的期限与方式、债券发行的起止日期、企业净资产额、已发行而尚未到期的企业债券总额、企业债券的承销机构等。

6.签订承销合同

在间接发行方式下,当创业企业发行债券的申请得到批准后,需要在发行企业和证券承销机构之间签订一个正式的承销合同。承销合同的内容应包括以下方面:当事人双方的名称、地址及法人代表;承销债券的名称、总面额及发行价格;承销方式;债券发行及承销的起止日期;承销付款的日期及方式;承销商收取的费用额及支付日期与支付方式;未售出债券的处理方法;违约责任;其他需要约定的事项。

7.发售债券

承销机构应以合同规定为依据,在债券发行期间按照合同规定向投资者发售债券。投资者向承销机构直接付款购买,承销机构代为收取资金,交付投资者债券。

8.收进债券款项

债券发售截止日期到期,扣除承销机构手续费后,发行债券的企业向承销机构收缴债券款项,即宣告债券发行结束。

(四)创业企业债券融资策略

1.取得债券发行资格

取得债券发行资格是创业企业债券融资策略的第一步,也是其发行债券的先决条件,没有发行资格,就不能进行债券的发行。

2.确定适宜的发行数量

创业企业为了达到融资的目标,就需要对债券的发行数量做出一个合适的规划。应当以创业企业自身的实际情况为依据确定一个合适的发行额度。

3.选择合适的债券品种

债券的种类有很多种,创业企业在进行债券发行时要以自身的偿还能力和融资收益水平的高低为依据进行种类选择。另外还要综合考虑债券对于投资者的吸引力大小来进行选择。

4.确定恰当的债券期限

债券有长、中、短三种期限,企业在进行债券发行时确定一个合适的期限是非常重要的。通常,企业在进行债券期限选择时应以以下方面因素作为依据:一是企业资金需求期限长短,二是企业的投资项目性质,三是债券交易难易程度,四是购买者心理状态,五是证券市场利率预期。

5.选择适当的发行时机

企业利用债券融资虽然具有自主灵活高效的特点,但是债券融资也有一定的风险性。为了规避风险,企业就要寻求一个有利于债券发行的时机,即是古人所说的"天时、地理、人和"。一般来说,选择债券发行的时机因素主要有企业负债水平、融资预期收益和国家宏观经济环境等。国际考察企业资产负债率的标准是最高不超过50%,如果超过了这一界限,企业对外界负债就会发生财务危机。因此,企业发行债券就要选择在负债率较低的时机。企业发行债券都要进行融资收益预期,如果预测发行债券融资后生产经营取得利润高于债券利息支出,即收益前景乐观,发行债券融资就是最优方案;反之,发行债券后生产经营取得利润不够偿还债券利息支出,选择发行债券就没有必要了。

从宏观经济环境来看,目前企业债市正面临着巨大的发展机遇——经过连续八次降低储蓄存款利率之后,利率水平已经降到前所未有的低位,企业发行债券可以节约大笔财务支出。同时国家政策导向正在发生变化,有关企业债券的新法规的修订和出台,政府管理层面的支持,无疑将有助于企业债市不断做大。预计相关条例修订以后,企业债券的发行将由审核制变为核准制,企业债券的发行和利率将进一步市场化,放宽企业债券"利率不得高于同期银行存款的40%"的限制,企业债券信用等级将得到明确规定。可以说,企业债券的春天即将来到,机遇总是垂青于那些有准备者,有所作为的中小企业只要善于抓住宏观经济领域的大好机遇,通过企业债券这个融资的金融工具必将融得生产经营所需的资金。

6.决定合适的发行方式

债券发行方式对于债券能否发行成功也有重要的影响。一般来说,企业债券通过两种方式进行债券发行,一种是公募发行,另一种是私募发行。公募发行指的是通过法定手续经证券主管部门批准公开向社会投资者发行;而私募债券则是以特定的少数投资者为对象发行债券,其手续比公募发行要简单,通常不上市交易。当前以公募发行者居多。

二、P2P网贷

根据百度百科的解释,P2P网贷又称P2P网络借款。P2P是英文Peer to Peer的缩写,意即"个人对个人"。其典型模式为:网络信贷公司提供平台，由借贷双方自由竞价，撮合成交。资金借出人获取利息收益，并承担风险；资金借入人到期偿还本金，网络信贷公司收取中介服务费。中国的第一家 P2P 诞生于 2007 年，2011 年进入快速发展期，实现真正意义上的爆发式增长是在 2012 年。在这种强劲增长的背后，其实是一个由众多中小微企业所形成的融资需求市场。P2P 网贷也为创业企业获得资金提供了一个非常便利的渠道。

2016 年 8 月 24 日，由银监会等四部委联合发布的《网络借贷信息中介机构业务活动管理暂行办法》是对 P2P 贷款的监管和规范，由此可以相信，P2P 贷款将在创业企业融资领域起到越来越重要的作用。

（一）P2P 网贷的特点

P2P 网贷的特点主要有以下三个方面。

第一，贷款利率很高。行业平均年化利率可达到 15%，有些甚至高达 20%，这样的高回报是常规金融机构难以达到的。

第二，本金安全。很多 P2P 平台提供本金保证，提供担保。

第三，投资门槛低。采取小额分散原则，使得投资者进入的门槛降低。小额分散的理念也是为什么 P2P 不仅只是作为民间借贷网络版的重要原因。

（二）P2P 网贷的风险

最近频频爆出 P2P 平台破产的新闻，让我们不得不关注 P2P 网贷的风险。互联网金融大潮席卷之处难免泥沙俱下，这其中可能存在的风险有：法律风险、市场风险、道德风险、操作风险、信用风险。而 P2P 也因其特殊模式使得平台以及投资者面临以下几种风险。

第一，无抵押，高利率，对应高风险。与传统的贷款方式如银行贷款相比，很多 P2P 平台采取的是无抵押贷款，因此一般要求借款者支付比较高的借款利率，这就使得平台以及投资者承受较高的风险。

第二，信用风险。在美国等发达国家，相对完善的个人征信系统能够被P2P这样的平台所使用，从而得以审查借款人的还款情况和信用记录，在最大程度上控制借款人的风险。而中国征信系统的落后，是中国P2P发展的一大阻碍。未能实现与央行征信系统的对接使得投资者和平台都面临来自借款者的风险。

第三，缺乏监管。由于网贷是一种新型的融资手段，央行和银监会目前尚无明确的法律法规指导网贷。新的指导意见的出台将以明确的条文来规范包括P2P网贷在内的今后整个互联网金融行业的发展

（三）P2P网贷模式

国外最具代表性的P2P模式有以下四种(图5-1)。

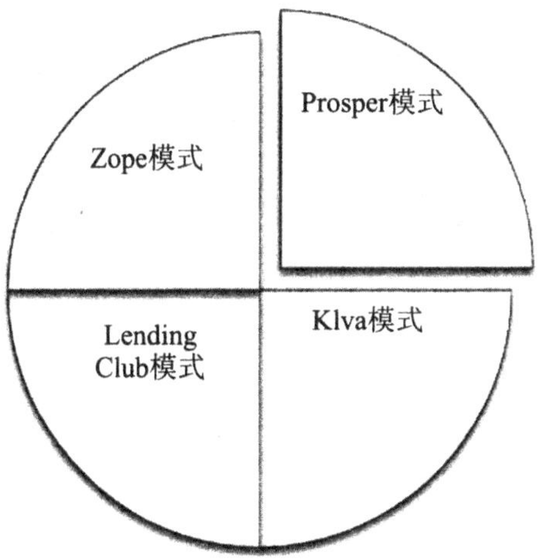

图5-1　国外P2P模式

我国国内的P2P模式是借鉴国外的模式发展而来，由于一些原因，国内的平台又具有自己的特点。

1.传统模式

这种模式是搭建网站，进行线上撮合。代表公司为拍拍贷公司。

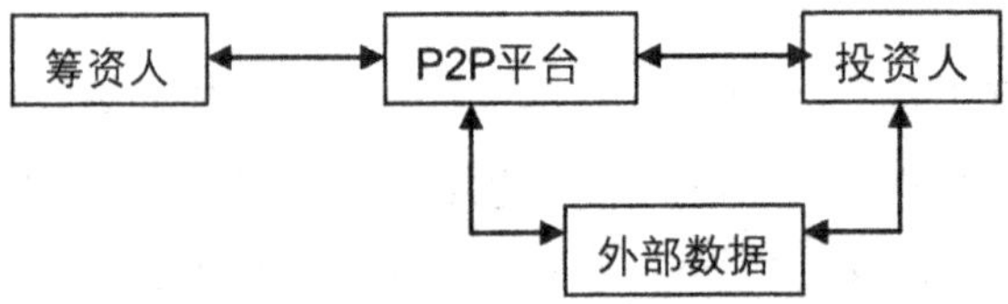

2.担保模式

这种模式是搭建网站,进行线上撮合,为交易双方提供担保。代表公司有人人贷。

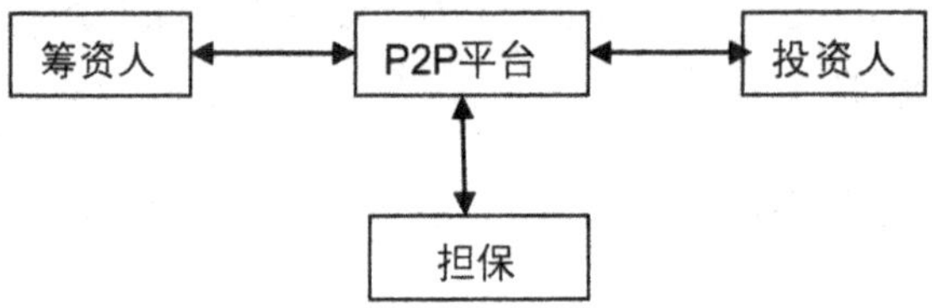

3.债权模式

这种模式是搭建网站,线下进行债券购买,然后再将债权转手给投资人,赚取利差。代表公司有宜信。

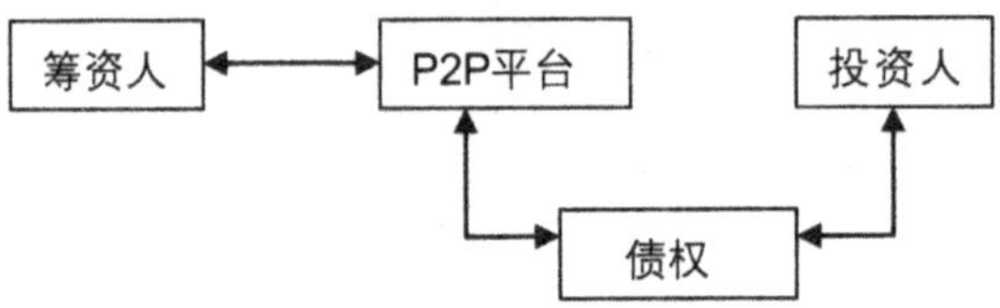

4.平台模式

这种模式是搭建平台,将多家小贷公司的融资需求引入平台。代表公司有安心贷。

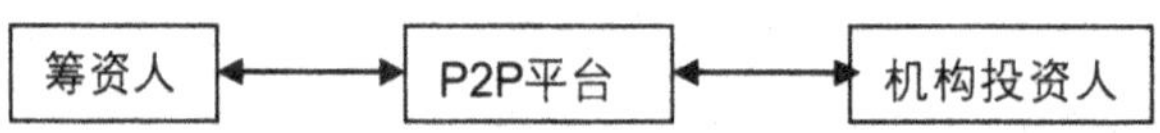

需要注意的是这里的担保模式。一些平台采用的模式是引入第三方担保,而一些采取的是平台自身提供的担保。之所以特别指出担保,是因为如果平台本身提供担保,实际上就有了靠承担风险来盈利的成分。这使得P2P平台一方面脱离了作为"平台""中介"的初衷,另一方面,由于P2P平台本身承担了其中的风险,因此需要从借款者或是投资者那里收取更多的费用作为风险补偿,也就相应地提高了借款者的成本。

从参与交易程度(承担风险的程度)、对借款人的把控程度、利率制定和与网络的结合程度这四个方面可以看出以上四种不同模式P2P平台的特点,如表5-1所示。

表5-1　四种模式的主要特点

	拍拍贷	人人贷	宜信	安心贷
参与交易程度(承担风险的程度)	1.参与程度低 2.基本不承担借款人的违约风险	1.参与程度较高 2.本金保障计划使得平台承担坏账风险	1.参与程度最高 2.存在担保行为	1.参与程度较高 2.第三方监管 3.承诺保本保息
对借款人的把控程度	1.把控程度较弱 2.线上审核 3.对借款人进行信用认证和评级	1.把控程度较弱 2.线上审核 3.不同信用等级对应不同的"借款手续费"	1.把控程度较强 2.线下实地审核 3.既有抵押贷款,也有信用贷款	1.把控程度较强 2.线下实地审核 3.抵押担保贷款
利率制定	1.利率下限与信用等级挂钩 2.投资人竞标产生交易利率	1.借款人自行设定 2.不与信用等级挂钩	1.企业借款利率和债权转让利率都由宜信制定 2.借款和贷款利率不同	1.企业借款利率视企业资质而定 2.债权转让利率由安心贷制定
与网络的结合程度	1.最高 2.完全线上	1.与拍拍贷一样程度最高 2.完全线上	1.程度最低 2.完全线下	1.程度较高 2.线下借款,线上转让债权

(四)P2P 网贷流程

1.拍拍贷流程

拍拍贷 2007 年上线,是成立时间最早,交易量最大的平台。

拍拍贷的产品有:普通借款标、网购达人标、应收安全标、网商用户标、私营企业主标、莘莘学子标。

(1)产品介绍

本书主要对创业企业融资进行研究分析,因此将就网商用户标和私营企业主标这两种产品进行介绍(表 5-2)。

表 5-2 拍拍贷产品介绍

	网商用户标	私营企业主标
适用类型	适用网店卖家	适用私营业主
额度	3 000 元～50 万元	3 000 元～50 万元
贷款期限	3～12 个月	3～12 个月
贷款利率	16%～24%(即月利率:1.33%～2%)	12%～24%(月利率:1%～2%)
投标时间	1～9 天	1～15 天
审核时间	优先审核	满标后 1～3 个工作日
还款方式	等额本息,按月还款	等额本息,按月还款

(2)借款费用

①成交服务费(表 5-3)。

表 5-3 成交服务费

借款期限	借款成功	借款不成功
6 个月(含)以下	本金的 2%	不收取
6 个月以上	本金的 4%	不收取
首次借款	一次收取 199 元	不收取
二次增值	本金的 7%	不收取

②充值提现费用。充值/提现是由第三方支付收取的支付费

用(表 5-4、5-5)。

表 5-4　充值费

即时到账	充值金额的 1%
非即时到账	银牌用户免费;非银牌用户若充值金额超过 1 000(含)元,则单笔 10 元

表 5-5　提现费

	1～3 工作日到账	工作日当天
30 000 元(不含)以下	3 元/笔	10 元/笔
30 000～499 999 元	6 元/笔; 银牌会员 3 元/笔	20 元/笔

③逾期费用。如果借入者逾期,借出者收回全额罚息、利息、本金后,拍拍贷再按照逾期本金 0.6%/日收取催收费用,由拍拍贷奖励积极参与催收的借出者或者补贴催收成本。

如果借入者逾期超过 60 天,拍拍贷把对该笔借款所收的成交服务费按比例如数补偿借出者。一旦借入者还款后,网站将从借出者收回这笔费用。

(3)借款流程

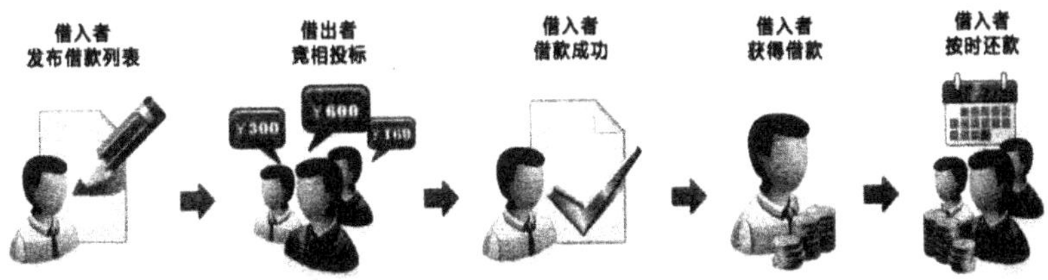

图 5-1　拍拍贷借贷流程

通过网上银行或第三方支付(如支付宝、财付通),先充值到拍拍贷账户上,再还款,流程如下图所示。

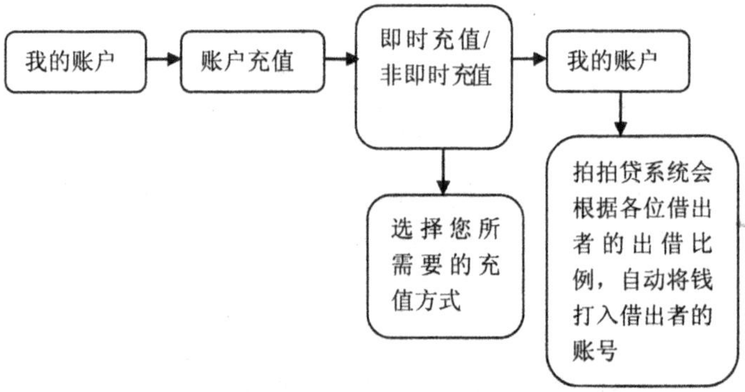

图 5-2　拍拍贷借贷流程

2.人人贷流程

人人贷 2010 年上线，是网贷后起之秀，其独特之处在于超低的逾期率及完善的先行垫付制度，充分保证了本金安全性。

(1)产品介绍(表 5-6)

表 5-6　人人贷产品介绍

	生意贷	网商贷(适用淘宝网店商户)
申请条件	(1)22—55 周岁的中国公民 (2)企业经营时间满 1 年 (3)申请人限于法人代表	(1)22—55 周岁的中国公民 (2)在淘宝或天猫经营网店满半年 (3)店铺等级达到 2 钻，好评率达到 95%，动态评分达到 4.5，无法估价产品和虚拟产品占比不超过 40% (4)店铺在申请人名下，且近期无淘宝严重处罚 (5)近 3 个月交易总额满 3 万，且交易笔数超过 50 笔
主要借款用途	流动资金、采购设备或原材料、市场推广费用	流动资金、采购设备或原材料、市场推广费用

续表

	生意贷	网商贷(适用淘宝网店商户)
借款额度	3 000～500 000	3 000～500 000
借款年利率	10%～24%	10%～24%
借款期限	3、6、9、12、15、18、24、36 个月	3、6、9、12、15、18、24、36 个月
审核时间	1～3 个工作日	1～3 个工作日
还款方式	等额本息,每月还款	等额本息,每月还款
必要申请资料	(1)身份证 (2)个人信用报告 (3)经营证明 (4)近 6 个月常用银行卡流水	(1)身份证 (2)提供网店地址及阿里旺旺账号 (3)需 QQ 视频审核

(2)借款费用

①借款年利率。人人贷目前的利率范围为 10%～24%。借贷的最高年利率设定为同期银行借款年利率的 4 倍,且随着银行借款利率的调整而调整。

②借款服务费。人人贷收取的借款服务费将全部存于风险备用金账户用于人人贷的本金保障计划。服务费将按照借款人的信用等级来收取(表 5-7)。

表 5-7 借款服务责

信用等级	AA	A	B	C	D	C	HR
服务费率	0%	1%	1.5%	2%	2.5%	3%	5%

③借款管理费。人人贷按照借款人的借款期限,每月向借款人收取借款本金的 0.3%作为借款管理费。

④充值提现费用。充值/提现是由第三方支付收取的支付费用。第三方支付平台将收取充值金额的0.5%作为转账费用。扣除手续费的上限为100元,超过100元的部分将由人人贷承担。也可使用免费充值券,抵去该笔充值费用。因篇幅有限,此处不做展开,详情可查见官网具体规定(表5-8)。

表5-8 提现费用

金额	2万元以下	2万(含)~5万元	5万(含)~100万元
手续费	1元/笔	3元/笔	5元/笔

⑤逾期罚息(表5-9)。当借款发生逾期时,正常利息停止计算。按照下面公式计算罚息:

罚息总额=逾期本息×对应罚息利率×逾期天数

表5-9 罚息费用表

逾期天数	1~30天	31天以上
罚息利率	0.05%	0.1%

⑥逾期管理费(表5-10)。当借款发生逾期时,正常借款管理费用停止计算。按照下面公式计算管理费:

逾期管理费=逾期本息×逾期管理费率×逾期天数

表5-10 逾期管理费表

逾期天数	1~30天	31天以上
逾期管理费率	0.1%	0.5%

(3)借款流程

①填写借款申请。登录人人贷网站,打开“我要借款”—“工薪贷”查看详情页面(以工薪贷为例),单击“申请借款”,如下图所示。

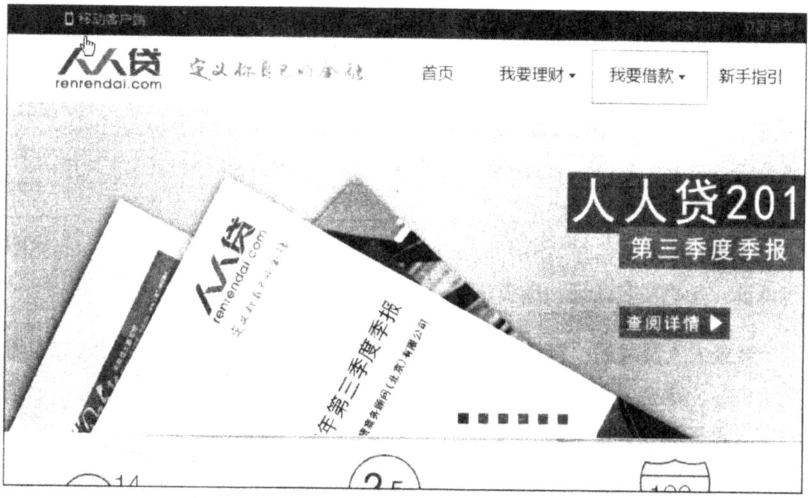

进入第一步“填写借款申请”，找到“借款申请信息填写”，输入借款标题、借款用途、借款金额、借款期限、年化利率、借款描述，单击“保存并继续”进行借款申请，如下图所示。

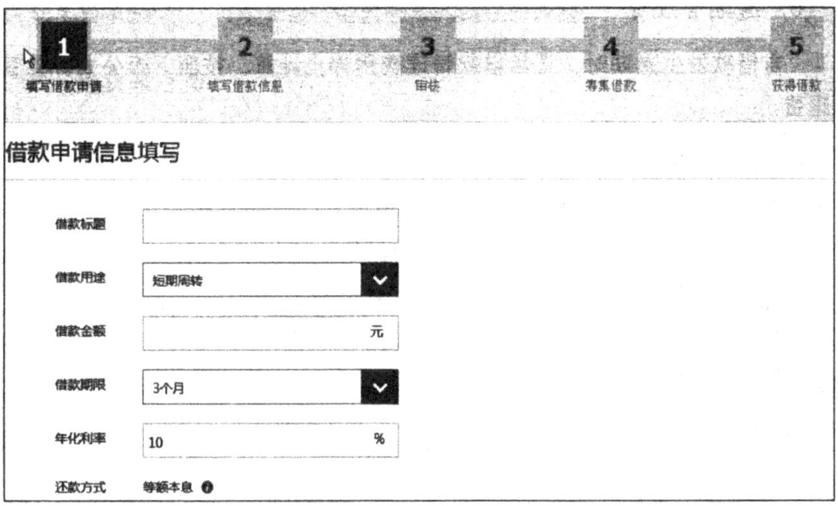

②填写个人信息并上传认证资料(表 5-11)。

表 5-11　认证资料

产品	必要认证资料
工薪贷	身份认证,个人信用报告,劳动合同或在职证明,近 3 个月工资卡银行流水
生意贷	身份认证,个人信用报告,经营证明,近 3 个月常用银行卡流水
网商贷	身份认证,提供网店地址及阿里旺旺账号,需进行 QQ 视频审核

可选认证资料包括:房产认证,购车认证,结婚认证,学历认证,技术职称认证,手机实名认证,微博认证,居住地证明。

登录人人贷网站,打开“我要借款”——“工薪贷”查看详情页面(以工薪贷为例),单击“申请借款”,“填写借款申请”后在“填写借款信息”的过程中上传“必要认证资料”。

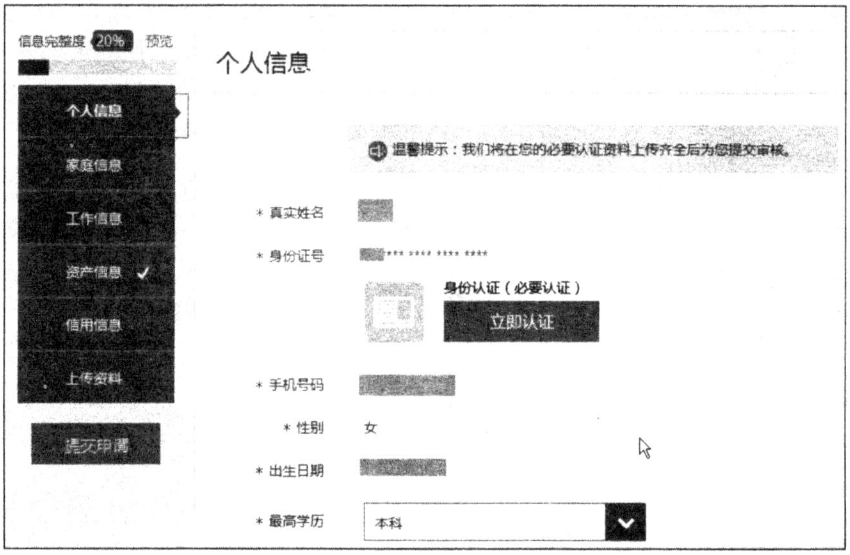

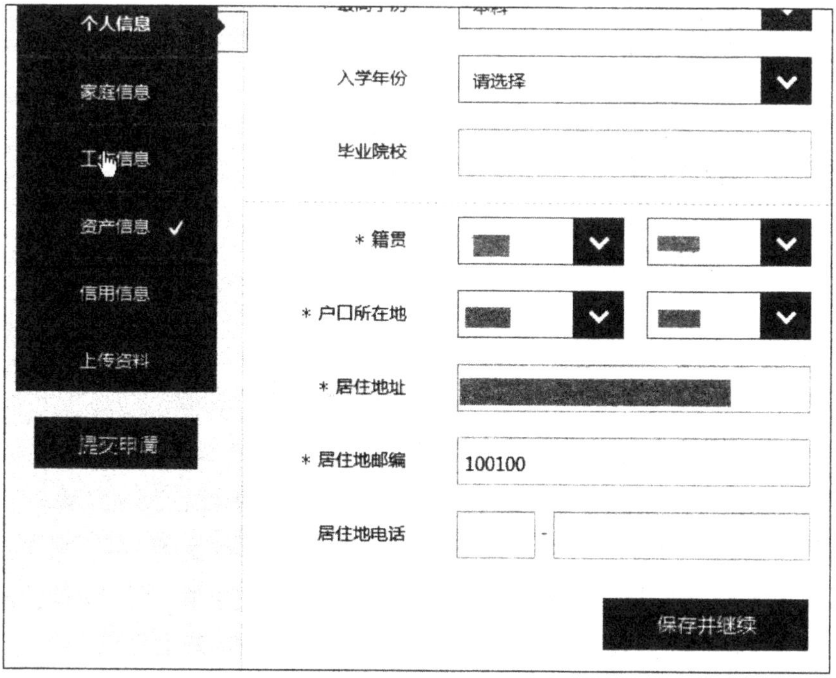

也可以在“上传资料”页面上传所有“必要上传资料”和“可选上传资料”。

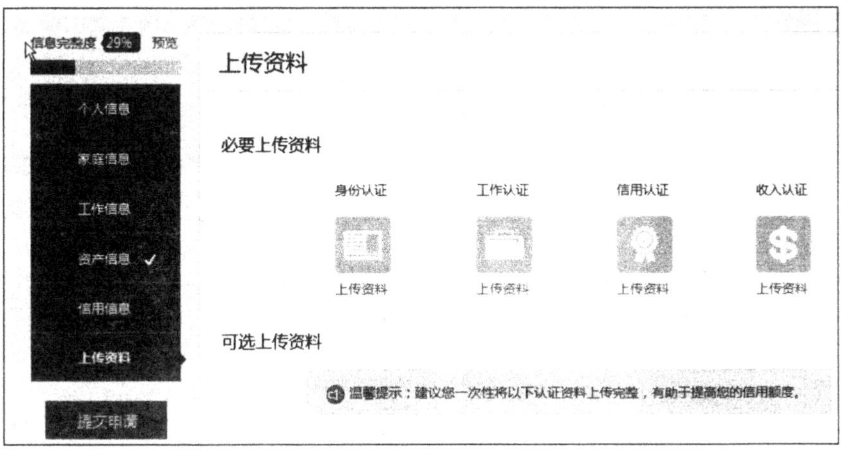

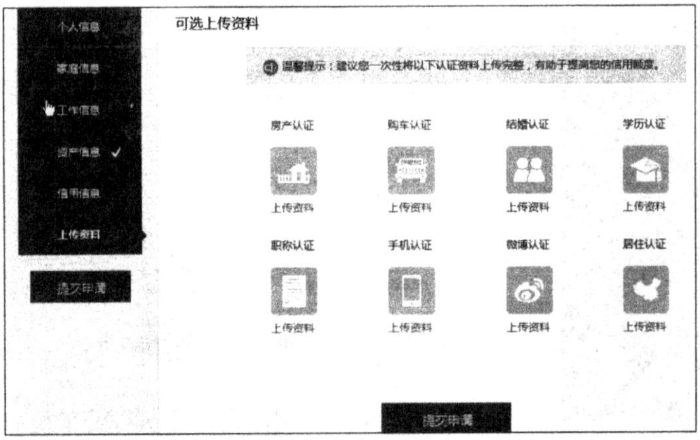

需要注意的是，你应确保所有资料上传完整，之后单击“提交申请”按钮。“提交申请”后将无法补充上传资料。确认“提交申请”后，人人贷的客户经理将检查资料，如果资料上传有误或未上传齐全则会驳回你的资料，但可继续操作补充资料。资料上传后也无法操作修改和撤销，可按照上述说明继续补充上传。

③通过审核。借款申请将于 3 个工作日内审核完成。并可通过下面的方式查看审核进度：

登录人人贷网站，打开“我要借款”—“工薪贷”查看详情页面（以工薪贷为例），单击“申请借款”，“填写借款信息”并单击“提交申请”后，即可查看你的审核进度。

第三步下方显示“等待审核”表示客户经理正在检查你的资料。

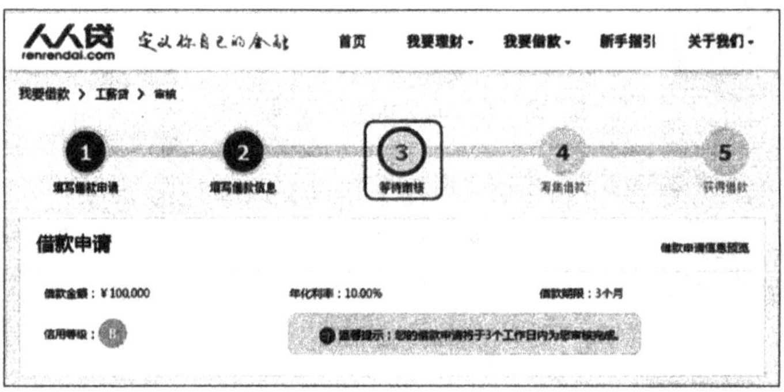

第三步下方显示【审核中】表示你的资料已上传完整，客户经

理已将你的资料递交至信审部门进行审核。

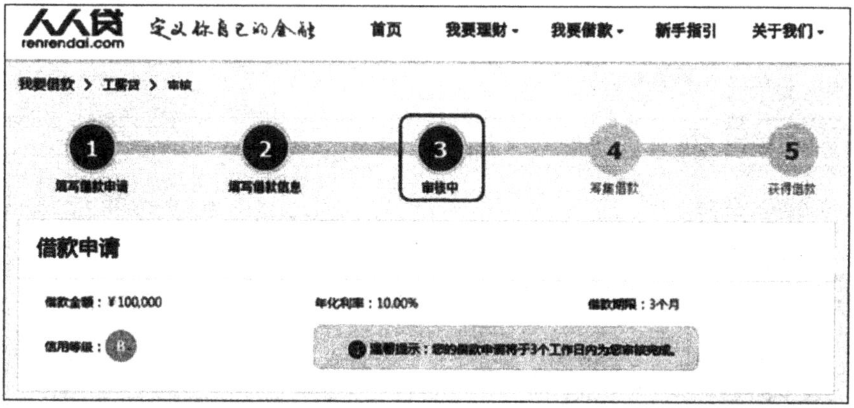

④筹集借款。审核成功后会得到相应的信用等级和信用额度，同时客户经理打电话沟通借款金额、期限和利率，确认后进行筹款，借款金额会在1～3天内筹集完成。

⑤获得借款。登录人人贷网站，打开“我的人人贷”，单击“提现”按钮。

如果已添加过银行卡，选中要提现的银行卡。

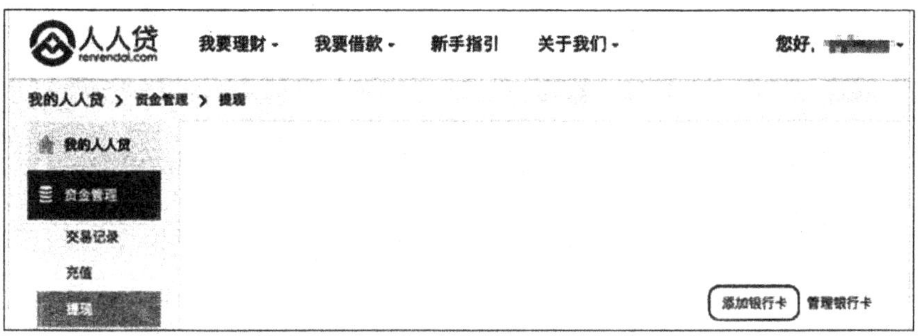

如果没添加过银行卡，单击【添加银行卡】按钮，弹出添加银行卡对话框，完善银行卡信息。

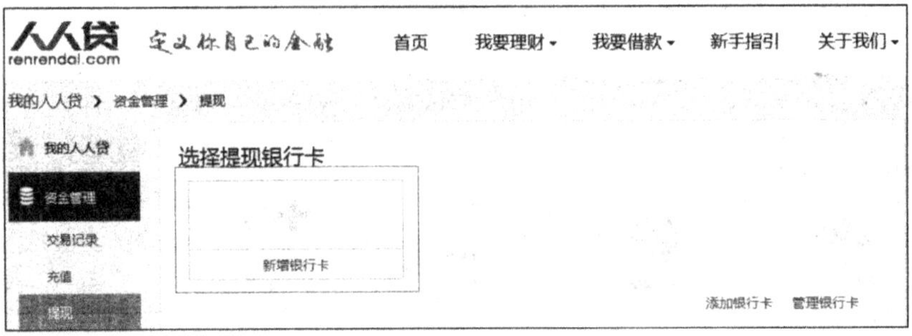

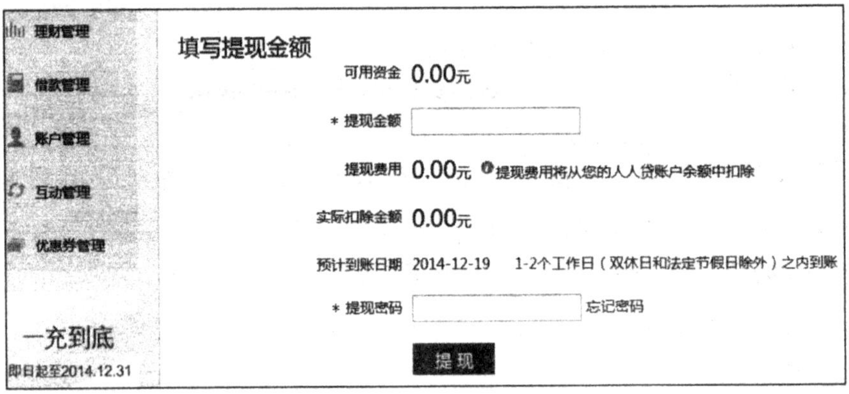

填写提现金额，提现密码，单击“提现”按钮，如下图所示。

(4)还款步骤

当账户余额不足以支付当期还款时，可先通过网银为账户

充值

登录人人贷网站，打开“我的人人贷”——“资金管理”——“充值”页面，找到“选择充值方式”“填写充值金额”信息，选择充值方式，输入充值金额，单击“充值”按钮，进行充值。如下图所示：

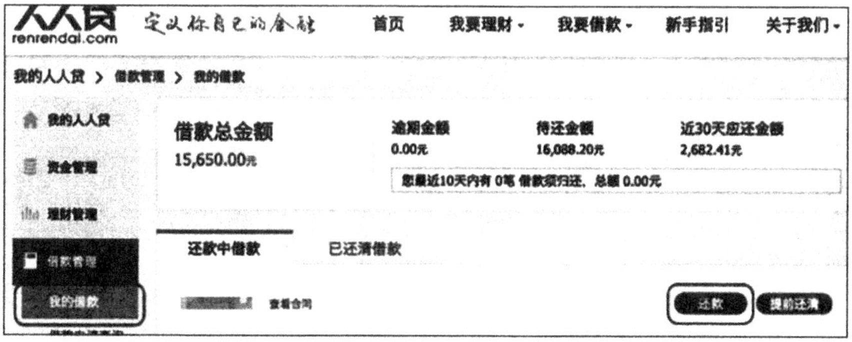

充值完成后，可以自行单击“还款”按钮。继续打开“借款管理”—“我的借款”页面，找到“还款中借款”信息，单击“还款”按钮，选中要归还的一期借款，单击“确认还款”按钮，进行还款。

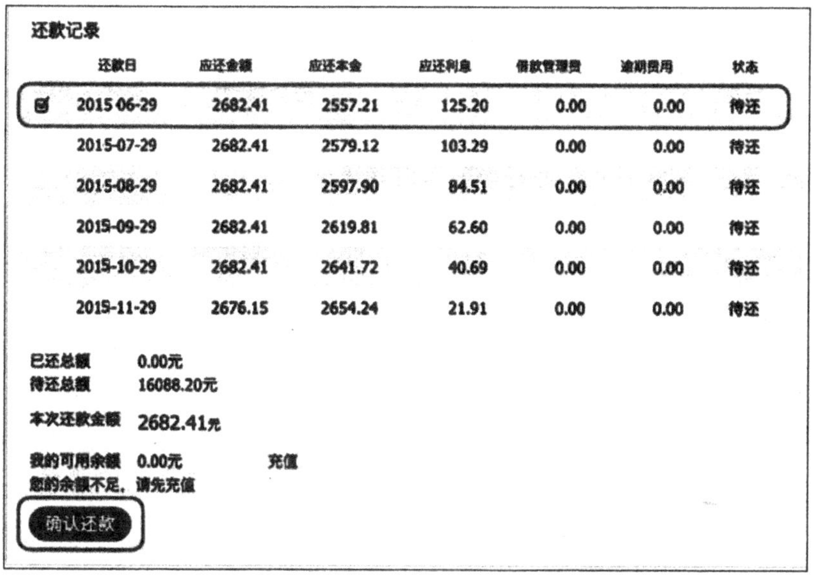

充值完成后等待系统自动扣款，无须自行单击“还款”按钮。

3.宜信模式

宜信公司是一家综合性的金融服务企业，提供多渠道的贷款服务，如宜学贷、宜房贷、宜车贷等。

宜信公司2012年推出宜人贷，是个人对个人P2P咨询服务平台，为有资金需求的借款人和有理财需求的出借人搭建了一个轻松、便捷、安全、透明的网络互动平台。

在宜信可以获得一揽子的贷款服务，对于资金需求者而言，是便利而高效的融资渠道。

(1)产品介绍

	宜人贷
额度	1万～50万元
审核时间	2个工作日
期限及对应利率	12个月:10%(年化利率)
	18个月:10.5%
	24个月:11%
	36个月:12%
借款方式	等额本息,按月还款

(2)借款费用

借款成功之后，借款人每月还款时需支付借款金额的0.235%～0.330%作为平台费，根据借款期限不同，所需平台费有所不同。详见下表：

期限	平台费
12个月	0.330%
18个月	0.307%
24个月	0.284%
36个月	0.235%

(3)借款申请

与拍拍贷和人人贷的借款流程大同小异,在此不加赘述。

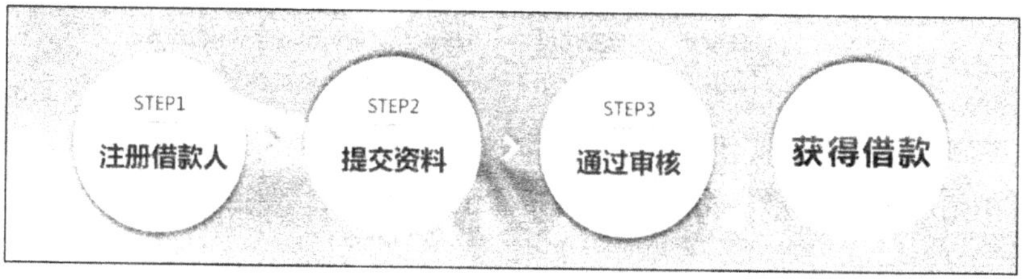

第三节　间接融资:取得银行贷款

一、银行贷款种类

目前比较常见的银行贷款方式有以下三种:抵押贷款、质押贷款、个人信用贷款。

(一)抵押贷款

抵押贷款是最常用的贷款方式。抵押贷款是指银行以借款人或第三人的财产作为抵押物而发放的贷款。抵押品通常包括有价证券、国债券、各种股票、房地产,以及货物的提单、栈单或其他各种证明物品所有权的单据。贷款到期,借款者必须如数归还,否则银行有权处理抵押品。

例如,企业需要买套房子作为办公室,通过办理抵押贷款,这套房子可以买来办公,但是房屋抵押给银行,也就是说房子产权证明已经提交给银行了,企业只是在规定的时间内能够拥有这些财物的使用权。

目前,银行对外办理的个人贷款有很多,对于抵押贷款的金额,银行在多数情况下也有自己的规定,一般不超过抵押物评估价的70%,贷款最高限额为30万元,贷款期限最长不超过5年。

（二）质押贷款

质押贷款是指银行以借款人或第三人的动产或权利为质押物发放的贷款，可作为质押的质物包括：储蓄存单、国库券、国家重点建设债券、金融债券、AAA 级企业债券等有价证券。

例如，以存单质押为例说明，是指借贷人将存单作为质押凭证，从银行取得一定额度的贷款，并按期归还本息的一种信用业务。存单质押贷款的一般是以 5 000 元为起点，每笔贷款最多为质押面额的 80%，通常情况，当天就可以拿到贷款。此外，也可以以国库券、人寿保险单为凭证取得质押贷款。如果亲朋好友有书面同意书，并同时出示本人和亲朋的身份证件，也可以亲朋的存单、凭证式国债和人寿保险单来进行质押贷款。

（三）个人信用贷款

假如既没有存单，也没有抵押物，还可以个人信用申请贷款，即个人信用贷款。个人信用贷款就是要求个人信用状况良好，并以此为担保向银行申请贷款。这是目前比较流行的一种贷款方式。

通常情况下，贷款人要拿着二代身份证，一份拥有稳定工作的证明、合法收入证明，并且告诉银行你贷到这些钱后会拿去干什么。

想要拿到这个贷款，就要求贷款人对借款人要有稳定的收入，平均算下来，每个月的收入不能少于 4 000 元。假如经过银行审核，批准了贷款请求，那么就能拿到大概相当于月收入 5 至 8 倍的贷款。

各大商业银行也发放个人小额短期信用贷款，但多是银行为解决借款人临时性的消费需要发放的，金额一般在 2 万元以内，期限不超过一年。

要办理贷款时首先要看看自己符不符合金融机构的贷款条件，也就是具备不具备贷款资格。

一般来说，银行贷款都存在着一定的风险，贷款者具有按期还贷能力对于银行放贷来说是最重要的审批条件。

拥有连续性工资收入的人士申请贷款要更容易一些，银行可以以其每月工资收入作为贷款金额的基本判断依据，提供贷款。个人信用贷款没有抵押、评估手续，办理速度也快。

二、办理银行贷款的流程

如果具备银行规定的贷款条件，就可以办理个人贷款了。办理贷款的一般步骤如下。

（一）提出贷款申请，准备申请材料

当需要银行贷款的时候，首先要向银行或者代办机构提交一份《贷款申请书》，并且认真填写各项内容。

申请书的内容至少包括贷款金额、贷款用途、偿还能力及还款方式，同时银行一般还会要求贷款人准备好一些特定材料。

如果有抵押物的话，因为可供抵押的物品还是不少的，可以是动产、不动产抵押，或定期存单质押、有价证券质押，以及流通性较强的动产质押等。所以，办理抵押贷款也要提交涉及抵押品或质押品的权属凭证和清单，银行认可的评估部门出具的抵押物估价报告，抵押物、质物清单和有处分权人的同意抵押、质押的证明及保证人拟同意保证的有关证明文件。

贷款人需要携带借款人本人身份证明、婚姻状况证明、个人或家庭收入及财产状况等还款能力证明文件，以及贷款用途，并提供相关协议、合同。

如果不是初创企业，而是已经正常经营了一段时期，还要拿出财务部门或会计师事务所核准的上年度财务报告，以及申请贷款前一期财务报告。

银行是否发放贷款还会考虑贷款的可行性，所以，要向银行提供一份项目建议书和可行性报告，有关人员对申请项目论证后，对符合要求的，在《贷款申请书》的推荐意见栏签署推荐意见。

之后，贷款申请人到户籍所在地街道就业服务机构取得身份确认并在《贷款申请书》的身份确认栏签章。

此外，固定资金贷款要在申请时附可行性研究报告、技术改造方案或经批准的计划任务书、初步设计和总概算，如下图所示。

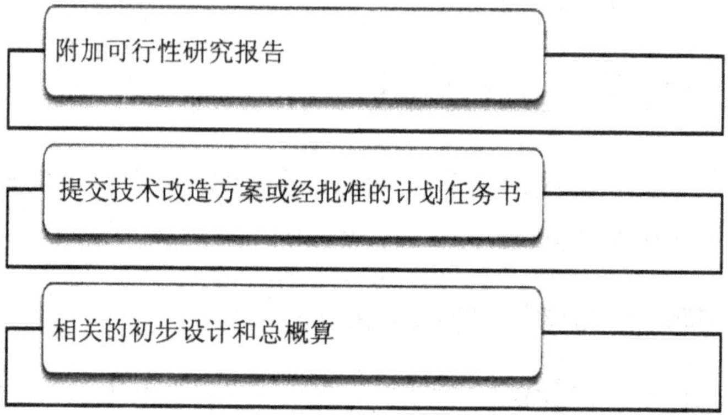

（二）银行审批

银行在拿到的申请书后，首先要确认是否有立项价值。这个是银行审批程序的第一阶段，主要工作是确认审查目的、选定主要考察事项、制定并开始实施审查计划。

如果贷款人的信用程度良好，那么银行可能比较容易贷款给贷款人，因为这也在一定程度上保证了资金安全，所以首先要对申请人进行信用等级评估。比如会考察企业的领导者素质、经济实力、资金结构、履约情况、经营效益和发展前景等因素。

评估结束后，就要对企业的贷款要求进行可行性分析。其中，对企业的财务状况的分析最为重要，因为它是银行掌握和判断企业偿还能力的依据，财务状况良好的企业，银行比较愿意贷钱给它。也正是这个原因，白手起家的创生者在这个环节要特别注意。

审查人员对企业提供的材料进行核实，判断企业目前状况、中期的盈亏和长期的发展，复测贷款的风险度，提出意见，按规定权限审批。

银行贷前审查的方式多种多样，贷前审查结束后，由银行经办人员写出贷款审查报告进行审批，并明确能否给予贷款。

银行拿出审核意见的速度比较快，大概在递交申请书当天起十日之内就会给出结果，并填写在贷款申请书的银行审核意见栏中，如果符合贷款条件，银行会通知贷款者再次到银行填写各种贷款表格材料，反之则没有下文了。

一般来说，各大银行的贷款审批时间都是在1个月左右，随着业务的拓展，一些银行大概在两到三周之内就可以完成贷款的程序，甚至最快的只要贷款者资料齐全，当天即可做到放款到账。

贷款申请人一定要注意，不同银行要求的贷款期限也不同，一般来说，个人贷款最短为3个月，最长为36个月。

贷款的期限较为灵活，各大银行都设定了不同种类的期限，可以根据自己的需要自由选择。

（三）签订合同，发放贷款

假如各项审查进行顺利，银行会通知申请人签订《借款合同》。在《借款合同》中约定贷款种类、贷款用途、贷款金额、利率、贷款期限、还款方式、借贷双方的权利和义务、违约责任、纠纷处理及双方认为需要约定的其他事项。

借款合同签订后，双方即可按合同规定核实贷款。企业可以根据借款合同办理提款手续，可以一次提取全部资金，也可以分批提取。这个时候，企业会被要求填写银行统一制定的提款凭证，然后到银行办理提款手续。

贷款的申请大功告成，但是银行的贷后监督还没有结束。在成功履行贷款的相关程序之后，银行也会在借款人提取贷款后，对其贷款提取情况和有关生产、经营情况、财务活动进行监督和跟踪调查，目的还是一个：确保资金安全。

（四）贷款的收回与延期

银行最关注的就是贷款人的还款问题。借款人应在贷款到期时按合同归还本息。通常银行会在贷款快到期时向借款人催款，短期一般提前一周，中长期提前一个月发送催款单给借款人。

借款人应准备好资金，最好主动向银行还款，开出结算凭证，让银行办理还款手续。对于到期却不主动还款的借款人银行会主动从借款人的存款账户中进行扣款，收回贷款本息。

如果由于客观原因，借款人不能按时归还贷款，应以协议规定内容提前向银行申请延期，填写单据和申请，提交银行审核进行延期办理。

一年以上的贷款的还款方式有等额本息或等额本金两种，具体采用哪种由双方协定。贷款的基本流程见下图。

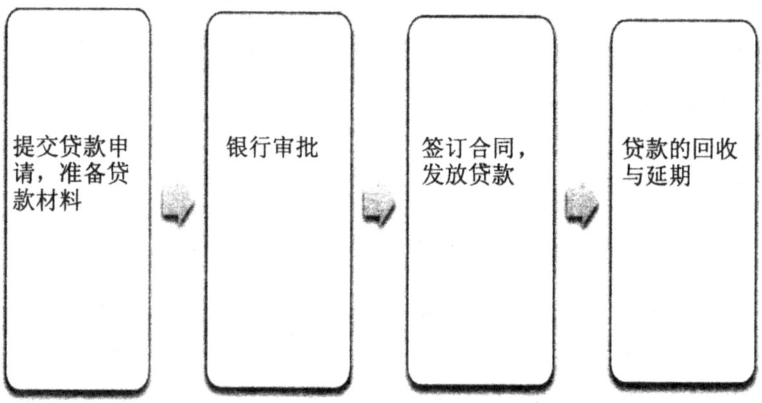

三、创业企业贷款技巧

银行贷款可以说是当前创业企业主要的融资渠道，而进行银行贷款时通过一定的技巧可以更加顺利地获得贷款。

（一）建立良好的银企关系

想要顺利地获得银行贷款，必须要与银行有一个良好的合作关系。创业企业可以从以下方面入手来培养与银行之间的关系。

1.注重企业信誉的培育

人无信不立，作为企业也一样。企业可以从以下方面着手来培育自己的信誉。

第一，做好日常的资金管理。对于企业的具体的日常经营活动银行不可能了解得很透彻，因此，这就需要企业有一支高素质的财会人员进行日常的资金管理，这是银行衡量企业管理水平的一个重要依据。

第二，主动向银行汇报本企业的经营情况。积极和银行进行沟通，银行就会感觉受到了企业的尊重，就会加强对企业的信任度，从而与企业建立起良好的银企关系。

第三，不断提升自己的经营管理水平，保证企业的生产质量，取得良好的经济效益。只有有了良好的经济效益，才能有一个良好的信用度，这是企业信誉度的保证。

2.支持与配合银行开展各项工作

银行和企业双方相互帮助和支持有助于友谊的加深。企业应当对银行展开的各项工作进行配合，要按照合同规定使用贷款，要配合银行检查企业贷款的使用情况，对于到期的贷款要主动按时归还或办理延期手续等。

3.健身强体自身硬

银行贷款不足，就是在企业真正困难时是不会发放贷款的，通常来看，银行贷款更加注重“锦上添花”，对于企业而不愿意“雪中送炭”。创业企业要想解决好资金问题最主要的还是自身要有一个良好的发展，企业要不断规范管理，健全组织，取得良好的经营效益，保证自己的优势来取得银行的信任和贷款。

4.在资金充裕时与银行交往

通常企业在面对资金紧张的情况时才会想起向银行争取贷款，而在资金充裕时则不与银行联系，这不利于取得银行的信任，企业应当在资金充裕时与银行加强交往，不断培养与银行的友情。

5.尽量避免在多个银行开立账户

有些企业在多个银行都开有账户，这其实不利于银行放贷。另外，多账户必然会使企业的资金分散，不利于企业对银行的贡献率，这就使得银行对企业的信任度降低。

6.主动追加企业主个人担保

有些创业企业主将自己的私人财产和法人资产两者混在一起，这样容易让银行担心企业主会抽逃资产，不利于创业企业进行贷款申请。此外，创业企业股东的实力、信誉、素质等因素也会受到放贷银行的关注。如果创业企业在申请贷款的时候暂时没有找到有效的担保，企业主可以以个人名义对贷款进行担保，提高银行对企业的信任度，从而促使企业顺利从银行取得贷款。

（二）写好投资项目可行性研究报告

一个好的投资项目可行性研究报告对于争取项目贷款的规模大小以及银行贷款的优先支持，具有十分重要的作用。因此，创业企业在进行报告的撰写时，要注意的几点有：一是要论证项目技术的先进性，二是经济上的可行性，三是在实际中的可操作性。报告要以经济效益作为可行性的出发点和着重点。

（三）选择恰当的贷款时机

通常来讲，银行信贷规模是年初一次性下达，分季安排使用，不允许擅自突破。因此，创业企业如果想要获得一个较大金额的贷款申请，应提前将企业的用款计划告诉银行，使银行可以在信贷规模和资金安排上做好应对，这样创业企业会更加容易获得贷款。

（四）争取担保机构的支持

商业银行为了保证信贷资金的安全，在贷款项目上通常会要求创业企业提供担保或者进行抵押。如果创业企业可以得到担保机构的支持的话，就很容易向商业银行获得贷款审批。

四、银行贷款省息技巧

（一）货比三家选择银行贷款

有些人可能会认为，所有银行的贷款利率、所要求的贷款条件以及服务策略都是相差无几的，其实不然。尤其是贷款利率，金融监管部门规定，不同的银行面向贷款人发放贷款的时候，可以在一定范围内对贷款利率进行调控，比如许多地方银行的贷款利率可以上浮30%。相对来说，国有商业银行与地方银行相比，其贷款利率会低一些，但是贷款手续会更加严格一些。创业企业在进行贷款的时候可以考察一下根据自身条件哪家银行的贷款成本比较低，再办理手续。

（二）合理计划选择期限

银行贷款使用时间不一样，则还款利息不一样，为了减少利息，创业企业在进行贷款时，就应当对于企业贷款的期限做一个合理的规划。

（三）选择合适的贷款时机

值得注意的是，利率的走势也不是一成不变的，会受到经济形势、国家政策各方面的影响。因此，创业企业在进行贷款时也要对利率的走势进行关注，如果持续走高，创业企业最好抢在银行加息前进行贷款；如果利率持续走低，创业企业的资金暂时还可以支持企业的运营时，应对暂缓贷款的办理，等银行降息以后再办理贷款手续。

（四）选择更划算的贷款方式

前面已经提到，银行在贷款条件上有提供担保、抵押和质押等不同形式。而不同形式的贷款利率也不相同。

同样是申请期限一样长、数额又相同的贷款，如果贷款方式不当，企业就要多付出一些利息。因此，创业企业在向银行申请贷款时，应对不同贷款方式下的利率价差做充分的了解。

第六章　其他融资渠道分析

创业企业融资渠道多种多样。除了已经讨论的融资渠道之外，现行市场中还有其他许多融资方式，创业企业可以根据自身的情况进行选择和借鉴，这里从现有的融资渠道出发，介绍一些常见的融资方式，主要有项目融资、典当融资和上市融资。

项目融资是近年来一种发展非常快的融资方式，对社会的发展带来了极大的便利。从项目融资的发展来看，项目融资的关键点有两个，分别是初始融资结构的设计和盈利的分配。对于创业企业来说，在明确自身资金需求和价值的情况下，采用创业融资这种方式，能够引进项目关联方，推动创业企业的快速成长与成熟。

典当融资是创业企业获得短期融资的一种重要方式。一般来说，当创业企业发展过程中遇到资金困难，通过一些物品的典当，能够快速获得资金的补充，从而推动本企业的发展。

上市融资对于创业企业的发展来说具有重要的战略意义。创业企业能够获得社会的肯定，很大程度上就取决于其是否具有上市的潜力，其发展是否能够达到一定的阶段，往往也以能否上市作为一个重要的阶段标志。

总之，这三种融资方式对于创业企业来说各有不同的意义。创业企业在发展过程中可以灵活选用。

第一节　项目融资

一、项目融资的含义与形式

（一）项目融资的含义

项目融资是近些年兴起的一种融资手段，是企业利用现有项目的名义筹措 1 年期以上的资金，以项目收入承担债务偿还的责任。项目融资常见的有 BOT 融资、PPP 融资、ABS 融资等。

（二）项目融资的形式

1.BOT 项目融资

（1）BOT 项目融资的定义与优点

BOT 项目融资是私营企业参与基础设施建设，向社会提供公共服务的一种方式。BOT 方式主要用于建设收费公路、发电厂、铁路、废水处理设施和城市地铁等基础设施项目。BOT 方式在不同的国家有不同称谓，我国一般称其为“特许权”。以 BOT 方式融资的优越性主要有以下几个方面。

首先，BOT 项目融资能够减少政府财政预算，使政府在资金不足的情况下，仍能上马一些基础设施项目，政府可以实现资源集中投资那些不被投资者看好但是对政府有重大战略意义的基础设施项目。BOT 融资不构成政府外债，可以提高政府的信用，政府也不必为偿还债务而苦恼。

其次，有效引入民间资金，可极大程度提高项目建设质量，推进项目建设进度。同时，民间资金也承担了项目风险。

最后，利用民间资金和外国公司引进先进的技术与管理办法，可提升地方经济发展效率。

(2)BOT 项目融资的运作方法

①BOT 项目融资的参与方。一个典型的 BOT 项目的参与方有政府、BOT 项目公司、投资人、银行或财团,以及承担设计、建设和经营的有关公司。

政府在 BOT 项目中承担控制主体作用。政府决定着是否设立此项目、是否采用 BOT 方式。在谈判确定 BOT 项目协议合同时,政府也占据着有利地位,政府有权决定 BOT 项目的期限,也拥有无偿收回项目的权利。

业主是 BOT 项目的执行者,处于中心位置。所有关系到 BOT 项目的筹资、分包、建设、验收、经营管理体制以及还债和偿付利息都由业主负责。大型设施通常要以项目设立公司为业主,设计公司、建设公司、制造厂商以及经营公司等围绕业主展开工作。

银行或者集团通常承担 BOT 项目的出资人责任。对于中小型的 BOT 项目,一般单个银行足以为其提供所需的全部资金,而大型的 BOT 项目往往使单个银行感觉力不从心,从而组成银团共同提供贷款。一般来说,大型 BOT 项目的负债率通常高达 70%~90%,债务通常是 BOT 项目的最大资金来源。

②BOT 项目实施。BOT 项目通常投资额度较大,期限较长。一般来说,BOT 项目的投资特许期满往往是十几年或几十年的时间。BOT 项目实施通常要经历立项、招标、投标、谈判、履约 5 个阶段。

在立项阶段,政府通常会根据项目的情况,进行营收的计算,将项目的清单公之于众。私人机构根据清单,结合本机构的发展方向确立合理计划,然后向政府提出以 BOT 方式建设某项目的建议。

在招标阶段,政府会首先决定项目是否采用 BOT 方式,如果采用则发布招标广告,然后对报名的私人机构进行资格预审,从中选择数家私人机构作为投标人并向其发售招标文件。

在投标阶段，一般来说 BOT 项目标书的准备时间较长，往往需要 6 个月以上。在这期间，政府委托的机构要随时回答投标人对项目要求提出的问题，考虑投标人提出的建议。投标人则要按照规定的时间向招标人投递标书，招标人开标、评标、排序后，选择前 2～3 家进行谈判。

在谈判阶段，特许合同是 BOT 项目的核心，在整个特许期内具有法律效力。规定各参与方的权利和义务，决定双方的风险与回报。所以，特许合同的谈判是 BOT 项目的关键一环。

履约阶段涵盖整个特许期和建设期。这个阶段，业主是主角，承担履行合同的大量工作。

(3)BOT 项目风险防范

BOT 项目的特点是投资大、期限长、具体差异较大，常常没有先例可循，因此对于投资方来说往往风险较大。风险规避与分担就成了 BOT 项目的重要内容。

BOT 项目通常有政治风险、市场风险、技术风险、融资风险、自然灾害风险。跨国投资 BOT 项目主要有政治风险，政局不稳定、社会不安定会使的 BOT 项目流产。市场风险是指 BOT 项目较长的特许期内发生市场供求关系的变化。在 BOT 项目回收全部投资以前，市场上有可能出现更廉价的竞争产品，或更受大众欢迎的产品。技术风险是指 BOT 项目具体条件差异较大，在制度上考虑不周而造成的风险。融资风险是汇率、利率和通货膨胀率的预期变化带来的风险。自然灾害风险是指 BOT 项目大多是基础设施建设项目，容易承受因地震、火灾、江水和暴雨等不可抵抗的自然灾害造成的风险。

BOT 项目应付风险的方法通常有两种，一种机制是规避，即以一定的措施降低不利情况发生的概率；另一种机制是分担，即事先约定不利情况发生时损失的分配方案，这是 BOT 项目合同中的重要内容。国际上在各参与者之间分担风险的惯例是：谁最能控制风险，其风险便由谁承担。对于政治风险，BOT 项目运营通常采用的是规避，项目公司可以从政府获得特许权利抵消政治风险。市场风险通常采取分担的方法。如果项目由政府发展计划确定，则由政府主要负责。而工程超支风险则应由项目公司做出一定预期，在BOT项目合同签订时便有备无患。技术风险也采取规避的方法。技术风险是由于项目公司在与承包商进行工程分包时约束不严或监督不力造成的，所以项目公司应完全承担责任。对于工程延期和工程缺陷，应在分包合同中做出规定，与承包商的经济利益挂钩。项目公司还应在工程费用以外留下一部分维修保证金或施工后质量保证金，以便顺利解决工程缺陷问题。融资风险也采取规避的方法。BOT项目资金采取分部融入的方法，可降低利率和通胀率对项目的影响。在约定产品价格时，BOT项目应预估利率和通货膨胀的波动对成本的影响，将其计算在价格确定机制之内。对于自然灾害风险，BOT项目通常采用分担的方法，依靠保险公司承担部分风险。

2.PPP项目融资

(1)PPP项目融资的定义和内涵

PPP，即Public-Private-Partnership，是指政府与私人组织之间，为了合作建设城市基础设施项目，或是为了提供某种公共物品和服务，以特许权协议为基础，彼此之间形成一种伙伴式的合作关系，并通过签署合同来明确双方的权利和义务，以确保合作的顺利完成，最终使合作各方达到比预期单独行动更为有利的结果。

PPP项目融资的内涵主要包括三个方面。

第一，PPP项目融资是以项目为主体的活动，主要根据项目的预期收益、资金需求以及政府的措施力度而不是项目投资人或发起人的资信来安排融资。

第二，PPP项目融资具有BOT融资的特点，可以引进民营资本，提高资金利用效率，降低项目风险。政府的公共部门与民营企业以特许权协议为基础进行全程的合作，双方共同对项目运行的整个周期负责。对于政府来说，降低了资金使用量，为财政安排留有一定的余地。对于企业来说，可以降低投资风险，对于自身利益的保障具有重要意义。

第三，PPP项目融资可以在一定程度上保障资本的盈利需求。基础设施建设项目通常是高投入低回报，不能吸引民营资本的投入。采取PPP模式，政府可以给予私人投资者相应的政策扶持作为补偿，从而很好地解决这个问题。

(2)实施PPP项目融资应具备的条件

政府的有利支持是PPP项目开展的先决条件。政府与民营企业的合作中政府的总体角色是始终不变的。而PPP模式是提供公共设施或者服务的一种有效方式，并不是对政府有效治理和决策的替代。在任何情况下，政府均应从保护和促进公共利益的立场出发，理顺各个参与机构的权限与关系，降低项目的总体风险。

法律法规制度的健全是PPP项目开展的有力保障。法律法规制度在法律层面上保障了各参与方需要承担的责任、义务和风险，对各方利益进行最大限度的保护。在PPP模式下，项目设计、融资、运营、管理和维护等各个阶段都可以采纳公共部门与民营企业合作，通过完善的法律法规对参与双方进行有效约束是最大限度发挥优势和弥补不足的有力保障。

专业化的机构与人才支持是PPP项目能够顺利开展的技术保障。PPP项目开展涉及大量的法律、金融和财务方面的知识，这就要求专业机构和人才在开展工作之前做大量的计算工作，保障项目的顺利运行。

3.ABS项目融资

(1)ABS项目融资的含义

ABS项目融资是以项目资产可以带来的预期收益为保证，通过一套提高信用等级计划在资本市场发行证券来募集资金的一种项目融资方式。

(2)ABS 项目融资的运作

ABS 项目运作包括以下几个阶段:

①组建 SPC 阶段。SPC,即 Special Purpose Corporation,特别的公司,是指能够在国际上获得权威性评估机构授予较高资信等级(AAA 或 AA 级)的法人机构。成功组建 SPC 是 ABS 能够成功运作的基本条件和关键因素。

②SPC 与项目结合阶段。SPC 公司组建完成以后,寻找可以进行资产证券化融资的对象。一般来说,项目所依附的资产只要在未来一定时期内能带来现金收入,则都可以进行 ABS 融资。但是由于客观条件的限制,这些项目无法获得权威评级机构的资信评级,因而无法通过证券化渠道进入资本市场融资。而 SPC 与这类项目的结合可以将原始权益人所拥有的项目资产的未来现金收入的权利转让给 SPC,转让的目的在于将原始权益人本身的风险隔断。这样,项目融资风险仅仅与项目资产的未来现金收入有关,与建设项目的原始权益人本身的风险无关,从而降低了 SPC 的融资风险,提高了其资信级别。

③SPC 发行债券阶段。通过资信评级,SPC 可以在资本市场上发行债券资金,运用信用担保的方式组织其他机构进行证券发行。

④SPC 偿债阶段。由于项目原始权益人已将项目资产的未来现金收入权利让渡给 SPC,因此,SPC 就能利用项目资产的现金收入清偿其在国际高档市场上所发行债券的本息。

(3)ABS 项目融资优势分析

ABS 项目融资是通过证券市场进行融资,与其他融资方式相比,其利息率较低,适合大规模的资金筹集。

SPC 这种公司由于拥有较高的资信等级,可以通过其他方式发行与 ABS 项目相关的债券,提高 ABS 项目的信誉。

同 BOT 项目相比,ABS 项目这种融资方式环节较少,效率较高,费用较低。通过 SPC 发行的债券并不表现在原始权益人的资产负债表上避免了原始权益人资产质量的限制。

ABS方式隔断了项目原始权益人自身的风险和项目资产未来现金收入的风险，使其清偿债券本息的资金仅与项目资产的未来现金收入有关；加之在国际高档证券市场发行的债券由众多的投资者购买，从而分散了投资风险。

相对来说，BOT、PPP、ABS在项目融资方面各有优势和缺陷，对于创业企业来说，都有一定的借鉴意义。创业企业可以根据自身项目的情况，选择项目融资的方式。如果创业企业为了项目上市，最佳渠道则是ABS。如果和民生相关，则可以借助政府的力量，采取PPP或者BOT的融资方式，一方面减轻自己的资金压力，另一方面则有利于项目宣传。总之，创业企业项目融资要根据自己的实际情况，选择适于项目特点的融资方式。

二、项目融资的包装

（一）项目融资包装的含义

所谓项目融资包装，是指根据市场运作规律，经过精密的构思和策划，对具有潜力的项目进行包装和运作，以丰厚的回报吸引投资者，为项目融得资金，从而完成项目的建设。包装是对项目各种要件的准备和完善。项目的名称、外观、环境、采用的材料都属于项目自身的内容，也属于项目包装的范畴。任何一个项目投资者必须按照市场规律办事，要能够在短时间内见效益。每一个投资者都要做出客观的成本核算，最终做出自己是否投资的决策。因此，对于一个项目来说，包装能够吸引优秀的投资者，促使投资者投资项目。

（二）项目包装的具体内容

结合国际项目的通行做法，项目包装通常包括以下几项内容。

第一，项目名称包装。项目名称包装包括项目规模包装、产品包装、合作方式包装、初步投资比例确定等。项目名称尽量应符合国际通用标准的要求。

第二，合作伙伴包装。主要包括合作伙伴的历史、经营现状、发展战略以及主要经理人员的重要履历等。

第三，项目现状包装，包括项目是否获批，项目的法律保障或者政府保障等，国家对该项目相关的长远规划等。

第四，市场预测包装。市场预测包装包括对现有产品市场包装，未来3～5年的市场占有的预测，项目经营战略，重点应突出产品竞争力、国际国内市场需求量。

第五，投资和财务预算。重点包括各方的出资比例，重点是编制资金到账和使用表，项目进入收益期以后要对项目的经营收入、成本进行合理预测。

第六，基础设施以及其他条件。包括项目所在地的支柱行业、工农业产值，进出口状况以及项目相关的交通运输与水电等。

第七，融资需求与模式。包括建议合作方式，项目合作方式以及管理方式等。

三、创业企业项目包装应注意的问题

按照成功项目运营的经验来看，有一部分创业企业在做项目包装的过程中具有缺乏合理的预测，项目包装没有吸引力，可行性和营利性不突出，语言文字、格式同国际惯例项目比差距很大等几个方面的问题。创业企业进行项目包装融资，不仅是吸引投资者的过程，同时也是企业形象的展示，项目包装的成功与否对中小企业的发展起着至关重要的作用。确保项目融资成功，在包装上应注意以下几个问题。

（一）清楚认识项目包装的规律

在一般情况下，一个项目的包装应当按照规范化的程序进行估计，经过申请、立项、审核、建议、中介介入、审查、评估、计划说明书、推介等步骤，逐步去完成。也就是说，一个项目包装完整的情况下，应包含多个单位的利益，有申请表格、监察表格、评估表格、推介计划等。然后要关注一个项目是否有完整的商业计划书或者项目建议书，如果有则应委托给一定的中介机构。中介结构对提交的资料进行审查和评估以后，根据实际情况出具一定的咨询意见，形成正式的计划说明书。原始项目投资人要根据中介的建议进一步完善商业模式。对于那些具有巨大发展潜力的项目还要进行深入与全面的分析，建立项目文档，通过多媒体的方式，吸引优秀的投资人。

项目包装完成以后，还要继续做项目包装相关的跟踪及专业的后续支持服务，帮助原始投资人提升项目的竞争力和盈利能力。实际上，创业企业的项目包装融资本质上就是一个招商引资的过程，从项目开始包装到融资成功，实现项目推介方与投资方的双赢过程。

（二）掌握与项目包装相关的知识

项目融资过程中要同多方面的利益主体打交道。在当前市场经济条件下，要同这些利益主体打交道，就要掌握相关的知识，提升项目融资成功的几率。作为一个企业，项目融资是企业寻求合作与发展、开拓新市场的重要基础和前提。进行一定程度的包装，吸引优秀投资人，需要同国际咨询业、中介行业、投资行业等多个方面紧密相关。从这个角度讲，企业项目包装要掌握国际咨询业、中介行业和投资行业的相关知识。

（三）认真学习国际经济合作的理论与实务

国际经济合作的理论与实务是实现良好产品包装的重要指向。在当前市场经济条件下，招商引资项目包装的理论与方法不仅是专业人士，其他各类企业或者组织管理者、决策者都应当了解和掌握。掌握这方面的理论有利于决策者将多方面的信息综合起来进行考虑，便于决策者开拓新的市场。

（四）充分发挥社会中介组织的作用

一个项目的成败不仅与项目本身相关，还与项目的开展者及其资源相关。中介是拥有大量资源的社会个体。利用他们的工作能够在较大程度上提升项目融资的成功率。一些中介具有极广的人脉资源，一些中介则能够进行一些专业性和技术性极强的工作。对于一些大型项目的投资来说，这些都是不可或缺的。不仅如此，中介大多在一些大型项目上都有极为丰富的经验，请教他们对项目的成功展开往往是非常有益的。

（五）善于利用国际通行软件进行项目包装

利用国际通行软件对项目进行包装的好处是使项目看起来更加专业，能够在国际各领域间通行。目前国际上流行的包装软件是 COMFAT-Ⅲ，这一软件主要用于项目投资的可行性分析，目前在各大型金融机构、咨询公司和大学都有广泛使用。这个软件能够帮助模拟估算资金的流入与流出，利用计算机进行投资前机遇分析、敏感性分析、前期可行性分析。在项目建设阶段，该系统还能够制作周期为半年资金流动计划、自动计算财务计划和盈亏分析报告。该系统通过改变项目的参数进行多个项目对比，可以做几种方案便于进行分析与计算。

（六）开展市场调研，做好统计工作

市场调研是项目融资预防市场风险的基础性工作。在数据积累的基础上，项目包装能够更加规范更加真实地反映企业的情况。同时，企业要积累行业数据、地区数据、周边数据等，运用这些数据作为项目包装的基础，以此说服投资者进行投资。用数据说话就是用事实说话，能够增强可行性报告的可信度，增强投资者的信心。

（七）加大项目推广的力度

项目成功开展需要将各种松散要素组织起来，通过筛选、认

定、重组，使之变成招商引资的资源。经过透明地与积极地推介，能够提升项目的透明度，增强松散要素的统治力，从而推动项目融资成功。项目推广的策略要进行适时调整，使之和实事更加贴近，更加靠拢国家政策，巧用政府资源提高公信力。

四、项目融资结构设计

融资结构是项目融资的核心部分。合理的融资结构对于项目的开展将会有极大的益处。项目包装融资结构模式通常包括投资者直接安排的融资模式、投资者通过项目公司安排融资的模式、以“设施使用协议”为基础的融资模式、以“生产支付”为基础的融资模式等。

（一）投资者直接安排的融资模式

这种融资模式较为简单，也是最容易为创业企业所采用的融资模式。创业者可以根据项目发展战略的需要灵活自主地进行融资。这种灵活性一般表现为三个方面：第一，在选择融资方式及资金来源上比较灵活，投资者可以根据不同需要在多种融资方式、多种资金来源方案之间充分加以选择和合并；第二，在债务比例的安排上比较灵活，投资者可以根据项目经济强度和本身资金状况灵活安排债务比例；第三，可以灵活运用投资者在商业社会中的信誉，从而降低融资成本，对于大多数资信良好的公司来说其信誉本身就是一种担保。

（二）通过项目公司安排的融资模式

项目公司安排降低了投资者的自主程度。这种模式主要有两个优点：第一，项目公司统一负责项目的建设、生产与销售，并且可以整体运用项目资金和现金流作为融资抵押和信用保证，容易为投资人所接受；第二，项目公司一般来说经验丰富，对于债务和股权安排的考虑较为全面。

（三）以“设施使用协议”为基础的融资模式

投资使用协议规定了融资者和资金使用者之间的权利与义务。各方权利义务清楚，为其权益做出了明确的保障。对于各方来说，这些都是一个有效的承诺。以“设施使用协议”为基础的融资模式具有如下特点：第一，关键是项目设施的使用者能否提供一个强有力的无论使用与否均需付款性质的承诺，这种承诺是无条件的，不管项目设施的使用者是否真正利用了项目设施所提供的服务；第二，投资结构的选择比较灵活，既可以采用公司型合资结构，也可以采用非公司型合资结构、合伙制结构或者信托基金结构；第三，项目投资者可以利用项目设施使用者的信用来安排融资，以降低融资成本。

（四）以“生产支付”为基础的融资模式

以“生产支付”为基础的融资模式建立在由贷款人购买某一特定份额生产量的基础上。在这一模式中，贷款人从项目中购买一个特定份额的生产量，该部分生产量的收益成为偿债资金的来源。因此，这种融资模式是通过直接拥有项目的产品和销售收入，而不是通过抵押或权益转让的方式来实现融资的信用保证。

五、项目融资的资金选择

项目融资重点解决的往往是项目的资金来源问题，但是在整个项目开展过程中对于投资者来说也并非任何来源的资金都可以使用。项目融资的资金选择主要是决定项目资金是否符合既定的项目融资结构，对股本资金、准股本资金、债务资金的形式、相互比例以及相应的来源进行确定。

选择项目资金一定需要考虑的问题是项目资金在项目开展过程中发挥的作用。底线是项目资金不能干扰项目的正常运行。对于能够发挥积极作用的资金要积极吸取。

确定项目的资金结构时，必须考虑资金的总需求量和各种资金在总资金中的比例。如果项目融资过程中能够抓住这些特殊点，在项目融资过程中，这些资金就能发挥巧妙地作用，不仅能够推动项目的有序运行，还能够起到项目收益最大化的目的。

第二节　典当融资

创业企业发展过程中短期资金需求往往具有额度比较小、频率高、需求急等特点，不少需要流动性资金的中小微企业都有体会：银行的大门虽然敞开着，但门槛高，令创业者望而却步。对大部分创业者而言，融资是头等大事，在这个过程中出现这样的问题，很容易使企业陷入困境。

而典当融资则能够解决这个问题。典当融资最大的特点就是来钱快，可以做到一手交货、一手收钱，没有什么比它更快的了。正因为如此，典当融资在解决中小微企业资金周转困难中发挥着越来越重要的作用。

一、典当融资的含义

典当是指财产所有人或者使用者将财产收益或者使用权力质押或者抵押给典当行，交付一定比例的费用取得当金，并在约定期限内支付利息、偿还本金赎回当物的一种行为。通俗来讲，典当就是财产所有人或使用者将财务作为抵押或者质押，有偿有期借贷融资的一种方式。这是一种以物换钱的融资方式，只要顾客在约定时间内还本并支付一定的综合服务费（包括当物的保管费、保险费、利息等），就可以拿回自己当掉的东西。

从上述定义中可以看出，典当有两种方式，一种是质押，一种是抵押，如图 6-1 所示。

质押典当

将典当物品交由典当行保管，典当行根据所典当物品的价值，参考市场价格和其他因素，经双方协商后确定一个典当金额，即时办理典当手续，当场就可以拿到资金

抵押典当

典当人不需转移典当物品的占有，将该财产作为债权的担保，向典当行中小企业融资。

典当双方签订一个借款合同和抵押担保合同，约定借款期限、借款金额、综合费率和利率等有关事项，明确双方的权利义务

图 6-1　典当融资的两种方式

二、典当融资的优势

（一）典当融资的灵活性较高

典当融资的灵活性主要表现在以下四个方面。

第一，当物的灵活性。典当行接受的当物范围较广，包括一切有一定价值的生产和生活物资，如金银饰品、古玩珠宝、家用电器、机动车辆、生活资料、生产资料、商品房产、有价证券等。这为创业企业融资提供了广阔的当物范围。

第二，当期的灵活性。典当融资与商业银行等其他金融机构融资明显不同。这种融资双方可以约定，而且在典当的期限内双方同意可以提前赎当。

第三，当费的灵活性。典当的息率和费率在法定范围内可以由典当行和典当人双方谈判进行调整，一般来说双方会根据淡旺季节、期限长短、资金供求状况、通货膨胀率的高低、当物风险大小及债权人与债务人的交流次数和关系来制定。

第四，手续的灵活性。对于一些货真价实且所有者明确无误的当品，典当行的手续可以简化，当物当场可以付款，对一些需要鉴定、试验的当物，典当行还会以最快的速度为出当人解决问题。

（二）典当融资的手续简便

作为非主流融资渠道的典当行，向个人及中小微企业提供贷

款的手续简单快捷，除了房地产抵押需要办理产权登记外，其他贷款手续最快可以在当天放款，比如股票典当、汽车典当在华夏典当行、民生典当行等大型典当行都可以实现。这些正是典当行发展的优势，也是典当行赖以生存的基础之一。

（三）典当融资的限制条件较少

相对于其他金融机构来说，典当行对于创业企业来说限制较少，主要体现在以下两个方面。

第一，对当物的限制较少，只要是具有一定市场价值的东西，都可以从典当行获得融资。我国自 2005 年 4 月 1 日起施行的《典当管理办法》对典当行收当财产的限制较少，不得收当的财产包括四个方面：①依法被查封、扣押或者已被采取其他保全措施的财产；②易燃、易爆、剧毒、放射性物品及其容器；③赃物和来源不明物品或者其他财物或者财产权利；④法律、法规及国家有关规定禁止买卖的自然资源或者其他财物。中小微企业所拥有的财产，只要不在上述范围之内，与典当行协商，经后者同意，便可作为当物获得典当行提供的质押贷款。

第二，对企业的融资用途限制较少。通常典当行对于客户的信用要求较少，对客户的贷款用途也很少过问。典当行关心的是当品价值是否与出兑的资金相当。在相当的情况下，如果出当人不能按时赎回，典当行可以采用拍卖的方式避免损失。

三、典当融资的基本程序

银行贷款是为创业企业发展锦上添花，典当融资则是为创业企业发展雪中送炭。典当的飞速发展源自于社会对它的需求，通过正规的典当行进行融资，远比通过民间高利贷进行融资来的健康，最重要的是典当行融资具有手续便利、当物多样化、不限资金用途等特点，能真正为企业解燃眉之急。

典当的基本程序一般来说可以划分为审当、验当、收当、赎当以及续当等几个步骤。

1.审当

审当环节的主要工作就是验明当物的归属权。当户必须按照规定提供当品的合法有效归属证件，一方面证明物品归当户所有，另一方面则审核当户的身份证件进行建档。

2.验当

验当的目的是核对当物的发票与单据，由专业典当人员评估当物的价值，最终确定当金额度、典当物品的折算率、综合费率以及当期。

3.收当

签订典当协议以后，典当行将当品收当入库，扣除费率后支付典金。至此阶段，企业就能获得流动现金，用于生产经营。

4.赎当与续当

当户在当票到期后需凭当票到典当行办理续当或者赎当手续。出库办理需要结清典金及利息，典当行将当品及发票归还当户。续当则需要凭当票在典当行办理续当手续，同时必须支付本期典金利息，再对当物进行查验，签订合同及协议，续当一次的期限最长为6个月。

四、创业企业典当融资应注意的问题

典当融资的特点是短和快，正好适用于创业企业资金需求的特征。利用典当融资时需要注意的是，虽然它能解企业燃眉之急，但是，相较银行贷款利率，典当利率约是前者的四倍，几乎算得上是高利贷经营方式。总体来说，融资成本高昂，创业企业必须了解典当融资中需要注意的6个事项。

1.各典当行制度规定不一，须货比三家

典当行的制度规定一般来说是只收取综合费用（包括服务费、典当物保管费等）、典金利息。然而，各个典当行在这方面的经验不一、人脉不一，制定的典当制度也不相同，总体来说，收费标准各有区别。创业企业在典当时要货比三家，选择最优的典当行。

2.不要盲目加高典当金额

很多企业在典当物品时，往往非常在意典当物的估价。其实，只要资金充裕，典当物品的估价是不必要的。因为典当只是将自己的物品抵押给典当行，而非出售。对于创业企业来说，最重要的目的是融资，盲目追求较高估价，结果是加高典金，付出更多的融资成本。

3.当期以3个月为佳

由于典当行的综合费用较高，急需短期融资的创业企业来说，典当期限一般来说以3个月为佳。后期如果仍有资金周转需要，可在典当期满时续当。

4.巧用“5日计息法”

“5日计息法”是典当行的一般性制度。典当期限不满5天的，典当行按照5天计算相关费用，超过5天的就按照一个月收取。这是目前国内典当行普遍采用的利息计算方法。此方法是为了结合典当行业务特点，缩短利息计算周期。由于典当行综合费率较高，所以中小微企业主应当根据自己的生产经营情况，确定还款日期，降低融资成本。

5.如果对当票有额外规定，应补充书面合同

中小微企业如果与典当行就当票以外的事项有特别约定，必

须补充签订书面合同，以免事后互相扯皮。

6.当物赎回和续当

典当期届满或者届满5天内，中小微企业主应赎回典当物，否则将视为绝当。

五、典当融资的三种常见工具

典当融资的范围非常广泛，有奢侈品、不动产、贵重物品、有价证券等。各个典当行在这方面的规定不一而足。如果本书将其全部罗列，一一进行研究，非常不现实。本书主要选择了常见的三种工具，汽车典当、房产典当和物资典当。抛砖引玉，为创业企业利用典当进行融资做出相关方面的借鉴。

(一)汽车典当——短期融资最适用

当前，社会上有很大一批业主将汽车开进典当行，获得短期融资。他们的考虑是将汽车开进典当行自己仍能够通过租车或者打车这种方式出行。与银行的汽车抵押贷款相比，典当行的汽车质押贷款优势是获得资金的速度更快，劣势是获得贷款的费率更高。

银行汽车抵押贷款需要贷款人具备相应的条件，填写申请表，然后等待审批。等待的时间短则一个月长则三个月，对于需要资金的创业企业来说非常不合时宜。而典当融资则不然，速度非常快。私人车辆要有与行车执照相应的个人身份证，单位车辆需要两张单位介绍信、车辆过户变更表并加盖公章、企业营业执照副本、法人代码证书即可。典当行的工作人员会根据车况进行评估，按照价格的50%～90%付款。最长时间不过一天。

银行汽车抵押贷款时间较长，其优势就是费率较低。而典当行的劣势则是综合息费率较高。典当行汽车典当贷款，如果其综合服务费用(含保险费、仓储费、管理费)每月按典金的4.5%收取，月利率为典金的0.5%，当户则要每年付给典当行60%的利率。这是大多数企业都承担不起的。

综合汽车典当融资的以上特征可以看出，创业企业可以使用典当融资应付短期资金需求。图 6-2 是一家典当行的汽车典当流程，供创业企业参考。

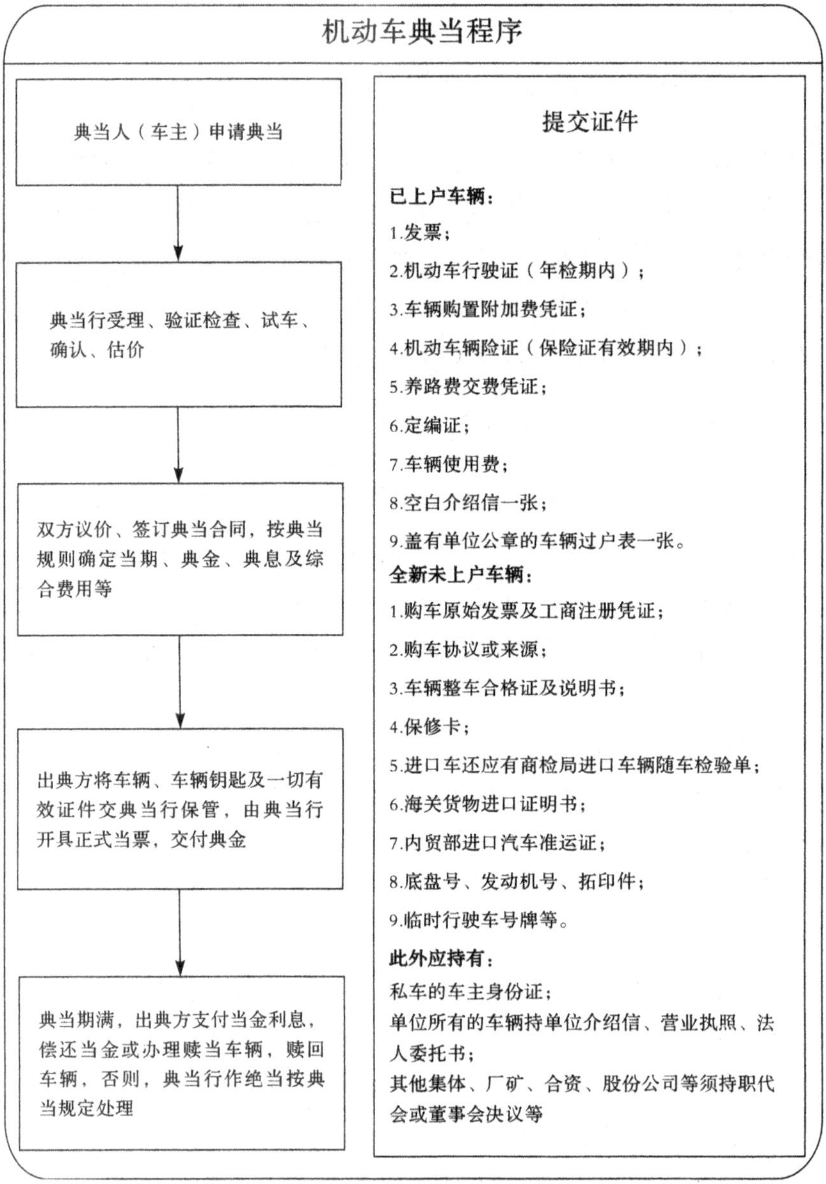

图 6-2　汽车典当程序

(二)房地产典当

随着楼市行情的发展,房地产抵押或者质押逐渐成了当前金融行业的新宠。由于急用大额资金,人们便开始把目光转向房地产。房地产典当也就应运而生。

房地产典当在典当行的营业额中占据的比重越来越大。很多急需资金周转的市民典当房屋获得资金,当期从几天至 6 个月不等,但一般不到半年就将房屋赎回(如需长期抵押的,可每逢 6 个月转一次期)。个人典当房屋抵押贷款金额为房屋市价的 50%～90%。

对于一般消费者来说,房屋典当的优势比较明显,中间环节少、放款速度快、获得金额大。当户只需将该房上市时所需的有关资料证明提供给典当行,由典当行专业人员对该房进行评估,根据评估结果决定典当的额度。在签订典当协议后,典当行便可发放现金。因此,房屋典当明显较为适合于短期融资。

由于房屋典当牵涉的事项较多,涉及资金较大,一般来说进行房屋典当需要注意以下三点。

第一,要有十足的把握赎回房屋。当前楼市火爆,如果不能及时赎回房屋,对于当户来说,将会是一项不小的资产损失。因为典当关系成立后,原业主依约定或法律规定逾期不赎的,可做绝当处理,由典当行取得房屋所有权。

第二,征得家人以及同住人的同意。根据我国法律规定市民典当的房屋必须是没有权利争议的产权房,而且是无人居住的。因此,房屋典当需要出具房产证和身份证,而且,除房产所有人外,还需征得年满 18 岁以上家属或同住人的同意。

第三,估价及双方同意到房管所进行产权转移,一般来说最长时间不应超过一周。

房地产典当的一般性流程如图 6-3 所示。

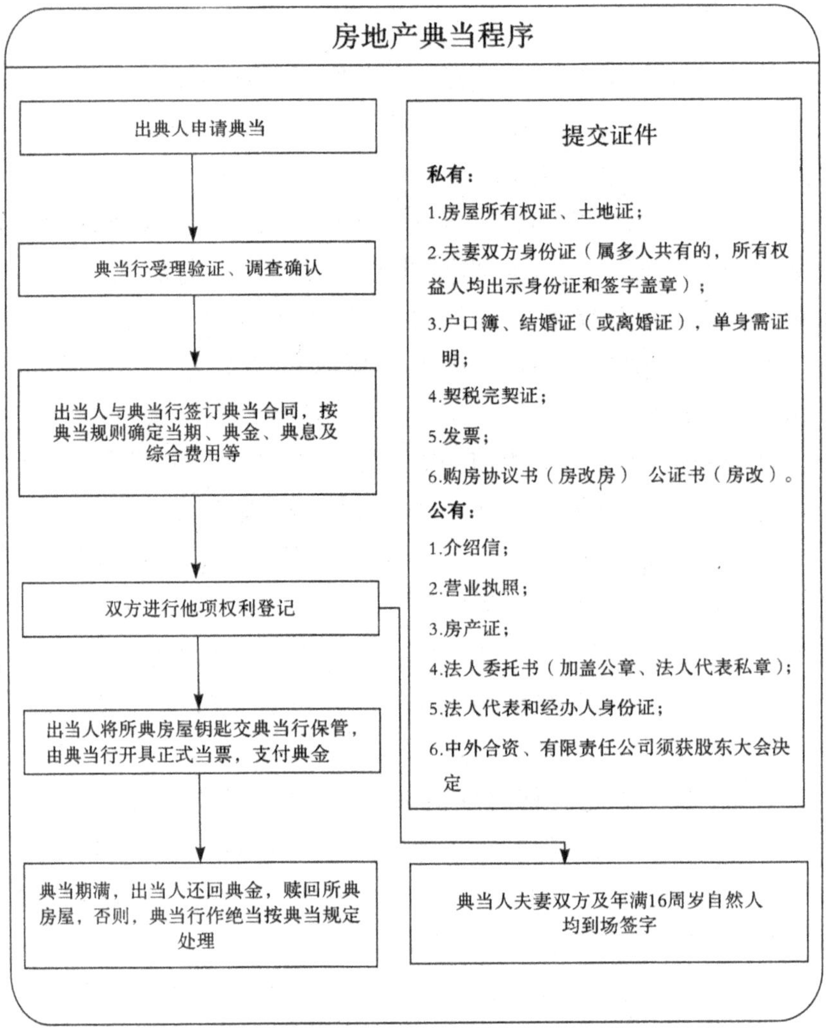

图 6-3 房地产典当程序

（三）一般物资典当

创业企业在创业的过程中会有一部分存货，这一部分存货如果采取银行供应链融资的方式获得资金，相对来说时间较长。如果将这些时间交给典当行，典当行通过查询财务报告和咨询同行业相关人士就可以获得关于这批物资的价值信息,从而在这个基础上收当。因此,对于创业企业来说,可以将一些闲置存货当掉,换回一部分流动资金用于开展业务。一般来说,这部分物资的收当程序各个典当行都比较相似,图 6-4 是某家典当行的物资典当程序,供创业企业参考。

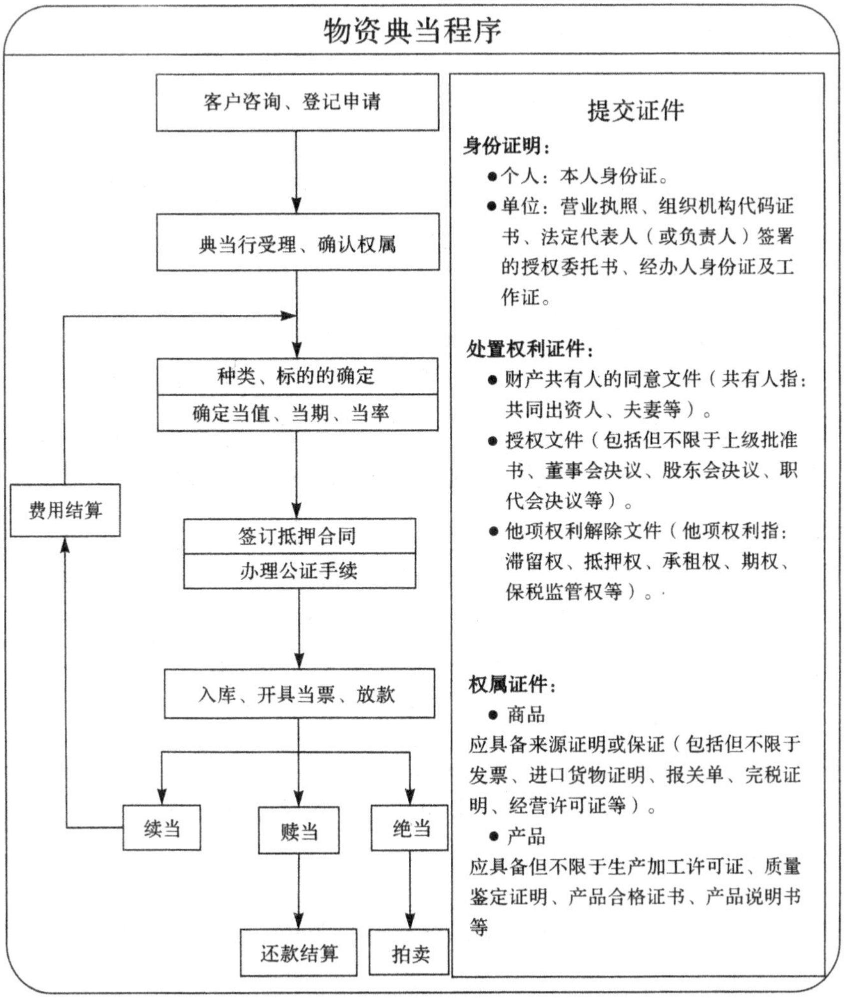

图 6-4　物资典当程序

第三节　上市融资

上市融资是创业企业融资的最佳渠道,也是一般性创业企业发展的最终目的。但是对于有不同发展战略的创业企业,其对上市融资的需求也不一样,下面展开相关论述。

一、资本市场概述

与其他市场不同,资本市场并不是一个特定的物理地点,而是指在这个市场上交易的人、机构以及他们之间的关系。通过资本市场,创业企业可以获得融资,投资人可以获得创业企业的一部分权利,在未来获得资本收益。双方还可以确定应付给投资人的利息,利息通常按年支付。利率的高低主要由双方谈判确定。

在资本市场上,融资人是资本的需求方,通常是企业、社会团体甚至政府机构。投资人是资本的供给方,通常包括商业银行、保险公司和信托公司。

资本市场是金融市场的组成部分,通常包括所有关系到提供和需求长期资本的机构和交易方。资本市场上,市场活动主要是交易股票和债券。这个市场可以划分为一级市场和二级市场。一级市场是实现证券发行,包括 IPO 与再融资。这通常是创业融资的主要活动场所。从我国现行法律规定来看,适合于创业融资的资本市场主要有中小板市场、创业板市场和新三板市场。下面一一说明。

二、创业融资的主要资本市场类型

(一)中小板市场

中小板市场的全称是中小企业板资本市场,相对于我国主板市场而言,是介于主板市场和创业板市场的一种过渡性制度安排。中小板市场正式启动是2004年6月25日。

中小板与主板的区别在于总体交易额度和交易制度不同。我国中小企业板块的总体设计可概括为“两不变”和“四独立”，即：在现行法律法规不变、发行上市标准不变的前提下，在深圳证券交易所主板市场中设立一个运行独立、监察独立、代码独立、指数独立的板块。中小板设立初期的制度安排主要体现在以下几个方面。

第一，在发行制度上，中小板块要求企业确定适当的发行规模和发行方式。

第二，在交易监察制度上，中小板一方面改进开盘集合竞价制度和收盘价的确定方式，遏制市场操纵行为；另一方面则完善交易信息公开制度，引入涨跌幅、振幅及换手率等偏离值监控指标，将异常信息纳入披露范围。最后，中小板还完善交易异常波动停牌制度，及时解释市场风险，减少信息披露滞后或提前的影响。

第三，在公司监管上，企业板块上市公司股本较小的特征实行比主板市场更为严格的信息披露制度，建立资金募集使用定期审计制度，建立涉及公司发展战略、生产经营、产品开发、经营业绩等内容的年度报告说明会制度。

在总规模上，主板95%以上的企业总体规模在4亿元以上，中小板企业则少有超过4亿的。

（二）创业板市场

创业板又称二板市场，即第二股票交易市场。创业板是指专为暂时无法在主板上市的中小企业和高科技新兴公司提供融资途径和成长空间的证券交易市场，是对主板市场的重要补充，在资本市场有着重要的位置。

我国设立创业板市场主要是为了创造知识经济发展的机会。知识经济的发展有利于我国高科技企业的发展，同时也给投资于知识经济的风险投资提供一个出口。

创业板市场公司大多是高科技企业，具有较高的成长性，而且成立时间也很短，规模较小，业绩不突出，但是成长空间很大。创业板市场最大的特点就是进入门槛低，操作要求严，给潜力较大的中小企业提供更多的机会，帮助他们发展壮大。

创业板市场和主板市场投资者的风险承受能力不同，在通常情况下，两个市场不会相互影响，其内在的联系会促进两者共同发展壮大。

（三）新三板市场

新三板市场是指全国中小企业股份转让系统，是证监会统一监管的全国第三家证券交易场所。新三板市场是在原中关村科技园区非上市股份有限公司平台试点运行的基础上发展的，逐步扩大到其他非上市公司。

新三板市场定位于非上市股份公司股票公开转让和发行融资的市场平台，为挂牌公司提供股票交易、发行融资、并购重组等相关服务，并为市场参与人提供信息、技术和培训服务。新三板市场与沪、深交易所市场在法律地位上基本相同，主要区别在于服务对象、交易制度和投资者适当性管理制度三方面。在服务对象上，新三板市场主要为创新型、创业型和成长型中小微企业提供资本市场，在交易制度上，新三板市场主要有协议转让、做市转让及竞价转让等灵活多样的方式。在投资者准入方面，新三板市场实行比交易所市场更为严格的投资者适当性管理制度。

中小企业在新三板市场上市具有以下优势。

第一，规范的公司治理。规范的公司治理是中小企业融资的前提，也是中小企业发展的保障。新三板管理机构要求上市公司在筹备上市过程中进行改制，走向比较规范的现代企业法人治理结构，梳理规范业务流程和内部控制制度。

第二，信用增进。新三板挂牌公司作为公众公司纳入证监会统一监管，履行了充分、及时、完整的信息披露义务，信用增进效应十分明显。中小企业获取直接融资也可以通过信用评级以及市场定价进行股权抵押以获取商业银行贷款。新三板公司挂牌后，公司的新老客户会对公司的信任度明显上升，公司的销售业绩也会有所提升。

第三，进入主板市场。我国排队等待上市的公司已经超过了700多家，由于IPO实质上处于暂停状态，恢复后如何审批或实行备案还有待研究。但是无论实行何种制度安排，新三板公司相比其他公司在公司治理结构上、经营管理上都更加规范，而且还可能实行分级管理制度，这将为新三板公司进入主板上市创造条件。也就是说，即使实行大排队的主板上市审批机制，新三板公司中的优秀者也有可能通过加分项目等特殊的制度安排早日进入主板市场，或者通过特殊的板块对接机制直接进入主板市场。

三、创业企业上市融资的条件及应注意的问题

（一）中小板上市条件与程序

在中小板上市需要符合以下几个方面的条件，并遵循以下程序。

1.上市的基本条件

中小板上市的基本条件与主板市场完全一致。总体上说中小板上市的企业应符合以下基本条件。

第一，中小板企业应是具有较好成长型和较高科技含量的、流通股本规模相对较小的公司，持续经营时间应当在三年以上，持续经营日可以从有限责任公司成立之日起计算。中小企业最近三年内主营业务和董事、高级管理人员没有发生重大变化，实际控制人没有发生变更。

第二，独立性条件。发行人应当具有完整的业务体系和面对市场进行独立经营的能力。也就是说，发行人要资产完整、人员独立、财务独立、机构独立和业务独立。发行人的业务独立是相对于实际控制人而言的，主要指不存在实际控制企业间的显失公

平的关联交易。

第三，规范运行条件。发行人应依法建立健全股东大会、董事会、监事会、独立董事、董事会秘书制度，机关机构和人员要能够依法履行职责。

第四，财务会计条件。发行人资产质量良好，资产负债结构合理，盈利能力较强，现金流量正常。具体来说，包括以下各项指标。

①盈利条件。发行人要在最近三个会计年度净利润为正数且累计超过人民币 3 000 万元。

②现金流条件。最近三个会计年度经营活动产生的现金流净额累积超过人民币 5 000 万元。

③发行前股本总额不少于人民币 3 000 万元。

④最近会计年度期末无形资产占比不高于 20%。

⑤最近一期不存在未弥补亏损。

⑥依法纳税。

2.上市的主要程序

在中小企业版上市，应当遵循以下基本程序。

①企业改制设立股份有限公司。中小企业拟定改制重组方案要聘请保荐机构（证券公司）和会计师事务所、资产评估机构、律师事务所等中介机构对改制重组方案进行可行性论证，对相关资产进行审计、评估，并签订相关协议和章程，设置公司内部组织机构，设立股份有限公司。

②对企业进行尽职调查与辅导。保荐机构和其他中介机构对公司进行尽职调查、问题诊断、专业培训和业务指导，要求中小企业掌握上市公司基本必备知识，完善组织结构和管理，明确业务发展目标以及资金投向。

③制作申请文件并向证监会申报。保荐机构对于申报文件有责任进行内部审核，符合申报条件的，证监会应在 5 个工作日内受理文件。

④证监会审核相关文件。证监会对申请文件初审以后，会向发行人所在地的省级人民政府以及国家发改委征求意见，向保荐机构反馈。保荐机构根据反馈应尽快进行回复与整改，初审结束以后，保荐机构应将申请文件预披露，并在最后提交发行审核委员会审核。

⑤路演、询价与定价。发行申请经过发行委员会审核通过以后，要经过中国证监会核准，企业应在制定报刊上说明摘要及发行公告等信息。证券公司与发行人进行路演，向投资者推介和询价，并根据询价结果确定发行价格。

⑥发行价格确定以后，发行人应按照证监会规定的方式公开发行，向证券交易所提交上市申请。

（二）创业板上市条件与程序

1.上市条件

作为多层次资本市场体系的一个重要组成部分，创业板的主要目的是促进自主创新型企业的发展，落实国家自主创新战略。具体来说，创业板公司应具备一定的盈利基础，拥有一定的资产规模，且持续经营一定的期限。总体来说，其发行条件如下。

第一，发行人具备一定的盈利能力。盈利能力的指标主要有两项，一是发行人最近两年连续盈利，净利润不少于 1 000 万元，且持续增长；二是发行人最近一年营业收入不少于 5 000 万元，且营业收入增长率不低于 30%。

第二，发行人应当持续经营一段时间，创业板上市的管理办法规定发行人应具有一定的持续经营记录，具体要求发行人应当是依法设立且持续经营三年以上。有限责任公司的持续经营时间可以从有限责任公司成立开始计算。

第三，创业板上市管理办法根据《证券法》规定，创业板上市的净资产不少于 2 000 万元，发行后股本不少于3 000万。

第四，发行人应当主营业务突出。创业企业的规模较小，且处于成长阶段,如果主营业务分散,缺乏核心业务,则既不利于有效风险控制,也不利于形成核心竞争力。创业板上市管理办法要求发行人集中有限资源主要经营一种业务,并强调符合国家产业政策和环境保护政策。

第五,发行人应从严治理公司。创业公司应参照主板上市公司从严要求,在董事会下设立审计委员会,强化独立董事职责,明确股东责任。

2.上市的主要程序

在创业板上市的主要程序同主板上市类似,也与前文介绍的中小板上市程序相似。这里主要介绍一些不同的地方,与前文相似的略去。

创业企业改制与中小板上市改制条件相似。在上市辅导阶段,创业板上市需要有主承销资格的证券公司进行辅导,辅导的期限为一年。辅导内容主要包括上市公司的财务制度和管理制度的合规性。辅导过程中双方应明确各自的权利和义务。辅导的有效期为三年,超过三年,则须按规定程序和要求重新聘请辅导机构进行辅导。在材料申报阶段,股份公司成立运行一年以后,证监会进行机构验收,由主承销商和各中介机构合作制作正式申报材料。证监会在收到申报材料后的 5 个工作日内决定是否受理。文件受理后,证监会对发行人进行合规性初审。依据类似于主板和中小板发行初审受理的程序,证监会对创业板上市的企业做出是否准许证券发行的决定。之后则是路演等一系列程序。

(三)新三板上市条件与程序

1.上市条件

依据新三板系统转让规则的规定,在新三板上市应符合以下几项基本条件。

第一，有限责任公司公司按照账面价值进行改制，存续时间从有限责任公司成立之日起计算。改制后的股份有限公司符合我国相关法律规定。

第二，股份有限公司出资合法、合规，出资方式符合《公司法》规定，不存在出资不实情形。

第三，股份有限公司按照我国法律规定存续两个完整的会计年度，且具有明确的业务，具备一定的盈利能力并且能够持续经营。

第四，公司财务报表应全文披露审计报告正文以及董事会、监事会和注册会计师对强调事项的详细说明。

第五，公司有完善的治理机制，按规定建立股东大会、董事会、监事会和高级管理层(以下简称“三会一层”)组成的公司治理架构，制定相应的公司治理制度。

第六，各管理机构按照相关规定能够合法合规经营，不存在重大违法违规行为。控股股东、实际控制人合法合规经营，最近24个月内不存在重大违法违规行为。现任董事、监事和高级管理人员应具备和遵守《公司法》规定的任职资格与义务。公司各股东之间有清晰的股权结构，且权属分明、真实确定，且股东资格不存在违反法律法规的情形。股票发行和转让合法合规，公司的股票发行与转让依法履行必要内部决议和外部审批程序。公司的股票限售安排应符合相关法律规定，公司的控股子公司或纳入合并报表的其他企业的发行和转让行为需符合《非上市公众公司监管指引》的规定。

第七，公司股票转让应符合有200人以上的股东持有的条件。股东人数未超过200人的股份公司申请股票在新三板市场挂牌公开转让，以及挂牌公司向特定对象发行证券后证券持有人累计不超过200人的，中国证监会豁免核准。

2.上市流程

中小企业上市新三板应执行以下基本程序。

第一，发行人同券商签订上市协议。

第二，满足新三板的上市条件。

第三，启动股改程序，转变为股份有限公司。

第四，推荐券商应同上市公司展开尽职调查。

第五，主办券商应设立内核机构，对上市公司进行审核。

第六，审核完成后，主板券商提交中国证券协会审核。

第七，审核通过，挂牌上市。

3.新三板上市需要注意的问题

一般来说，挂牌新三板企业的主营业务收入应超过利润总额的70%以上。如果主营业务不够突出，最好通过重组实现公司主业集中形成核心竞争力。

妥善处理好新三板企业的同业竞争问题，同一实际控制人之下不存在与拟挂牌企业同业竞争的企业，高管人员的兼职应符合相关规定。如果存在同业竞争的问题，一般来说，处理方式是以股权转让的方式将同业竞争公司转让为拟挂牌企业的子公司，或者注销同业竞争公司，对同业公司进行回购。

新三板企业挂牌没有明确的财务指标，但是中小企业应至少能够维持一定的盈利水平，中小企业还要保障经营的持续性，即企业经营模式与主营业务没有重大变化。

应保持向研发方面的投入，一般来说最近一年研发费用应占销售总额的比例不低于3%。

股权清晰是新三板上市的基本条件。对于拟挂牌上市的中小企业应在上市之前解决股权方面的问题。

鼓励中小企业持续发展是发改委设立新三板的一个基本目标。对于新三板企业来说，要在关键岗位设立合理的激励机制，促进公司的持续发展。在具体操作上应关注以下问题：一是精选激励对象，加大对高科技人才和高管人员的激励；二是可以考虑分期授予激励股份，分期向激励对象授予一定比例的股权；三是设置适当的股权激励条件，如设置激励对象每年必须完成相应的考核指标,以及完不成目标、严重失职等情况下的股权处理意见等;四是明确考核指标和考核办法。

四、上市融资典型案例

上市融资的方式多种多样。作为创业的最后一步,选择上市的方式对于企业来说非常重要。鉴于上市问题多种多样,很难归纳成为一个理论,这里选择以下两个案例供诸位借鉴。

(一)金蝶,化茧成蝶

金蝶国际软件集团有限公司是亚太地区领先的企业管理软件及电子商务应用解决方案供应商,是全球软件市场中成长非常迅速的独立软件厂商之一,是中国软件产业的领导厂商。金蝶独特的“快速配置,快速实施,快速应用,快速见效”的个性化产品与服务定位,能够帮助顾客从容面对动态不确定商业环境带来的挑战,实现业务流程与 IT 技术的完美结合,有效管理变革,确保组织快速持续和健康成长。

金蝶国际软件集团有限公司以快速响应客户需求、技术创新和国际化作为不断前进的动力,以“帮助顾客成功”作为矢志不渝的宗旨,以“产品领先,伙伴至上”作为不断发展的战略,与全球顶尖的资讯科技伙伴和本地优秀的咨询服务伙伴建立紧密的策略联盟,并利用在中国强大的客户基础和品牌优势,不断研发世界一流的企业管理软件产品及电子商务解决方案,为顾客不断创造价值,2010 年矢志成为亚太地区中小企业 ERP 市场的领导者,长期目标是跻身世界企业应用软件十强,发展成为受人敬仰的公司。

在 1997 年,金蝶国际董事会主席徐少春就意识到靠自身的积累远远不能满足高速发展的需要,因此定下资本运作的战略,从早些年金蝶的信息公布中就可以看到金蝶公司是怎样从徐少春一个人在中关村像普通的大学生一样从倒机、攒机,然后到开办爱普电脑公司,再到与蛇口工业区联手进行了第一次资本运作。

1998年，金蝶正式引入IDG风险资金2 000万元人民币，标志着中国应用软件产业开始具备资本运营的能力，并开始走上产业化、规模化、国际化的发展道路。从那天起，上市就成了风险资金退出的必然选择，徐少春也开始做周密的计划部署。

为了上市，金蝶在1999年2月对公司资产、股本结构进行了调整，公司更名为金蝶国际软件集团，业务由4部分组成：企业管理及电子商务软件、ASP运营平台、应用服务器，以及技术服务与支持。

在上市地点上，几经考虑，金蝶最终选定了中国香港创业板，尽管这未必是最佳选择，但对当时要走向国际市场的金蝶来说，在中国香港创业板上市还是有很多益处的。那时，中国香港创业板刚启动不久，作为国际金融中心，这里有完善的金融市场法律构架，有高水平的监管体系，能为金蝶提供更为畅通的融资渠道。

2000年7月13日，金蝶在中国香港创业板上市的申请得到中国证监会的批复，中国香港百富勤受聘为主承销商。但是，由于中国香港资本市场不景气等原因，金蝶上市时间一再推迟。

经过长达两年多的周折，金蝶上市申请获得批准。随后金蝶针对上市的要求进行了紧锣密鼓的内部改制，将公司改成了应用软件、ASP、ICP服务、中间件开发等几大业务，并办理了相关的产权安排；随后，在开曼群岛注册的金蝶国际公司，将其变成了自己上市的壳资源。严格地说，此次上市的金蝶不是国内的金蝶，而是改制后注册在开曼群岛的金蝶国际软件公司。

2000年10月，安达信公司完成了对金蝶的业务审计后签发了具有法律担保效力的合格会计师报告，又为其上市多盖了一个关键图章。基本完成了上市准备后，金蝶年底向媒体宣布了上市的信息，引起业界震动。2001年2月初，公司高层在投资银行百富勤的安排下在世界各地进行了大规模的路演，向数百位投资人推荐了中国软件产业的概念和自己公司的业绩。

从2001年2月5日起，金蝶开始了上市前的全球路演，从中国香港到新加坡，从新加坡到伦敦，再从伦敦回到中国香港，总行程超过 25 000 千米。在 5 天里，金蝶的领导层会见的投资机构超过 100 家，路演所到之处都受到欢迎。

经过了数天的焦急等待，公司领导层和优秀员工终于抵达中国香港，下榻指定宾馆，像等待开彩票一样等待光明。2 月 13 日，金蝶公司的股票以 3.1 倍的超额认购率在中国香港创业板市场成功发行，首次融资近 1 亿港元。2 月 14 日，金蝶国际正式上市，股票存入中央结算，蓄势待发，等待正式交易。当日的配售结果是定下发行价 1.03 港元，超额认购约 3.1 倍，表现出很受欢迎的景象。经过不眠一夜，2 月 15 日，金蝶国际终于如期上市，开盘抢购如潮。从此，中国软件终于站上了海外资本舞台。

上市将金蝶的业务从区域小范围逐渐上升到整个亚太，形成了一家国际大公司，提高其在国际上的知名度，对公司的持续发展将会非常有利。

金蝶软件在中国香港创业板市场成功上市的原因有二：一是金蝶对自身优势的准确把握，二是金蝶对上市准备工作的周密部署。

金蝶软件是国内企业管理和电子商务应用软件方面的领先生产商，以“快速配置，快速实施，快速应用，快速见效”的个性化产品与服务定位，能够帮助顾客从容面对动态不确定商业环境带来的挑战，实现业务流程与 IT 技术的完美结合，有效管理变革，确保组织快速持续和健康成长。对于引进风险投资后不断发展壮大的业务规模，金蝶势必要进行公司资产和股权的调整以获得上市的资格。金蝶随后更名为金蝶国际软件集团，业务进行重组后分成企业管理及电子商务软件、ASP 运营平台、应用服务器，以及技术服务与支持四大块。

金蝶之所以选择中国香港创业板市场上市是在比较了国内市场后做出的决定，国内主板市场条件严苛，主要对象是国有大中型企业，民营中小企业很难获得上市资格。而中国香港创业板市场主要以高成长型公司为目标，注重公司成长潜力和业务前景，同时中国香港与内地的关系比较密切，金蝶业务几乎全在内地，而依靠中国香港这扇窗口又可以辐射世界金融体系，可谓进退自如。并且中国香港创业板对成长型企业的要求比较低，入市门槛好跨，对于急需资金的金蝶来说当然是可遇而不可求的。

金蝶选定上市地点之后，在投资银行百富勤的安排下在世界各地进行了大规模的路演，向数百位投资人推荐了中国软件产业的概念和自己公司的业绩，同投资人的有效沟通使得金蝶的路演非常成功，为股票定价提供了依据。值得注意的是，金蝶上市申请获得批准后随即在开曼群岛注册了金蝶国际公司，将其变成了自己上市的壳资源。严格说此次上市的金蝶不是国内的金蝶，而是改制后注册在开曼群岛的金蝶国际软件公司，这样一来对公司运作资本是很有利的。经过近两年的筹划和准备，金蝶国际正式上市，开盘抢购如潮，从此中国软件终于站上了海外资本舞台。

（二）盈科，借壳变凤凰

1990 年，盈科创始人李泽楷向父亲李嘉诚借 1.25 亿美元建立了香港卫视 StarTV，其业务迅速发展壮大。1993 年 5 月，他将处于严重亏损的香港卫视 StarTV 出售给了默多克，盈利 30 亿港元。同年，他创立盈科集团，前期业务主要是在新加坡、加拿大、中国大陆和日本等地从事地产生意。1994 年 5 月，李泽楷的盈科集团斥资 5 亿多港元，收购新加坡上市公司海裕亚洲 45.7％的股份，成为海裕亚洲的最大股东，实现在新加坡的借壳上市，并将公司名称改为亚洲拓展，业务主要是地产、酒店及以中国香港为基地的鹏利保险。1999 年，盈科集团收购得信佳，后将其改名为盈科动力。2000 年，盈科动力收购香港电讯，成为 2000 年的亚洲最大并购案例，其事业达到顶峰。此后，盈科动力改名为电讯盈科。

借壳上市只是一个开始，其后还要进行一系列的财务活动，从而达到借壳上市的目的。得信佳的股价 1999 年处于最低时为每股 0.02 港元，4 月底的报收价为每股 0.136 港元，1999 年 5 月 4 日是宣布盈科集团借壳上市复牌的第一天，其股价当日最高升至每股 3.23 港元，收盘于 1.83 港元，一天上涨 12.5 倍，公司的市值则由 3 亿余港元增加到 590 亿港元，涨幅高达 187 倍，一举成为香港第 11 大上市公司。盈科集团所拥有的 240 亿股的价值已升至 439.2 亿港元，是其出资额 15 亿元的 29 倍。

从上文的论述中可以看出，上市融资的过程是不尽相同的，但是总体来说，都要花费大量的时间和精力。因此，借壳上市对于想尽快上市交易获得融资的企业就成了首选。在网络概念风靡全球的那个年代，中国香港盈科集团借壳得信佳上市后成功再融资得以并购香港电讯的运作过程，成为借壳上市再融资的经典，对后来的公司运作借壳上市及再融资可谓树立了标杆。

借壳只是快速、便捷、低成本地获得上市资格，而根本目的在于借由上市公司的有利条件在资本市场运作融资。因此，借壳对象的选择至关重要：一是壳公司业务衰退，前景堪忧，财务状况不佳，存在不断增加的退市风险；二是壳公司资本结构简单，股权、债权清晰且股权高度集中或者高度分散；三是壳公司市值规模较小，股价低位运行；四是资产、业务便于分离重组，人员便于安置。这些都将为企业降低收购成本、减小运作风险，并且为后市的资本运作和再融资提供充足的空间。同时，在收购的支付手段上企业应尽可能采用资产置换、资产注入、换股等非现金支付方式，减轻收购的资金压力。此外，对于壳公司原有股权、债权的界定和厘清，对原有资产、业务的整合与分离，对原有人员的分流、安置等都是借壳上市以及后市再融资成功与否的影响因素，必须予以关注。

第七章　创业企业融资风险管理

当企业陷入经济危机，或是想从小企业变成更大的企业，又或是想要进行产业升级、推动企业的转型等时，企业融资则成为其募集资金、解决困难的一个重要手段。企业融资的主体是企业，通过各种渠道融通资金，从而使得企业内部的资金供求状态由不平衡发展到平衡，促进企业的健康有序发展。企业融资是一把双刃剑，既给企业带来了机遇，也给企业带来了风险。

风险简单来说就是可能发生的危险，在经济生活中则是指由于主体受到一些不可控因素的影响，使得事物没有按预期目标发展且没有获得最佳的结果，从而给行为主体造成经济损失的可能性，如债权人可能因为利率的变动而减少收入，债务人可能因为汇率的波动而增加支出；出租人可能因为政治事件失去资产，承租人可能因为科技进步而减少收入。造成风险的原因多种多样，风险的类型也有所差别。

企业融资与其他商业活动一样不是一个简单的过程，充满着不确定性、复杂性，且这一过程不是稍纵即逝的，而是长期的，倘若处理不慎，则可能使企业陷入更深的危机，使相关权益人遭受巨大损失，甚至导致破产。融资风险就是人们从事资金融通活动遭受损失的不确定性，这种不确定性可能导致企业因融入资金而丧失偿债能力。在多元化的市场条件下，面对瞬息万变的市场环境，稍有不慎就会使所筹资金的使用效率降低，从而产生融资风险。因此，对企业融资风险的成因和种类进行详细分析，在此基础上制定出风险预警机制，及时、有效地采取一系列预防和解决融资风险的措施，对企业以及社会经济的发展具有重要的现实意义。

第一节 创业企业融资风险概述

在企业进行融资的过程中，稍有懈怠便会出现以下结果。

①由于对融资工具和融资渠道、融资服务机构缺少识别能力，很多企业支付了几十万甚至上百万的"学费"，损失惨重。

②有的企业经营者存在侥幸心理，"空手套白狼"，自觉不自觉地玩起了骗人的游戏，扰乱市场秩序，破坏"游戏"规则。

③有的企业经营者因为"受伤"太深而走向另一个极端，不再相信任何资金方和融资服务机构，但凭借一己之力又难以摆脱困境或获得更大发展。

……

诸如此类，不胜枚举。那么企业该如何在融资过程中有效规避这些风险呢？本章将对融资风险管理做具体说明。

一、融资过程中风险识别与控制的重要性

在融资过程中进行风险识别和控制，其目的包括以下几点。

（一）提高融资的效率和成功率

融资企业往往急于求成，对资金方在没有摸底、不进行辨别的情况下到处撒网，造成大量的无用功，浪费了大量的时间。我们认为，通过一定的方式对不同的资金方及其融资工具进行识别，就可以减少无用功，节约时间，避免人力、物力、财力的浪费，提高融资的效率和成功率。

（二）节省融资费用和融资成本

企业在融资过程中，除了造成时间的浪费之外，还会产生大量的融资过程费用，主要包括：

①融资过程的差旅费、通讯费、招待费和公关费。

②项目受理费、项目评估费和违约金。

③各类融资服务机构的融资服务费。

据调查了解，很多企业都会出现第一种情况，资金还没有融到，招待费用已经开支了十几万到几十万元不等。这对于本来就缺少资金的企业来说无疑是雪上加霜。而对融资风险进行识别和控制有利于节省融资费用、控制融资成本。

（三）避免陷入融资骗局

如果不小心陷入了融资骗局，企业的发展方向就有可能改变，有的甚至会给企业带来系统风险，造成灭顶之灾，对企业的生存和发展产生威胁。有效识别和控制风险，有利于企业避免陷入融资骗局，实现可持续发展。

二、融资风险分类

融资风险分类是融资风险识别的前提，对企业融资风险进行分析有利于增强企业的风险防范意识、促使企业实施有效的风险管理，从而尽量避免和减少融资风险给企业带来的损失。具体来说，融资风险可分为以下几类。

（一）按风险产生的原因划分

融资风险按产生的原因划分，可分为自然风险、经济风险、技术风险和政治风险。

自然风险是指由于自然因素所引起的风险，即雷电、水灾、地震、风暴、海啸等自然因素都可能使融资双方遭受较严重的损失。

经济风险是指在生产经营过程中，由经营管理不善、市场预测失误、经济波动和供求发生变化等因素引起经济损失的风险，包括经营风险、利率风险、汇率风险、通货膨胀风险。

技术风险是指由于新设备的出现、新的生产工艺的采用等，进而导致原有的机器设备的无形损耗、工人结构性失业、产品被淘汰、污染环境的风险。

政治风险是指由于政局变化、政权的更替、战争、冲突、暴乱、恐怖活动等引起的各种损失，以及由于国有化、征用、强制收购等引起的风险。

（二）按风险性质划分

融资风险按性质划分，可分为纯粹风险和投机风险。

纯粹风险是指只有损失机会而无获利机会的风险，如火灾、车祸、地震、台风等都是纯粹的风险。纯粹风险导致的结果有两种：其一为损失，其二为没有损失，且两者必居其一。

投机风险是指既有损失可能、也有获利机会的风险，如出借风险、出租风险、股票投资风险都是典型的投机风险。投机风险有三种结果：其一是损失，其二是没有损失，其三是得利；且为一个经济主体遭受损失，而另一个经济主体则可能获益。如通货膨胀的发生，使债权人受损失，而使债务人获得收益；利率的波动对债权人和债务人的影响也是完全不同的。

（三）按是否可管理划分

融资风险按是否可管理划分，可分为可管理风险和不可管理风险。

可管理风险是指可预测并可采取相应措施加以控制或分散转移的风险。可管理风险一般都是由于人们的活动而带来的风险，其特征是可以预测、可以避免、可以通过保证或保险的方式予以防范。如政治风险可以采取保险的方式予以防范，经济风险可以通过担保等方式加以规避和分散。

不可管理风险是指靠人力暂时无法准确预见的风险，其主要表现为自然风险，如地震、洪水、风暴、水灾等。这类风险就是最有经验的人或科技水平很高的国家也无法事先预知，要防范或避免也相当不容易。

（四）按损失环境划分

融资风险按损失环境划分，可以分为静态风险和动态风险。

静态风险是一般环境下所发生的风险，它是由自然力的不规则运动或个人行为的失误引起的。前者如雷电、洪水、地震、风暴、海啸，后者如火灾、呆账、事故等。

动态风险是与社会政治经济金融环境的变动相联系的风险，它是由社会供求的变化，企业组织结构、技术结构和生产方式的变革所引起的。如投资环境恶化、市场疲软、通货膨胀或通货紧缩、经营失误。

动态风险与静态风险往往交织在一起，难以分清。

（五）按融资方式划分

融资风险按融资方式划分，可以分为银行借贷融资风险、股票融资风险、债券融资风险、租赁融资风险、贸易融资风险、项目融资风险、合作融资风险、资产证券化融资风险和国际融资风险等。

银行借贷融资风险是指通过商业银行等金融中介融通资金时，由于利率、汇率的波动以及有关融资条件发生变化而给当事人可能造成的损失。其包括自然风险、政治风险、技术风险、经营风险、财务风险、举债过多而承担较大风险、利率风险和汇率风险等。

股票融资风险是指以股票作为融资工具时，由于股票的发行数量、发行价格、发行时机以及股利分配方案欠佳等给融资当事人造成损失的可能性。其包括：决策性风险（是指由于对股票的发行种类、发行规模、发行方式、发行价格、发行时机和承销机构选择等决策不当，而不能实现融资目标的可能性），经营性风险（是指由于受生产经营的影响，如经营状况不佳、效益低下，而使企业不能实现股票融资目标的可能性）。

债券融资风险是指以债券作为融资工具时，由利率、发行债券条件等确定不当给当事人造成损失的可能性。其包括：发行风险（由于发行单位信誉、债券发行总量及债券发行时机等因素的影响，可能会导致债券发行不成功而形成的风险）、经济环境风险

(经济金融政策、税收政策、利率波动等造成损失的可能性)、通货膨胀风险、财务风险、转换风险(可将债券转换成股票时,由于公司的股价表现不好或股市低迷,投资者要求还本付息而不转股,而给公司造成损失的可能性)、派生性风险(由其他类型的风险引出来的风险)。

租赁融资风险是指采取租赁方式融通资金时,由于租赁期限、租金及其支付方式、技术进步等的变动给融资双方造成损失的可能性。其包括:决策风险、违约风险、财务风险、经营风险、流动性风险、利率风险、技术风险和政治风险等。

贸易融资风险是指在商品交易中,采取赊销、赊购或者银行提供信贷而遭受损失的可能性。贸易融资包括:买方向卖方支付预付款、卖方对买方的信贷、银行对买方或卖方的信贷等。贸易融资风险主要有:受货风险(买方不接受货物的风险)、财务风险(买方不能按协议付款)、兑换风险(货款不能兑换成外币的风险)、主权风险(买方所在国阻止交易执行的风险)、单证风险(单证不全、错误引起的延误交货、不能及时取得货款的风险)、利率风险、外汇风险和预付款风险。

项目融资风险是指项目建设以及项目投入使用后造成损失的可能性。项目融资借入的资金是一种无追索权或仅有有限追索权的贷款,而且需要的资金又非常大、期限较长、情况复杂,故其风险也比其他融资方式要大得多。项目融资风险主要包括:政治风险、获准风险(项目能否得到东道国政府及时批准的风险)、法律风险(东道国法律、法规变动给项目带来的风险)、违约风险、市场风险(或项目产品销售风险)、外汇风险、利率风险、完工风险(项目无法按期完工投入使用风险和建设成本超支)、技术风险、生产条件风险和环保风险等。

合作融资风险是指采取合资、合作、联营等方式生产经营而造成损失的可能性。其主要包括政策风险、资信风险(出资各方能否按约缴付资本金的风险)、验资风险、汇率风险、资产评估风险和管理风险。

资产证券化融资风险是指在资产证券化过程中，资产出售与购买、资产的信用提高与资产证券的评级而遭受损失的可能性。其主要包括：诈骗风险（对投资者来说，在证券化交易的各个方面，以及从证券化的基础资产到基础性的意见书，都存在着被诈骗的可能）、法律风险、金融工程风险（资产证券化过程中任何一个环节出现问题时，整个交易就会中断）、财产或意外事故风险（证券化交易中抵押物所面临的毁损和事故）、等级下降风险（因交易中任一因素的恶化，所导致的等级下降）。

国际融资风险是指引进外资、使用外债而遭受损失的可能性。如加重国家债务负担，削弱国内经济增长的活力；削弱国内企业的竞争力；国内失业加剧，社会负担加重；扩大国家外汇的缺口，增加国际收支逆差；对东道国主权、政治和文化传统产生消极影响。

（六）按当事人划分

融资风险按当事人划分，可分为资金需求者风险和资金供给者风险、保证人风险和中介人风险。

资金需求者包括借款人、证券发行人、承租人和项目发起人等。借款人在融资中面临的风险有：政治风险、利率风险、汇率风险、债权人欺诈和破产风险，证券发行人在融资中除面临与借款人同样的风险外，还有发行风险；承租人则还面临技术风险；项目发起人则还面临完工风险、接管风险。资金需求者风险，还包括所有权风险、使用权风险、投资者恶意收购和收益权风险等。

资金供给者风险，即投资者、债权人、出租人风险，他们所面临的风险包括政治风险、法律风险、利率风险、汇率风险和自然风险。

保证人风险，即在复杂的融资中，保证人面临的有信用风险和法律风险。前者如保证人在履行了保证责任后，其对主债务人有求偿权，但其求偿权可能丧失；后者如有些事项能够引起保证责任的减免或消灭。保证人在这些事项发生后，仍然承担保证责任则可能造成损失。

中介人风险主要是指在融资中，证券发行的承销商、银行贷款的牵头行和代理行，以及律师、会计师、技术顾问所面临的风险。如证券承销商的发行风险、牵头行和代理行对借款人的违约风险和对贷款银行的法律风险、注册会计师的审计风险、资产评估风险、律师和技术顾问的责任风险等。

此外，在融资过程中，工程承包商、原材料能源供应商、设备制造商、产品承包商或项目产品的供应者、项目产品或设施的买方、使用者等都因所承包的任务和承担的责任而面临着不同的风险。

（七）按活动过程划分

融资风险按活动过程划分，可分为前期工作风险、资金使用阶段风险和资金收回或还本付息阶段风险。

融资前期工作是指融资申请、融资报价、融资谈判和融资协议或合同等法律文件的签订等活动。这些活动既是融资活动的开始，也是融资活动的基础，事关融资的成功与否以及融资的效果。这一阶段的工作特点是把历史当作办事论事的基础，把预期当作决策的依据，融资双方讨价还价、斗智斗勇，唇枪舌剑、耍笔杆子，所以面临的风险也很大。如在融资申请中，如果资金用途或项目安排不符合市场的要求，就可能失去获得资金的机会；若融资报价高于市场行情，则会增加筹资成本；若代理选择不当，可能增大融资的难度；在谈判签约中，若急于求成，就会给履约埋下祸根，付出较大的代价。同时，资金供给者若在尚未充分了解资金需求者的资格、信誉、抵押、能力和市场前景的情况下，仓促承诺或提供资金，其可能一开始就面临损失。在证券融资中，若选择的发行地点、发行时机欠佳，就可能面临发行风险，增加融资成本等。

资金使用阶段是在资金供给方提供资金的基础上，资金融入方耗用资金的过程。在此期间，对融资双方来讲，风险与日俱增。

因为资金的使用过程也是耗费过程，虽然通过耗费也能形成一定形态的在建工程，但这些在建工程在完工之前，对任何人来说都还是不具备使用价值的“泥巴堆”。它不能作为生产要素投入使用，也不能作为借款的保证。所以，随着工程的深入、投入资金的增加，风险也日益增大，若在此时出现不良情况，如战争、自然灾害、经济紧缩等，融资双方都要承受较大的损失。

资金偿还阶段风险。从理论上讲，随着项目的建成投产，借款人开始具备偿还债务的能力，融资风险也随之开始下降。但项目的建成并不等于能投入使用；投入使用并不等于能生产出预期的现金流；同时，还本付息是一个较长的过程，不确定的因素较多，故风险仍然很大。资金偿还阶段的风险包括利率风险、汇率风险、市场风险、政治风险、环境风险和自然风险。

（八）按是否影响市场经济主体划分

融资风险按照是否影响所有的市场经济主体，可以分为系统性风险和非系统性风险。

非系统性风险是指某一经济主体所特有的风险，如企业领导人突然去世，造成企业生产经营瘫痪，或者是交通运输因洪水而中断，造成企业原材料供应短缺停产，或者是工程承包商的工作质量问题，造成项目无法按时投产，或者是项目产品用户违约，造成项目公司不能按期偿还贷款本息。这类风险被认为是可以通过经济主体的多样化、分散化投融资战略加以避免或降低的。

系统性风险是指对整个市场的运行都会产生影响的要素或风险，如政府经济政策（税收政策、货币政策、利率政策等）的调整、经济衰退、世界性能源危机等。对于这类风险，经济主体是不可能通过自身的努力来排除的。

三、融资风险管理的原则

融资风险管理是指企业有目的地通过计划、组织、协调和控制等管理活动来防止融资风险损失发生、减小损失发生的可能性，以及削弱损失的影响程度，同时创造条件，促使有利后果的出现或扩大，以获取最大利益的过程。融资风险管理既可以起到未雨绸缪的作用，又可以起到亡羊补牢的作用，其主要原则如下。

（一）转变观念，重视风险

每一个企业必须承认融资风险的客观存在性和金融资产的流动性，伴随而来的就是过度投机、剧烈波动、更不平衡的风险问题。英国金融管理局前主席戴维斯在演讲中说，金融自由化使全球市场相联系，如果给全球金融市场的池塘里投一块石头，波纹就会以超常速度迅速扩展开来。池塘越大，分担风险的机会也就越多。这说明了市场经济就是风险经济，那种期望彻底消灭风险，完全实现“零风险”的想法，是不科学也不现实的，但又不能惧怕风险，而应该转变观念，重视风险，通过主观努力掌握控制风险的技能，把风险降到最低程度，让控制风险成为减少损失、提高利润的重要手段。

（二）统筹兼顾，预防为主

统筹兼顾，预防为主可以说是企业控制融资风险的最基本的原则。事物的发展变化有规律性、连续性、现实性和因果性，这使科学预测成为可能。企业欲达到融资成功的目的，取得最大的经营效益，就必须提前预测风险，对症下药，完善包括风险规划制度、风险管理制度、财务管理制度等在内的一系列制度措施，未雨绸缪，防微杜渐。一般企业实力有限，对一些资金需求较多、建设周期较长的融资项目，如果单独对其进行投资和经营，势必有较大的风险，万一发生意外，就会影响企业正常的生产经营。所以，企业最好选择自己知根知底且实力较为雄厚的企业进行合作，用联合投资的方法化解风险。当然，企业还可以采取保险、合同、合资、合作以及承包等方式转移融资风险。

（三）分析预测，把握趋势

企业在融资的过程中，首先必须对客观存在的大量不确定因素和风险进行科学的分析和预测。科学的分析预测是在正确的理论指导下,根据客观事物发展变化的规律,对事物的未来发展作出科学的推断。科学的预测不是猜测,更不是臆测。它要具备三个方面的条件:一是要掌握大量的信息,这是预测的依据;二是具有正确的理论指导和科学的预测方法和手段;三是要求预测者具有丰富的经验和推理判断能力。预测者如果了解和掌握了客观事物运动变化的规律,就能对融资活动进行矛盾分析,从而发现这些决定未来融资变化的"基因"。要学会运用前人已经总结出来的诸如损益平衡分析法、概率分析法、比率分析法、综合融资成本分析法、决策树法、偿债时间分散法等分析方法,分析和处理融资风险问题,尽量使融资决策建立在科学可靠的基础之上。从实际来看,分析预测通常是企业的一项比较薄弱的工作,除了受人力和财力的限制而难以达到较高的分析预测水平以外,许多企业对分析预测工作不重视,未能将其摆到重要的位置上来。当然具体到每一个企业,都要根据自己具体的实际情况,将科学的分析方法和本企业的具体实际结合起来,不能一味地拘泥于这些抽象的理论和方法,盲目地照抄照搬,而是要灵活地加以运用。

(四)合理组合,分散风险

"鸡蛋不要放在一个篮子里"这一原则在企业融资领域也得到了广泛的认可。例如,企业如果通过组建股份制的方法融资,从广大个人和经济组织中筹集资金,用于扩大生产规模,促进企业发展,这种方法就要比从银行贷款和其他机构借款融资等方式安全得多,因为企业的资金风险已经分散到众多的投资者身上,这样有利于企业放开手脚大胆参与市场竞争。"将鸡蛋放在不同的篮子里"的分散风险的方法,在广阔的融资风险领域内一直发挥着重要的作用,企业只要用足用精就能最大限度地降低融资风险。

第二节 融资风险的防范与策略

一、选择最适合你的融资利器

如今，市场有很多的融资渠道和工具，传统的银行贷款，就有多种工具可选择，如综合授信、委托贷款、股权质押等。随着资本市场的扩张，一些创新的融资工具也逐渐流行起来，天使 VC、天使基金等新名词层出不穷，为企业融资扩宽了渠道。

在选择融资工具时，企业要根据自身的条件，选择最适合自己、最能取得融资收益最大化的方式，从源头上规避融资风险。

（一）贷款类工具

对企业来说，确定合适的融资工具非常关键。贷款类工具是非常普遍的一种，它的种类多、使用范围广，企业可根据实际经营的需要灵活选择。

1.综合授信

授信，可理解为“授予信任”，是单位或个人给予某个人或某个企业的一种信用上的认可，例如，银行根据借款人的资信及经济状况，授予其一定期限内的贷款额度。在授信期限及额度内，企业可根据自己的融资需求，随用随借，省去办理烦琐的贷款审批手续的程序，从而减少人力和利息支出，以实现节约成本的目的。

综合授信的形式、银行考察要点及优缺点等如表 7-1 所示。

表 7-1　综合授信概述

含义	对一些经营状况良好、信誉良好的企业，企业授予其一定时期内、一定金额的信贷额度，企业在授信的有效期和额度范围内可以进行贷款
对象	一般是法人
形式	采取一揽子授信方式。即贷款、打包放款、承兑汇票、进口押汇、出口押汇、贴现、信用证、保函等不同形式的授信，都要置于目标企业的授信额度上限以内，以便集中统一管理，有效控制风险
考察要点	银行要考察目标企业的要点包括：经营情况、信用情况、资金需求、负债能力、发展前景、抵押物价值或担保人资信状况。同时将综合授信之前已有的授信余额计入综合授信的额度之内
优缺点	(1)只要在综合授信额度内，客户可随时向银行提出授信申请，银行可以立即放款，内部审批简单。一次签约，多次授信 (2)企业可根据经营情况分期用款，随借随还，节约融资成本

在进行综合授信时，银行为了保障自身的合法权益，防患信用风险，会要求客户提供相应的担保，较普遍的担保方式是保证、抵押和质押。保证是由第三人担保债务人履行债务的行为，当债务人到期不履行债务时，由保证人代为履行。质押，提供的是动产或财产权利，同时要转移质物或财产权利凭证的占有给质权人。质物或财产权利的价值有限，适用于小额的授信。抵押物通常是不动产，价值较大，实践中也最多采用。

2.信用贷款

信用贷款是没有担保、仅依据借款人的信用状况发放的贷款，是长期以来我国银行普遍使用的放款方式。这种贷款方式虽然风险大，容易出现逃避债务的行为，但也因此增强了全社会重视信用建设的意识，不少地方建立了不良贷款企业“曝光台”或“黑名单”。这也促使企业，特别是中小企业，更加重视信用建设与银行等金融机构形成良好的合作关系。

信用贷款的基本含义、适用对象及优缺点等如表 7-2 所示。

表 7-2 信用贷款概述

含义	借款人不需要提供抵押品或第三方担保，仅凭自己的信用就能取得贷款，并以自身的信用程度作为还款保证的贷款方式
对象	经工商行政管理机关核准登记的企(事)业法人，个体工商户或其他经济组织，并需符合《贷款通则》和银行规定的其他要求
形式	主要通过银行、贷款公司、电子金融机构办理
申请条件	(1)企业信用等级至少在 AA-(含)级以上，经国有商业银行省级分行审批可以发放信用贷款 (2)企业的利润总额近 3 年持续增长，资产负债率控制在 60%范围内。现金流量稳定、充足 (3)企业承诺不以其有效经营资产向他人设定抵(质)押或对外提供保证，或在办理抵(质)押及对外提供保证之前征得贷款银行同意 (4)企业守法经营，管理规范，无逃废债、欠息等不良信用记录
优缺点	优点：无抵押 缺点：对银行来说风险较大，所以银行一般要对借款方的经营状况、盈利能力、发展前景及有无逃废债、欠息等不良信用记录的情况进行详细考察，以降低风险。这也导致信用贷款的门槛高，程序复杂

3.信用证打包贷款

在国际贸易中，买卖双方远隔千山万水，互不信任，买方担心支付预付款后卖方不按合同要求发货；卖方则担心在发货或提交货运单据后买方不付款。两家银行作为买卖双方的保证人，代为收款交单，以银行信用代替商业信用，如此一来，问题便得到了解决。在这个过程中银行所使用的工具就是信用证。

信用证是银行有条件保证付款的证明，因此成为国际贸易中常见的结算方式。

由信用证结算延伸出一种贷款方式信用证打包贷款。它对缓解出口商的资金压力，帮助企业在规定时间内保质保量地完成出口商品的生产和装运有着重要的意义，是银行对出口商提供贸易融资的一种重要形式，其含义、对象、条件、特点如表 7-3 所示。

表 7-3　信用证打包贷款概述

含义	出口商以国外开来的信用证作为抵押，向银行申请用于出口货物备料、生产和装运等履约活动的短期贸易融资
对象	贸易过程中急需资金的出口商
条件	(1)独立核算、经营良好的出口企业 (2)国外银行开具的以申请人为受益人的有效信用证，条款必须切实可行，信用证项下的出口单据必须交贷款银行议付 (3)打包贷款只限于信用证上列明的生产、销售、结算等需求
特点	(1)期限短、周转快，申请手续灵活、简便，能有效缓解出口商的资金压力 (2)还款来源为国内信用证项下收款，有开证行有条件的信用保障 (3)属于专项贷款，贸易背景清晰，适合封闭管理 (4)贷款金额一般是信用证金额的 60%～80%，期限不超过信用证有效期后的 15 天，一般为 3 个月，最长不超过半年 (5)正常情况下以信用证项下收汇作为第一还款来源

信用证打包贷款流程为：进出口商签订合同并约定以信用证方式结算，进口商向银行开证申请书，银行受理并开具证书后交给中国银行，中国银行向出口商发放通知信用证，出口商则向中国银行提交打包放款申请，最后由中国银行提供贷款(图 7-1)。

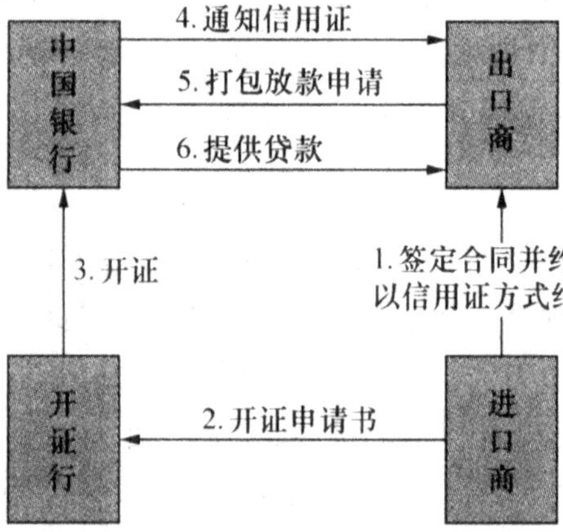

图 7-1　信用证打包贷款流程

4.股权质押贷款

股权质押贷款，顾名思义，质押的是“股权”，是指借款人以其自身或第三人持有依法可以转让和出质的某上市公司、非上市股份有限公司、有限责任公司的股权作为质押物向银行申请贷款。

股权质押贷款是融资担保方式上的一种创新，能有效解决中小企业融资难的问题，具体流程如图 7-2 所示。

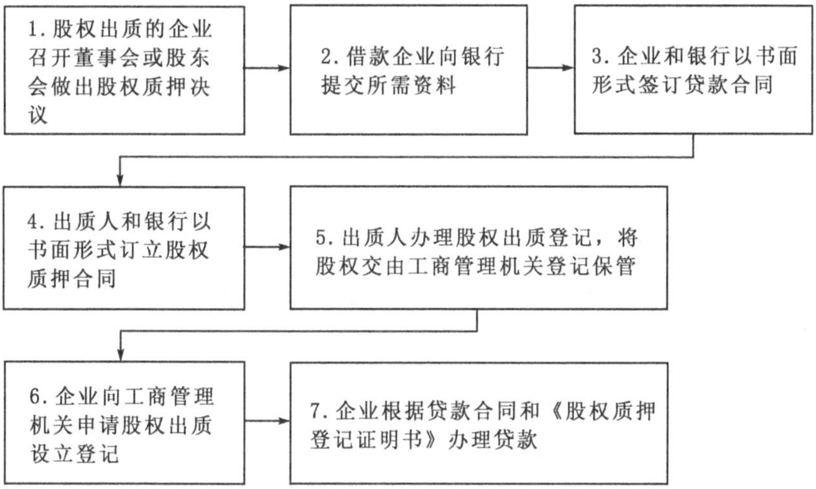

图 7-2　股权质押融资基本流程

流程 2 中，股权质押贷款的借款人向贷款人(银行)申请质押贷款需提供下列资料。

①股权质押贷款申请书。

②质押贷款的借款人上一季度末的财务报表(资产负债表、损益表等)。

③股权出质公司上一个会计年度的资产评估报告。

④股权出质公司同意质押贷款的证明。股份公司股权出质的，提交董事会或者股东会同意质押的决议。有限责任公司股权出质的，出具股权出质记载与股东名册的复印件。

⑤贷款人要求提供的其他材料。

流程 6 中，借款的企业向工商管理机关申请股权出质设立登记，应当提交下列材料。

①申请人签字或盖章的《股权出质设立登记申请书》。

②出质人、质权人的主体资格证明或者自然人身份证明复印件。

③记载有出质人姓名（名称）及其出资额的有限责任公司股东名册复印件或者出质人持有的股份公司股票复印件（均需加盖公司印章）。

④质权合同。

⑤国家工商行政管理总局要求提交的其他材料。

5.仓单质押贷款

仓单质押，顾名思义，就是以仓单为标的物而成立的一种质权。仓单质押作为一种新型的服务项目，在物流业飞速发展的今天，为仓储业务为主的企业拓展了融资的渠道，因而得到广泛的应用（表 7-4）。

表 7-4　仓单质押贷款概述

含义	仓储公司签发给存储人或货物所有权人的记载仓储货物所有权的唯一合法的物权凭证，仓单持有人随时可以凭仓单直接向仓储方提取仓储货物
期限	办理仓单质押贷款的期限不得超过仓储物储存期限，且最长不得超过 1 年
金额	仓单质押率一般不超过质押仓单下仓储物价值的 70%。其中，仓储物价值＝仓储物的单位价格×仓储物数量－其他费用。仓储物的单位价格通过比较仓储物进价和市场价，就低确定。其他费用是指贷款期间可能产生的仓储费用以及仓单尚未支付的其他费用的总和
优缺点	(1)缓解企业因库存商品而造成短期流动资金不足的状况 (2)提供融资便利，提高企业资金使用效率 (3)促进国内商品贸易，加快市场物资流通
适用对象	有经常性货品交易、销售量大、流动资产比例高、现金流量较大、没有大量厂房等固定资产可用于抵押且能提供合规仓单质押的贸易客户；客户必须是仓单的所有权人；其融资用途应为针对仓单货物的贸易业务

续表

申请条件	(1)具有一定数量自由资金，独立核算的个体工商户、企业法人及其他经济组织 (2)必须是出质人拥有完全所有权的货物的仓单，且记载内容完整 (3)仓储公司经银行认可，具有良好的信誉和承担责任的经济实力 (4)质押仓单下的货物必须所有权明确，无形损耗小，易于长期保管；市场价格波动小，不易贬值；适应用途广，易变现；规格明确，便于计量；产品合格并符合国家有关标准

仓单质押贷款的具体流程如图 7-3 所示。

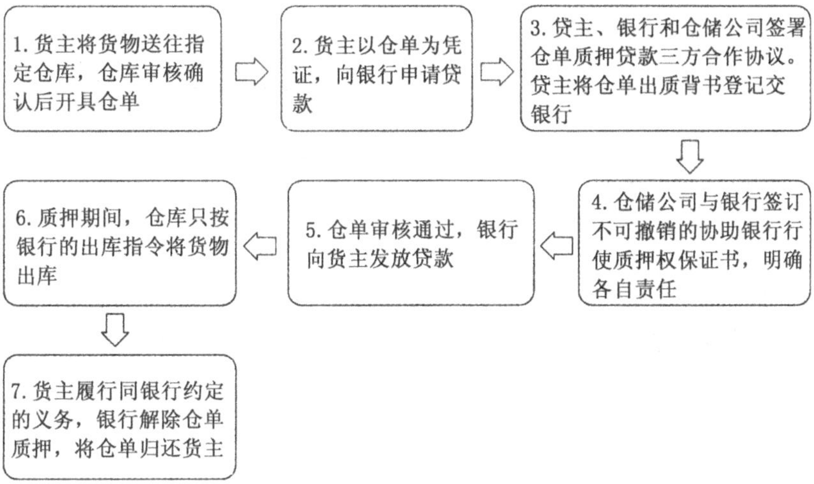

图 7-3　仓单质押贷款申办程序

在实际操作中，若货主有违约行为，银行有权依照合同处置质押在仓库的货物，并将处置指令下达给仓储公司。仓储公司接收处置指令后，依据货物性质，对其进行拍卖或回购。

6.委托贷款

委托贷款在国内非常流行，因为一些资质方面存在瑕疵的企业通过正规渠道无法获得资金支持，急需其他途径融资。目前我国法律又不支持企业之间直接借贷，所以委托贷款是最好的解决办法。而且委托贷款业务中，银行不需要承担风险，又可以获得利息，可谓一举两得(表 7-5)。

表 7-5　委托贷款概述

含义	由委托人提供合法来源的资金转入委托银行一般委存账户，委托银行根据委托人确定的贷款对象、用途、金额、期限、利率等代为发放、监督使用并协助收回的贷款业务
委托人/贷款人	具有完全民事行为能力的自然人，经工商行政管理机关（或主管机关）核准登记的个体工商户、企（事）业单位及其他经济组织
委托资金	必须合法及具有自主支配的权利
贷款期限	委托人根据借款人的贷款用途、偿还能力或根据委托贷款的具体情况来确定
贷款利率	由委托双方自行商定，但是最高不能超过人民银行规定的同期贷款利率和上浮幅度

委托贷款的具体流程如图 7-4 所示。

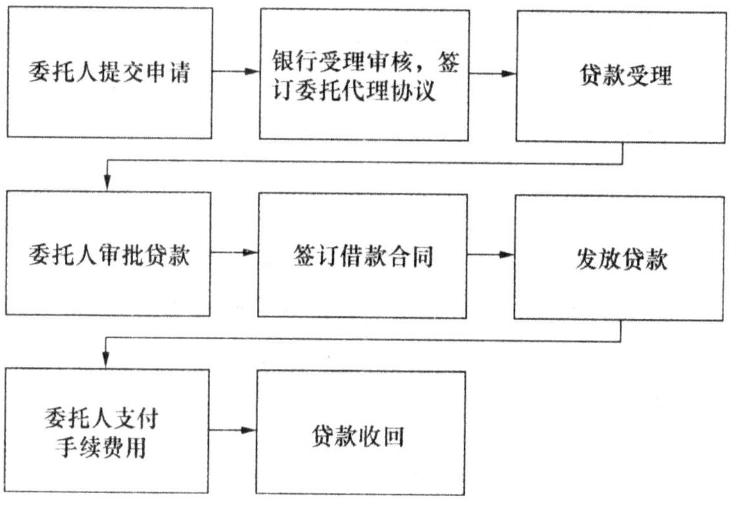

图 7-4　委托贷款流程

由于受托的金融机构在整个委托贷款的业务中只负责代为发放、监管使用、协助收回，并从中收取一定手续费。而银行从中收取的手续费只是按照贷款额的固定比率收取，因此在该项业务中，银行缺少一定的积极性，在监督贷款的投放和收回上缺少动力，结果就导致了在委托贷款的监管上出现漏洞，而银行是不会对任何的形式的贷款风险承担责任的。因此，委托贷款中，借款人到期不能如约偿付借款的风险就直接落到了委托人身上。

近年来，委托贷款出现了很多“变异”。作为委托人的企业和银行受利益驱使，变相委托贷款的案件时有发生。银行为了自己的利益，可能会拉来一家公司的存款，给予高出存款的利息，然后以委托贷款的名义贷出去，从中收取利息。存款作为委托贷款发放，同时委托贷款的风险责任由银行承担，放贷企业无须承担风险，又可以从中收取一笔额外的收入，何乐而不为呢？

2011 年以来，不少国有企业便利用自身的融资优势打起了委托贷款的歪主意，向系统外的企业拆借资金。而这些资金大多流向了获利空间较低的中小制造业企业、过热的房地产企业等。一旦这些产业冷缩，或企业经营不善倒闭，这些委托资金极有可能会形成烂账。企业在进行委托贷款的时候，要注意资金来源的合法性。

7.典当融资

“当铺”在中国古代很常见，如今的“典当”和这种方式有着本质上的相同之处，都是当户将其动产、房产、财产权利作为当物抵押给典当行，交付一定比例费用，取得当金并在约定期限内支付当金利息、偿还当金、赎回典当物的行为。银行出现之前，典当是民间主要的融资渠道，在调剂余缺、促进流通、稳定社会等方面占据相当重要的地位。

企业的融资额度一般较小，而且周期短、频率高、需求急。而典当行的业务宗旨就是“解燃眉之急”，只要抵押物有一定价值，就可较快放款。而且相对银行的高门槛，典当可谓最能“雪中送炭”的了。

与其他融资方式相比，典当手续办理灵活、简单，但借贷的费率较高。除贷款月利率外，典当贷款还需要缴纳较高的综合费用，包括保管费、保险费、典当交易的成本支出等，因此典当的融资成本高于银行贷款。

典当的具体流程如图 7-5 所示。

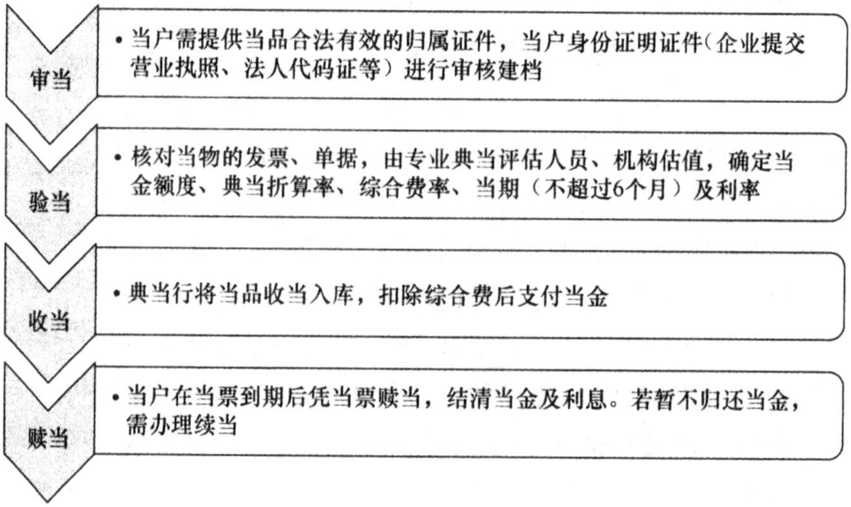

图 7-5　典当融资一般流程

（二）票据类工具

近年来，商业汇票的推广使用范围逐步扩大，很多企业开始成为票据市场的重要参与者，其中，一些民营经济和企业比较集中的地区，商业票据已经成为广泛使用的信用工具和融资手段。

票据融资的核心在于信用。信用良好的企业签发的商业票据，不仅会在市场中畅通无阻，而且可以成为众多投资者追求的金融资产。企业一定要充分认识到票据贴现融资的优势和重要性，增强对票据融资的业务操作能力，有效解决企业融资难的问题。

1.银行承兑汇票

银行承兑汇票是指在承兑银行开立存款账户，信用状况良好的法人组织签发，并由开户银行承诺到期付款的一种票据，它是目前企业之间进行结算的重要方式之一。

银行承兑汇票的一个重要特点是信用好、承兑性强。经银行承兑到期无条件付款，把企业之间的商业信用转化为银行信用，收到银行承兑汇票就如同收到了现金，对急需资金的企业来说很有帮助。

银行承兑汇票的流通性也很强，灵活性高，可以背书转让，也可以申请贴现，不会占压企业的资金。对于实力较强、在银行信用良好的企业，只需交纳规定的保证金，就能申请开立银行承兑汇票，进行购销业务，到付款日期临近时再将资金交付给银行。由于银行承兑汇票具有上述优点，因而受到众多企业的欢迎。

2.银行承兑汇票贴现

申请人由于资金需要，将未到期的银行承兑汇票转让于银行，银行按票面金额扣除贴现利息后，将余额付给持票人，这就是银行承兑汇票贴现。

银行承兑汇票贴现是短期融资，对企业来说，是通过付出贴现利息提前获得资金。它的优点在于风险低、流动性强。

3.商业承兑汇票贴现

商业承兑汇票贴现是指持票人将未到期的商业承兑汇票转让给银行，银行再按贴现率扣除贴现利息后将余额票款付给持票人的一种业务。

商业承兑汇票贴现可以满足企业持有的商业汇票快速变现的需求。由于手续方便，融资成本低，客户可以根据需要，灵活签发商业承兑汇票，有利于企业建立自身良好的商业信用。

4.商业发票贴现

国内商业发票贴现指卖方将现在或将来的基于其与买方（债务人）订立的货物销售合同所产生的应收账款转让给银行，由银行为卖方提供多项金融服务，如贸易融资、销售分户账管理、应收账款的催收等。

发票贴现的优点在于无须抵押或第三方担保，卖方凭带有债权转让声明的拟贴现商业发票、增值税发票正本及复印件等相关商业文件及单据即可申请融资。银行的审批流程快,卖方可快速便捷地获得贴现资金。对于需尽快实现回款、要求资金快速周转的中小型企业,这是一种非常好用的融资方式。

发票贴现对买卖双方都有利,可谓一举两得。对卖方(债权人)来说,能迅速变现未到期的应收账款,改善企业的现金流状况,加速企业的资金周转。将未到期的应收账款剥离财务报表,可优化财务报表。将应收账款的管理和催收交给银行,不仅节约了时间和管理成本,而且避免了因催收影响和客户之间的关系。

而对买方(债务人)来说,买方对卖方(即上游供应商)采用的赊销付款条件更容易被卖方所接受,买方仅依靠自身的信用和综合实力间接支持上游供应商银行融资,无须以国内信用证或银行承兑汇票等方式,因此也降低了财务成本和费用。

5.银行保函

保函指银行应客户的申请而开立的有担保性质的书面承诺文件,一旦申请人未按其与受益人的合同约定偿还债务或履行其他约定义务,就由银行履行担保责任。现阶段最常使用的银行保函有履约保函、预付款保函、支付保函、投标保函等。

保函很适合中小企业融资。它有银行信用背书,容易被客户接受;同时,保函是依据商务合同开具,但又不依附于商务合同,具有独立法律效力。当受益人在保函项下合理索赔时,担保行就必须承担付款责任,不论申请人是否同意付款,也不管合同是否履行的事实。

银行保函业务涉及三方:委托人、担保人和受益人,委托人是向银行申请开立保函的人。在担保人按照保函规定向受益人付款后,立即偿还担保人垫付的款项,并负担保函项下的一切费用及利息。担保人是保函的开立人。在接受委托人申请后,依委托人的指示开立保函给受益人。保函一经开出就有责任按照保函承诺条件,向受益人付款。在委托人不能立即偿还担保人垫付的款项时,有权处置押金、抵押品、担保品。受益人按照保函规定,向担保人索款并取得付款。

三者责权关系如图 7-6 所示。

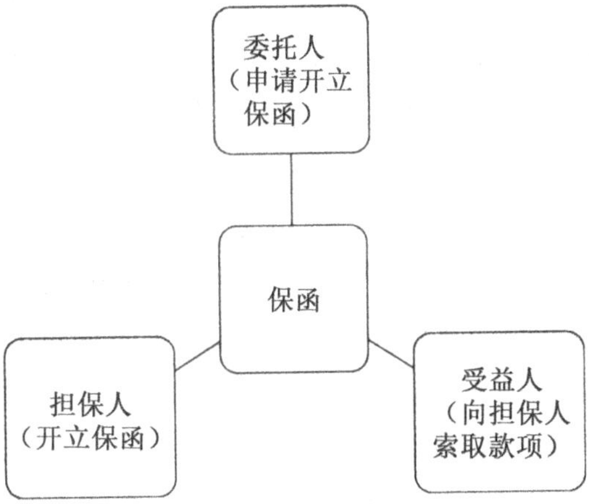

图 7-6　银行保函的权责关系

（三）贸易类工具

贸易类融资工具的品种也较多，有保理、出口押汇、进口质押、保单质押贷款、金融租赁等多种形式。这些融资工具的特点不一，适用范围不同，企业可根据实际需要灵活选择。

1.保理业务

在国际贸易中，货物的卖方将其现在或将来的与买方订立的货物销售/服务合同所产生的应收账款转让给保理商（提供保理服务的金融机构），由保理商向其提供资金融通、买方资信评估、信用风险担保、账款催收等一系列服务。这种融资方式称为保理。

在国内，保理俗称“应收账款融资”，就是企业的应收款项在银行通过审核后，转让给银行提前获得资金的业务。

保理业务对卖方和买方都有利。对卖方来说，资信调查、账务管理、账款追收都由保理机构负责，节约了管理成本。买方也不用开立信用证，省去了繁杂文件的费用开支。由于结算快捷，资金流转快，扩大了销售额，也排除了信用风险和坏账损失，有利于利润的增加。

随着国际贸易竞争的日益激烈，现在逐步发展为买方市场，对进口商不利的信用证结算的比例逐年下降，而赊销则日益盛行。由于保理业务能够很好地解决赊销中出口商面临的资金占压和进口商信用风险等问题，因而在世界各地发展迅速。

当然，保理业务也存在风险。此业务最忌讳的就是贸易纠纷，如因货物质量不过关、货物延时送达等问题，买方可拒绝付款。这种买方恶意欠款以及买方无力还款的情况，都会引发保理风险。

保理业务流程如图 7-7 所示。

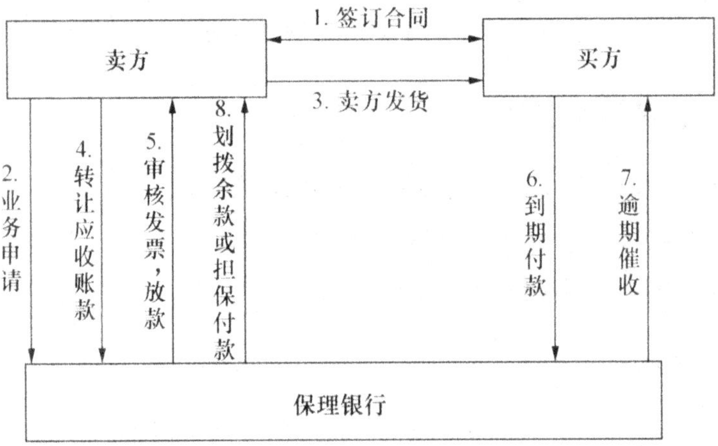

图 7-7 保理业务流程

2.出口押汇（单据质押）

经营进出口贸易的企业，如果以信用证作为出口结算的方式，即可凭信用证项下的出口单据向银行申请出口押汇。

进行出口押汇时，企业向银行提交信用证项下单据及申请，银行根据企业的申请，审核企业提交的全套单证，审核无误后，参照票面金额将款项垫付给企业，然后向开证行寄单索汇，并向企业收取押汇利息和银行费用。

企业向银行申请出口押汇，必须资信良好，履约能力强。应在申请行开立人民币或外币往来账户，办理进出口结算业务，并在押汇融资业务项下核算一切收支。

进行出口押汇，客户出口交单后，凭与信用证要求相符、收汇有保障的单据向银行申请短期融资，能在国外收汇到达之前提前从银行得到垫款，以解决资金周转问题。

出口押汇流程如图7-8所示。

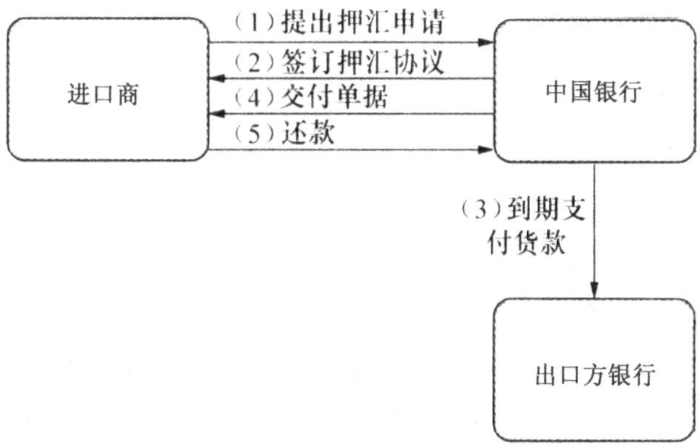

图7-8 出口押汇流程

3.进口质押（开信用证）

进口信用证指开证行根据进口商的申请向出口商开具的保证在一定期限内，凭议付行/寄单行寄来的符合信用证规定的全套单据，按照信用证条款对外付款的书面承诺。在国际贸易结算中，信用证是比较完善的结算方式。由于银行信用的介入，为出口商安全收款、进口商凭合格的单据提货提供了保障。

申请开立信用证要注意，一定要落实进口批准手续及外汇来源，以对外签订的正本合同为依据，开证时间应保证在卖方收到信用证后能在合同规定的装运期内出运，开证需“证同一致”。由于银行是凭单付款，货物质量等问题不会考虑，所以为使货物质量符合规定，可在开证时要求对方提供商检证书，明确货物的规格品质。

4.保单质押贷款

金融资产需要有流动性和变现能力,作为一种金融资产的保险单也不例外。一股金融资产的流动变现是在二级市场的资产交易中实现的,但人寿保险保单具有长期性,也不能通过建立二级市场和保单交易来变现。而且,现在人们的金融理财意识越来越强,对保险及其所提供的派生业务提出了更高要求。因此,寿险公司为了提高金融产品的流动性和变现能力,扩大市场份额,就设计出了各种保单质押贷款业务。

保单质押贷款,顾名思义,就是投保人把所持有的保单直接抵押给银行或保险公司,按照保单现金价值的一定比例获得资金。

保单质押贷款的程序相对简单,投保人只需带好身份证、保单、被保险人书面同意贷款申请的声明即可办理。

目前,国内保单质押贷款的期限较短,一般不超过6个月,最高贷款余额也不超过保单现金价值的80%。保单质押时,如果到期债务人没有清偿债务,当贷款本息已经达到退保的现金价值时,保险公司就可以根据合同要求终止保险合同。现在越来越多的保险公司已经在条款中加入这一条,以此来保障保险公司的利益。

需要注意的是,并非所有的保单都能用于贷款。短期意外险和健康险由于没有现金价值,或者现金价值很低,不能进行保单质押贷款。

保单贷款是一种应急的融资方式。如果短期内无法缓解资金周转压力,无法按时还贷,可能会造成保单失效。如果在保单贷款期限内,被保险人出现意外,而保单贷款本息未偿还,保险公司会在给付的保险金中扣除贷款本息。这对于被保险人来说也是一种利益上的损失。

5.金融租赁

金融租赁又称“资本租赁”,大多用于大型成套设备的租赁,是通过融资租赁形式获得资金支持的金融业务。由使用设备的机构或个人对设备提出具体要求，租赁公司或相关金融机构作为出租人，出资购买设备，并将其交给承租人使用。在租期内，承租人向出租人支付租金。承租人对租赁的资产只有使用权，没有处置权，租赁期满后，租赁设备可以由承租人选择退租、续租或经残值处理后，归承租人所有。涉及资金数额较大，因此金融租赁合同通常规定任何一方不能中途毁约。对出租人而言，因设备为已购进商品，也不能以市场涨价为由而在租期内提高租金。总之，一般情况下，租期内租赁双方无权中止合同。

二、融资风险的防范与控制技术

融资风险防范与控制是企业为了避免各类融资风险的产生，或者控制风险的扩大和蔓延，而对企业生产经营活动、融资活动、管理活动等进行的自我完善和控制。融资风险防范与控制技术，则是为了防范和控制融资风险而采取的一系列方式、方法和技术的总称。

我们认为，融资风险的产生、防范与控制有一定规律可循。如果对风险的危害性予以足够的重视，并通过企业团队事先的学习和借鉴，通过经验的积累和磨炼，通过一定时间的完善和调整，完全可以控制和化解融资风险。相反，如果风险防范意识不强，重视不够，小则“劳民伤财”，大则“伤筋动骨”，进而给企业带来系统风险。融资风险的常用防范与控制技术有如下几种。

（一）融资内部控制

企业缺少融资内部控制的制度和工作流程是产生融资风险的根源。通过制度和流程设计，可以收到非常好的效果。主要包括：

①强化“四只眼睛”原则。

②强化责任人制度。

③强化激励和约束机制。

④强化监督的主要责任。

⑤强化客户信用观念等。

具体来讲,内部控制是企业为了实现发展目标而采取的控制方法、措施、程序及有关规范。融资内部控制从属于财务内部控制,财务内部控制从属于企业内部控制。加强融资过程的内部控制,是控制融资风险的较好办法之一。根据我们的实战经验:

①融资问题产生的根源主要是内因。

②融资问题的解决主要靠内部解决,其中最主要的是企业融资基础的完善。

③在融资过程中的风险主要是企业团队自身的认识和行为引起的。

④融资风险伴随融资问题的始终,因此控制融资风险最好也是成本最低的方式是完善内部控制。

为了便于企业结合自身的情况建立融资内部控制制度,我们对融资内部控制的方法作了如下分类。

1.按控制环节的不同分类

①融资诊断评估阶段内部控制。

②融资工具选择的内部控制。

③融资渠道选择的内部控制。

④融资安全保障的内部控制。

⑤融资资料准备与策划阶段的内部控制。

⑥融资陈述、沟通和谈判阶段的内部控制。

⑦融资组织、策划和实施阶段的内部控制。

该种分类方式贯穿了我们的“7 步法则”,层层递进,环环相扣,便于企业在不同阶段选择不同的对策。

2.按控制方式的不同分类

①制度控制,主要是建立激励和约束的制度。

②流程控制或过程控制,主要是细化和规范与融资有关的各

项工作流程，该种方式对防范融资骗局非常有效。

③融资团队的行为控制。行为控制是过程控制的一种方式，由于其非常重要，遂单独列出。

④融资目标控制，即“以成败论英雄”，这种方式对融资成本和费用控制很有效。

（二）融资危机管理

对于融资风险能否像天气预报和海洋灾害预报那样进行事先及时识别和提示，以防患于未然，并在融资危机产生时及时采取有效措施，把危机消除在萌芽状态，一直是企业追求的目标。

（三）中长期资金筹划

对企业的中长期（三年以上）资金状况需求及如何有效满足进行规划，是控制企业融资风险的有效途径之一。

（四）融资风险的回避方法

企业融资活动中的风险回避方法，主要是指在各种可供选择的筹资方案中进行风险分析，选择风险小的筹资方案，设法回避一些风险较大而且很难把握的融资活动。同时，通过实施必要的债务互换，采用利率互换、货币互换等方法来预防因利率、汇率变动给企业筹资造成的风险。

（五）融资风险的损失控制方法

就企业筹资来看，要合理进行融资风险的控制，需要采取多元化的融资策略，合理安排负债比例与结构，实现风险分散化，降低整体筹资方案的风险程度。企业为获得财务杠杆利益而盲目举债也是不可取的，这无形中增大了融资风险。因此，企业必须合理安排资金结构，适度举债。同时，为防止企业因经营行为不当导致资不抵债，企业应设法实现投资多元化，多生产、多经营，经营一些利润率独立或不完全相关的商品，使高利项目和低利项目、旺季和淡季、畅销商品和滞销商品在时间上、数量上能够互相补充或抵消，以弥补因某一方面的损失给公司整体经营带来的风险。

（六）融资风险的风险转嫁方法

风险转嫁的目的是将可能由自己承担的风险损失转由其他人来承担。在企业融资活动中主要通过保险、寻找借款担保人等方法将部分债务风险转嫁给他人。也可考虑在企业因负债经营失败而陷入财务困境时，通过实施债务重组，将部分债务转化为股权，或通过其他企业优质资产的注入，挽救企业经营不利的局面，从而避免因资不抵债而导致的破产风险。

（七）选择正确的筹资时机、规模、价格与发行方式

为规避融资风险，还可以选择正确的筹资时机、合适的融资规模、恰当的发行价格与发行方式。企业在筹集资金时，首先要根据企业对资金的需要、企业自身的实际条件以及融资的难易程度和融资成本情况，量力而行，确定合理的融资规模。其次是选择企业最佳融资机会。这要求企业筹资决策要有超前性，企业要在掌握国内和国际利率、汇率等金融市场的各种信息，了解宏观经济形势、经济政策以及国内外的政治环境等各种外部环境因素的基础上，合理分析和预测影响企业融资的各种有利和不利条件以及可能的各种变化趋势，寻求最佳筹资时机，果断决策。再有，企业要考虑当前金融市场的价格情况，并结合具体的融资方式所具有的特点和企业自身的实际情况，制定合理的发行价格。通过这些措施使企业既能够保证融资目标的实现，又能以较低的成本进行融资，降低融资风险。

三、融资风险的防范与控制政策

（一）建立政策性风险补偿制度

相对来说，银行是风险偏好度最低的金融机构，对于商业银

行开展企业信贷，各国都建立了政策性风险补偿制度。这种风险补偿制度可以简单分为贷前风险补偿和贷后风险补偿两类，贷前风险补偿侧重支持企业创业，贷后风险补偿则侧重补偿商业银行贷款损失。

1.贷前风险补偿

从发达国家的成功实践来看，贷前风险补偿主要来自财政资金的支持，可以简单地分为三类：一是由政府提供信贷本金；二是由政府提供部分利息；三是由政府既提供本金，又提供部分利息。尽管我国从中央到地方也通过各种方式不断增加专项财政资金以支持企业的发展，但是我国的纯财政资金支持占比还比较小。为了更好地扩大财政专项资金支持企业的范围，在不断增加财政专项资金的同时，借鉴其他国家经验，采取多种形式通过商业银行利用财政资金撬动更多金融资源支持创业企业，同时也能够利用商业银行对信贷资金风险管理的经验，提高财政资金使用效率。

一是将财政专项资金以贷款的形式向指定银行提供资金，并指定银行在该贷款年利率基础上加 1～1.5 个百分点后再向企业发放贷款，此利差就是指定银行的收入。一方面可以降低企业的信贷成本，另一方面可以解决商业银行信贷资金紧张的局面。

二是将财政专项资金作为商业银行向企业贷款的部分本金，该部分本金作为无息贷款，其余部分由商业银行提供并以市场价格定价。总体上既可以降低企业信贷成本，又可满足商业银行的风险收益。

2.贷后风险补偿

2009 年，美国最大的小企业商业贷款机构 CIT 集团正式申请破产保护，这充分说明企业贷款的信用风险仍相对较大，需及时向商业银行补偿给企业贷款的损失，以提高银行发放企业贷款的意愿。

我国贷款损失补偿类的基金主要由政府牵头发起成立，并设立专门机构来管理。同时，由银行、专业担保机构、企业、民间融资服务机构、创业投资公司、资信评估公司、会计师事务所、法律服务机构等共同参与，以充分整合政府、银行、企业、社会等方面的力量，实现信息共享，从而推进企业信用体系的建设。但我国的风险补偿机制还不完善，可从以下三个方面加以改善。

一是新增贷款规模风险补偿。新增贷款规模风险补偿是按当年企业贷款实际增加额、累放额予以补偿。增加额多、累放量大的机构承担的风险就大，即可获得较多的风险补偿，这是设立补偿基金的根本。

二是新增客户规模风险补偿。企业融资的突出问题就是绝大部分企业难以取得贷款支持，此种补偿方式可以增加企业的受偿面。凡是企业贷款工作突出、增加客户较多的银行，工作量大，付出的就多，贡献也相对大。

三是贷款损失补偿。它主要补偿银行当年新增企业贷款因不可抗力形成的贷款本息损失。

（二）实施税收优惠政策

在诸多经济杠杆中，税收杠杆在银行业发展过程中的作用是非常重要的。银行业税制是否合理直接关系到银行业经营绩效的高低。为了激励商业银行支持企业发展，应针对开展企业信贷业务的银行或银行企业贷款的部分实施税收优惠政策。

当前，财政税务主管部门可重点实施以下两项税收优惠：一是减免营业税，二是对风险拨备给予税收优惠。

1.减免营业税

目前，我国商业银行营业税维持在5%，此项税负在我国服务业中明显偏高。境外实践表明，银行业务一般纳入增值税的征收范围，多数国家对银行信贷等主要业务免征增值税；对于出口业务或与商品、劳务出口有关的金融业务，一般实行零税率；实行征收营业税的国家，商业银行的营业税一般不超过 2%，甚至有的国家不征收银行营业税。因此，可考虑先行减免对企业贷款的营业税，若不能全免，减到 2%也可以。

2.对风险拨备给予税收优惠

这一优惠政策有两套选择方案：一是遵循国际惯例，允许在税前提取贷款损失准备，具体贷款损失准备金如何计提、计提多少，由商业银行按照监管当局确定的指导原则自主计提；二是如果只能在税后利润中提取贷款损失准备，则在核销坏账之后，税务部门应对损失部分退税。在退税时，税务部门只需要对银行核销呆坏账的合法性、合规性进行审核，以决定银行是否可以核销呆坏账。如果银行核销呆坏账不被税务部门认可，则只能用资本金冲销。

（三）完善信用担保体系

信用担保制度作为一种规避企业，特别是中小企业融资风险建立起来的信用制度，在国外已有几十年的发展历史。目前，世界已有约 100 个国家建立起自己的信用担保体系，成为一种促进企业融资的长期通行模式。例如，美国、日本、加拿大、德国、韩国等国家都建立了由政府参与的企业信用担保体系，这些国家的实践和理论为我国的企业信用担保体系提供了很多可以借鉴的有益经验。基于此，本章提出完善我国企业信用担保体系的几点建议。

1.合理定位担保体系功能

总体上看，我国信用担保的供给存在结构性制度缺陷，主要表现为互助性担保机构和商业性担保机构严重滞后。从政府的担保资金所占比重来看，政策性担保在整个体系中处于主导地位，约占 90%，而互助性担保和商业性担保只占有约 10%的份额。在日本、美国、德国等政府出资规模较大的国家，政府担保主要是起着引导、推动信用担保体系的发展和完善的作用,但政府担保贷款数额不超过企业贷款总额的10%。我国担保体系整体功能不强,担保行业的内部结构应做较大的调整,实现功能互补。应改变以往以政府担保为核心的体系定位,着力发展商业担保机构。

2.完善信用担保机构的风险分散机制

我国现行的由担保公司承担全部担保责任的机制不利于发挥银行的风险识别作用。担保机构集中了过多的贷款风险,又缺乏风险分散机制。目前,我国企业信用担保的风险分散机制可采取担保机构与贷款银行之间按约定比例共同承担担保风险的模式。共同承保还可降低因担保机构承保比例高而产生的银行道德风险,即运用不同的担保费率与承保比例组合的合约设计或反担保来分散风险。最重要的是要建立全国性的再担保机构,目前我国缺乏全国性的信用保证保险(再担保)机构,担保机构的担保能力受到限制,所以应建立全国性的再担保机构作为最后担保人。

3.健全和完善信用担保机构的资金补偿机制

我国担保体系建设应从政府主导型转变为政府引导、市场主导型,政府的扶持方式也应转变为重点建立补偿机制。我国政策性企业信用担保的资金来源主要是各级地方政府的财政资金和资产划入,不仅金额少,而且缺乏资金补偿机制,企业信用担保机构服务能力严重不足。针对政策性担保机构资金实力不强的问题,建议政府将财政收入增长的一定比例用于补充担保资金,也可将企业税收收入的一定比例专门用于担保机构的资金补偿,这相当于利用企业自身发展来推动其更大的发展。由于企业政策性担保只靠保费收入是难以维持的,需要得到政府定期或不定期的补充资金补助。只要补偿到位,商业担保机构可以在一定程度上承担政策性担保业务的功能。只有政府持续出资才能保证信用担保机构的持续稳定经营，同时，政府是企业税收的主体，政府出资的信用担保机构通过担保的杠杆效应支持企业的发展，而企业的发展反过来又可扩大税源，推动互利共赢。

参考文献

[1]陈乃醒,傅贤治,白林.中国中小企业发展报告(2008—2009)[M].北京:中国经济出版社,2009.

[2]孔德兰.基于发展方式转变的中小企业金融支持体系研究[M].北京:中国金融出版社,2012.

[3]李颖.科技与金融结合的路径和对策[M].北京:经济科学出版社,2011.

[4]刘友金.企业技术创新论[M].北京:中国经济出版社,2011.

[5]马时雍.商业银行小微企业信贷研究[M].北京:中国金融出版社,2013.

[6]阮铮.金融支持研究[M].北京:中国金融出版社,2008.

[7]史建平.中国中小企业金融服务发展报告(2013)[M].北京:中国金融出版社,2013.

[8]吴晓求.中国资本市场(20112020)[M].北京:中国金融出版社,2012.

[9]杨再平,闫冰竹,严晓燕.破解小微企业融资难最佳实践导论[M].北京:中国金融出版社,2012.

[10]杨兆廷,李吉栋.自主创新的金融支持体系研究[M].北京:经济管理出版社,2009.

[11]姚王信.企业知识产权融资研究[M].北京:知识产权出版社,2012.

[12]于春红.我国高新技术企业融资体系研究[M].北京:中国经济出版社,2009.

[13]张陆洋.风险投资发展国际经验研究[M].上海:复旦大

学出版社,2011.

[14]张文彬.小微企业信贷融资问题研究[M].北京:经济科学出版社,2012.

[15]赵昌文,陈春发,唐英凯.科技金融[M].北京:科学出版社,2009.

[16]赵坚,金岩.微小企业贷款的研究与实践[M].北京:中国经济出版社,2007.

[17]中国银监会完善小企业金融服务领导小组办公室.小企业融资工作经验借鉴[M].北京:中国民主法治出版社,2007.

[18]卞彬.集群融资与重庆小微企业融资机制创新的对策研究[J].探索,2013(02).

[19]陈建明.基于信息不对称的中小企业成长融资约束分析[J].财会通讯,2010(35).

[20]陈时兴.对我国民间金融及其发展前景的思考[J].宏观经济研究,2005(01).

[21]诸葛隽.民间金融创新:温州的实践[J].上海经济研究,2009(4).

[22]马光荣,杨恩艳.社会网络、非正规金融与创业[J].经济研究,2011(3).

[23]陈蓉.规范和引导中国民间借贷问题的研究[J].经济研究导刊,2010(13).

[24]周荣俊.不同货币政策影响下民间借贷发展的比较分析[J].上海金融,2010(1).

[25]施颖霞.温州民间金融风险成因及防范对策探究[J].现代经济信息,2011(20).

[26]程丽华.对欠发达地区中小企业融资问题的调查与思考——以庆元县中小企业贷款难的问题分析为例[J].时代金融,2012(07).

[27]褚揆宁.浅析小额信贷在国内发展的状况[J].浙江金融,2012(07).

[28]邓超，敖宏等.基于关系型贷款的大银行对小企业的贷款定价研究[J].经济研究，2010(02).

[29]邓吉宁.解决中小企业融资难问题的美国经验与启示[J].吉林金融研究，2009(08).

[30]樊瑞莉.我国中小企业的政策困境分析——以日本经验为借鉴[J].管理学刊，2013(04).

[31]付世俊.我国大银行和中小企业共生关系研究[D].湖南大学硕士论文，2012.

[32]付彦霞.城市商业银行市场定位问题的思考[J].河北金融，2012(04).

[33]高太平.加快中小企业发展的财税政策探讨[J].企业经济，2012(01).

[34]郭斌，刘曼路.民间金融与中小企业发展：对温州的实证分析[J].经济研究，2002(10).

[35]郭光耀.经济周期波动中的金融摩擦：一个综述[J].上海金融，2012(10).

[36]郭建芳.借鉴发达国家经验促中小企业公平发展[J].现代商业，2013(12).

[37]郭良.中小型饭店业绩评价的现状分析[J].中国证券期货，2011(03).

[38]郭阳阳.中国银行业上市公司资本结构的影响因素分析[J].特区经济，2011(02).

[39]贺琛，宁洋洋.对我国民间金融发展问题的思考[J].金融与经济，2011(07).

[40]贾琼.韩国小微企业融资及借鉴[J].金融与经济，2012(05).

[41]陈秋东.用四格法测测自己能不能拿到融资[J].杭州科技，2015(05).

[42]郝婷.浅析我国中小企业融资难现象[J]. 现代营销(学苑版)，2015(06).

[43]梁帆.融资约束、风险投资与中小企业成长——基于中国A股上市公司的实证[J].河北经贸大学学报,2015(02).

[44]郑萌萌,房文晶,段光君.山东省科技型中小企业融资效率评价研究[J]. 山东财经大学学报,2016(05).

[45]王成科.互联网金融下辽宁中小企业融资模式创新研究[J].现代商贸工业,2016(23).